GOLDMANNS GELBE TASCHENBÜCHER

Band 1443

Heinz Lemmermann · Lehrbuch der Rhetorik

W0060925

Zu diesem Buch

Das vorliegende Lehrbuch ist als systematische Einführung in die moderne Rhetorik gedacht, brauchbar für jeden, der reden muß und reden will. Es leitet an zur Gestaltung von Rede und Diskussion; es vermittelt eine Anzahl von Regeln, die sich in der rednerischen Praxis bewährt haben. Erfahrungen und Überlegungen aus dem politischen und pädagogischen Alltag liegen diesem Buch zugrunde, das gut gegliedert und durch die Einteilung in 500 Abschnitte für die Praxis besonders geeignet ist. Den Grundregeln über Vorbereitung und Vorüberlegung folgen kurzgefaßte Kapitel über Gliederung, Sprachstil, rhetorische Darstellungsmittel, Diskussionsrede, Argumentationstechniken, die den Anfänger mit dem richtigen Gebrauch der Sprache, den verschiedenen Ausdrucksmöglichkeiten, vertraut machen und die dem erfahrenen Redner neue nützliche Hinweise vermitteln. Wer dieses Buch durchgearbeitet hat, wird vielleicht noch kein guter Redner sein, aber hoffentlich doch ein besserer als bisher.

HEINZ LEMMERMANN

Lehrbuch der Rhetorik

Die Kunst
der Rede und der Diskussion

WILHELM GOLDMANN VERLAG

MÜNCHEN

Dieses Buch wird unter der Bedingung verkauft, daß es ohne Zustimmung des
Verlages weder in Leihbibliotheken eingestellt noch gewerbsmäßig weiter-
verkauft, vermietet oder auf ähnliche Weise genutzt wird. Die vom Verlag
gewählte Ausstattung darf weder durch einen festen Einband noch durch
einen besonderen Umschlag noch in sonstiger Weise verändert werden.

Prof. Dr. Werner Krützfeldt, dem Freunde

70110 · Made in Germany · 3. Auflage. Genehmigte Taschenbuchausgabe. Diese
richtet sich nach der 1968 überarbeiteten 2. Auflage der im Günter Olzog
Verlag, München, erschienenen Originalausgabe. Umschlagentwurf von Ilse-
gard Reiner. Foto: Hannes von Gundlach. Gesetzt aus der Linotype-Gara-
mond-Antiqua. Druck: Presse-Druck Augsburg. Verlagsnummer 1443 · Dei/pit
ISBN 3-442-01443-3

INHALT

In Musikerkreisen gibt es ein Scherzwort: Klavierspielen fällt gar nicht schwer. Man muß nur den richtigen Finger zur rechten Zeit auf die richtige Taste drücken.

Wir können diesen Satz auf die Rhetorik übertragen: Auch das Reden fällt gar nicht schwer. Man muß nur das richtige Wort zur rechten Zeit an die richtige Adresse leiten. Aber das alles ist leichter gesagt als getan. Klavierspieler oder Redner wird man nicht von heute auf morgen. Der eine macht ungezählte Fingerübungen, bis er die Tastatur geläufig beherrscht; der andere kommt nicht ohne ein vielseitiges Zungen- und Gehirntraining aus, ehe er über die Kunst der Rede verfügt.

Wie oft sagen wir von einem Bekannten: »Er weiß sehr viel; er kann sich nur nicht gut ausdrücken. Er kann seine Gedanken nicht überzeugend vermitteln; sein Wissen und Können wirkt sich nicht aus.«

So mancher Mensch behauptet von sich: »Reden kann ich nicht. Das liegt mir nicht. Das ist eine Begabung, mit der man mich nicht versorgt hat.« Und somit hält er uns eine kleine Rede darüber, daß er nicht reden könne. Wie paradox! Wer sprechen kann, kann auch das Reden lernen: er muß nur die Grundlagen kennen und das Reden üben. Jede Frage, jeder gesprochene Satz und jedes Gespräch ist eine Rede im Miniaturformat. Weshalb soll es nicht möglich sein, eine *längere* Rede zu halten; auch dann, wenn viele zuhören?

Das vorliegende Lehrbuch ist als systematische Einführung in die moderne Rhetorik gedacht. Es will anleiten zur Gestaltung von Rede und Diskussion. Es will einige handfeste Regeln vermitteln, die sich in der rednerischen Praxis bewährt haben; kurz und bündig und in aufgelockerter Form. Es handelt sich nicht um Anweisungen zum sprechkünstlerischen Nachgestalten von Dichtungen, sondern um Hinweise für die tägliche *Redepraxis,* gleichgültig in welchem Lebensbereich. Was Sie in diesem Buche vorfinden, sind großenteils Erfahrungen und Überlegungen aus dem pädagogischen wie aus dem politischen Alltag. Ich habe aber auch allerlei kleine, mittlere und große Geister um ihre Meinung befragt und war erstaunt, was sie alles zum Thema Rhetorik zu sagen wußten.

Für den Rede-Lehrling ist es nicht damit getan, diese Seiten flüchtig durchzublättern und ein paar amüsante Beispiele herauszupicken. Wer nicht bereit ist, täglich (!) wenigstens einige Minuten lang Rede-

übungen vorzunehmen, wer nicht bereit ist, die wichtigsten Sinnabschnitte langsam und sorgfältig durchzuarbeiten, der braucht gar
nicht erst anzufangen.

Dem lernbegierigen Anfänger sei empfohlen, diese im Grunde
schwere Kost hier nur in homöopathischen Dosen zu sich zu nehmen,
damit er nicht geistige Verdauungsstörungen erleidet. Empfohlen sei
ferner, die Übungen gemeinsam mit Freunden vorzunehmen. Jeder
einzelne hat dann die Kontrolle durch die anderen und obendrein
ein Publikum. Aber auch durch beharrliches Selbststudium kommt
man ein gutes Stück voran.

Für kritische Hinweise und Ergänzungen bin ich jederzeit dankbar.

Bedenken wir aber auch folgendes:

Reden-Können darf nicht dazu führen, unausgesetzt reden zu wollen. Gerade heute erleben wir durch Zeitung und Funk, aber auch
durch die Veranstaltungsseuche in der modernen Begegnungs-Indu-
strie eine wahre Inflation des Wortes. Gehen wir mit dem Wort
behutsam und verantwortungsbewußt um. Der gute Redner wird
sogar weniger, aber dafür besser reden.

Das Wort ist weder gut noch böse, aber es kann in rechter wie in
unrechter Weise gebraucht werden; es kann helfen, aber auch verletzen und vernichten.

»Worte sollen Brücken sein. Sie können aber auch Mauern sein«
(Albrecht Goes).

Bei der Abfassung dieser Arbeit habe ich mich bemüht, den drei
Grundregeln zu entsprechen, die zu beachten schon die antike Rhetorik von uns fordert: wir sollen docere, delectare, movere – lehren,
erfreuen und bewegen.

Wer dieses Buch hier durchgearbeitet hat, wird vielleicht noch
kein *guter* Redner sein, aber hoffentlich ein *besserer* als bisher.

Lilienthal-Trupe bei Bremen
im Mai 1962

Heinz Lemmermann

Vorübungen – Vorüberlegungen

A. Vorübungen

1

Nachdem Sie dieses Buch sicherlich schon einmal durchgeblättert oder »diagonal gelesen« haben, sei Ihnen empfohlen, sogleich mit einer Redeübung zu beginnen, wozu der Abschnitt 3 dieses Kapitels allerlei Hinweise gibt. Die Abschnitte »Atmung« und »Sprechen« können nach und nach in den Studiengang eingefügt werden, denn gute Atemführung, deutliche Aussprache und sinnvolles Sprechdenken sind wertvolle Fundamente für die freie Rede. Auch die ständige Übung des Gedächtnisses ist für jeden Redner Gold wert.

1. Atmung

2

Wir atmen von der Geburt bis zum Tode. Es lohnt sich schon, es richtig zu tun. Um die Lebensgeister wachzuhalten, genügt das schlichte Ein- und Ausatmen. Beim Einatmen tanken wir Sauerstoff und erzeugen damit Energie. Beim Ausatmen scheiden wir Stoffe aus, die dem Körper schaden. Goethe deutet den Wechsel von Ein- und Ausatmung sogar hintergründig, wenn er schreibt:

> »Im Atemholen sind zweierlei Gnaden:
> die Luft einziehen, sich ihrer entladen;
> jenes bedrängt, dieses erfrischt,
> so wunderbar ist das Leben gemischt.
> Du danke Gott, wenn er dich preßt,
> und dank ihm, wenn er dich wieder entläßt.«

3

Der Atem ist der notwendige Betriebsstoff für Sprechen, Singen, Seufzen und verschiedene andere Möglichkeiten menschlichen Ausdrucks. Die Lunge atmet nicht – eigentlich *wird* sie geatmet, und zwar durch Verschiebung ihrer Muskelwandungen. Die unzähligen kleinen Lungenbläschen können nicht aktiv werden; sie sind vielmehr von den Muskeln abhängig, die die Lunge umgeben.

Wir sollten nicht *Luft schnappen,* sondern *Atem schöpfen,* und zwar möglichst durch die Nase: die Luft wird angewärmt und gefiltert. Bei reiner Mundatmung trocknet die Kehle rasch aus; rauhes Sprechen und Entzündungen sind die Folge. Viele Menschen verstauen nur ein wenig Luft unter ihrem Schlüsselbein. Nutzen wir aber unseren *ganzen* »Blasebalg« aus, d. h. bevorzugen wir Tiefatmung (= Zwerchfell- oder Bauchatmung) und Flankenatmung, und begnügen wir uns nicht mit der üblichen Hochatmung, die zu Verkrampfungen führt, besonders beim Heben der Schultern. Richtig atmen Sie, wenn sich die Bauchdecke vorwölbt und wenn sich die Flanken dehnen.

Betreiben Sie täglich das *tiefe Durchatmen,* möglichst in frischer Luft (20 Atemzüge). Man atme zunächst aus und lasse die Luft ruhig und geräuschlos bis in die entlegensten Winkel der Lunge strömen. Stellen Sie sich vor, Sie genießen Blumenduft.

4

Üben Sie die Atemübungen auf s, sch und f; später auch auf Vokale und Silben. Man lasse die Luft auf diese Laute ausströmen, langsam fließend oder stoßweise.

Wir müssen mit dem Atem haushalten; mit wenig Luft viel erreichen. (Keine »wilde Luft« wie bei einem schlechten Flötisten.) Üben wir die *Atemstütze:* 1. Wir sprechen jedes Wort eines Satzes äußerst langsam und gedehnt. 2. Wir sprechen im normalen Tempo möglichst lange auf einem Atem. Geben Sie sich nicht eher zufrieden, als bis Sie das vorstehende Goethe-Zitat mühelos auf einem Atem sprechen können.

Grundregel für die Sprechpraxis: Man atme stets nur dann ein, wenn der Sinn eine Pause gestattet. Bei schneller Sprechweise haben wir manchmal nur Zeit zum schnellen *Nachatmen,* nicht zum *Vollatmen.*

Beherrschung guter Atemführung ist Voraussetzung für gutes und resonanzreiches Reden. Wie oft erleben wir Redner, die nach 10 Minuten keuchen, als hätten sie bei Sturm und Hagel den Gipfel der Zugspitze erklommen.

2. Sprechen

5

In den folgenden Ausführungen über das Sprechen finden Sie nur das notwendigste Rüstzeug für den Redner: Hinweise auf Grundsätze des Sprechens und Hinweise auf besondere Gefahrenquellen. Wenn Sie besondere Sprechschwierigkeiten haben, so tun Sie gut daran, jene Fülle von Übungen vorzunehmen, die Sie in einem der im Literaturverzeichnis angegebenen Werke über die Sprechtechnik finden. Ein Redner ist weder Schauspieler noch Rezitator. Deshalb wird auch keine künstlerische Sprechkultur von ihm verlangt werden können. Er muß aber deutlich und sinnvoll sprechen. Die Lautbildung muß gut sein. Lautstärke, Betonung, Tempo, Klangfarbe, Resonanz müssen der jeweiligen Situation angepaßt werden können. Vor allem muß ein *Sprechfluß* vorhanden sein. Wir kennen Redner, die kraft ihrer Persönlichkeit und kraft ihrer Diktion große Erfolge hatten, wenngleich ihr Sprechen mangelhaft war und blieb. Bismarcks Stimme z. B. war piepsig und voller asthmatischer Geräusche. Es soll sich angehört haben, als komme seine Stimme aus dem Kragenknopfloch. Aber das soll für uns kein Maßstab sein. Anzustreben ist die deutliche, klangreine Aussprache.

6

Zunge und Lippen leisten die Hauptarbeit bei der Artikulation. Ihre Muskelbewegungen müssen daher besonders ausgeprägt werden. Man erleichtert sich das Sprechen dadurch, daß man sich angewöhnt, die Lippen stets etwas vorzustülpen. Der Kiefer bleibt stets möglichst locker, um die Halsmuskeln zu entlasten. Ahmen Sie nicht die Kaubewegungen vieler »Nußknackersprecher« nach, da Verkrampfung und Ermüdung folgen. (Zungengymnastik mit Übungen wie lalelilolu, tatetitotu u. a.) Üben Sie jeden Sprachlaut von A - Z und lassen Sie kontrollieren, ob alle Laute deutlich genug sind.

Die Vokale werden allesamt bei verschieden runder Mundstellung gebildet: i – e – a – o – u; in dieser Reihenfolge mit zunehmender Rundung. I und e werden oft in zu flacher und breiter Mundstellung geformt und wirken dann plärrend oder gepreßt. Bei hartem Vokaleinsatz werden die Stimmlippen vom Luftstrom ruckartig auseinandergerissen: es entsteht ein Knacklaut. Wir achten aber auf weichen Stimmeinsatz, der am besten erreicht wird, wenn wir uns vor dem Vokal ein h vorstellen.

Wir achten darauf, die Konsonanten eindeutig voneinander zu scheiden. Der Zuhörer muß *jede* Silbe vernehmen und jedes Wort verstehen können, klar und deutlich. Die nachlässige Lautangleichung (p – b; d – t z. B.) führt nicht selten zu Mißverständnissen. Besonders hingewiesen sei auf die nötige Trennung von Schluß- und Anfangskonsonanten, wenn sie bei aufeinanderfolgenden Wörtern

gleich lauten (z. B. meint der Redner: ». . . und denkbar wäre das!«
Doch der Zuhörer versteht: ». . . undenkbar wäre das!«).

Wir können die Konsonanten durch folgende Übungen schärfen:

a) durch Flüstern, das die Artikulationskraft ungemein stärkt. (Schüler sollten diese Übung nicht beschränken auf die übliche bildungssoziale Hilfeleistung bei bedrängten Banknachbarn!),

b) durch bewußtes Schnellsprechen, das die Geläufigkeit bei Konsonantenhäufung fördert. Dazu eignen sich Schnellsprechsätze (»Wenn du selbst sechzehn Sprachen sprichst, die Schnellsprechsprüche radebrichst«; »Wer nichts weiß und weiß, daß er nichts weiß, weiß mehr als der, der nichts weiß, und weiß nicht, daß er nichts weiß« u. a.). Wenn verschiedene Konsonanten unmittelbar aufeinanderfolgen, so müssen Zunge und Lippen ihre Stellung schleunigst ändern. Geht dieser Stellungswechsel zu langsam vor sich, so gibt es ein Durcheinander: den sogenannten *Konsonantensalat*.

7

Um eine tragende und resonanzreiche Stimme zu gewinnen, sprechen wir betont langsam Sätze mit recht vielen Nasallauten, z. B.:
»Von dem Dome schwer und bang tönt der Glocke Grabgesang.«

Den schnellen Wechsel von m und n kann man gut üben an folgendem Vierzeiler von Julius Hey:

> Wenn Männer den Mädchen mal Ständchen bringen,
> im Nachen mit neckischem Brummen, mit Singen,
> dann murmeln die Muhmen mit Naserümpfen
> empfindsam und meinen, man müsse nun schimpfen.

Eine gute Übung zur besseren Resonanzbildung ist das *Summen*. Man summe Einzeltöne und im langsamen Zeitmaß Melodien. Die Lippen dürfen nicht aufeinandergepreßt werden, sondern müssen locker bleiben.

8

Im folgenden einige Einzelheiten, die für die richtige *Aussprache* von Belang sind und doch leicht übersehen werden:

Im Silbenschluß und vor Konsonanten wird die Nebensilbe -ig wie -ich gesprochen. Z. B. König = »Könich«; ruhig = »ruhich«. Ferner beruhigt = »beruhicht«; freudigst = »freudichst«; Honigkuchen = »Honichkuchen«. Ausnahme: Wenn in der nachfolgenden

Silbe ein -ch vorkommt, wird -ig buchstabengetreu gesprochen, z. B. in ewiglich, königlich, Königreich.

Das st und sp wird anlautend als »scht« und »schp« gesprochen, da diese Laute weit mehr Tragfähigkeit besitzen als das stimmlose s. Es heißt also »Schtein« und nicht »S-tein«, »Schpaten« und nicht »S-paten«. St und sp in der Wortmitte, als Inlaut also, werden dagegen gesprochen wie geschrieben. »Kostüm«, nicht »Koschtüm«; »System«, nicht »Syschtem«, wie man manchmal hören kann. Das g wird stets als Sprenglaut gebracht. Das »Berliner g« (»Janzer Jüterzuch voll Jänse!«) ist kein Vorbild für den Redner. Auch als Inlaut und Auslaut bleibt g erhalten. Es heißt »begegnen« und nicht »begechnen«, »regnen« und nicht »rechnen«, »Tag« und nicht »Tach«.

9

Die Grundregel für die Betonung lautet: *Hauptsilben leicht betonen; Nebensilben leicht abfallen lassen, aber nicht verschlucken.*

Die Satzmelodie (= Sprechhöhenverlauf) sei nicht gleichförmig, vielmehr abgestuft. In der Regel steigt sie zu Beginn und fällt am Schluß. Betont wird der wichtigste Teil eines Satzes. Durchweg hat jeder Satz nur einen Betonungsgipfel. Mit Betonungsgipfel ist nicht unbedingt *ein Wort* gemeint. An besonderen Höhepunkten wird ein ganzer Sinnabschnitt herausgehoben.

Der Betonung kommt in unserer Sprechweise besondere Bedeutung zu, da die Betonungsverschiebung oft einen Sinnwandel des ganzen Satzes hervorruft. Ein Beispiel: Wir rufen aus: »Das wäre ja noch *schöner!*« Böse-ironisch klingt es, betonen wir anders: »Das wäre ja *noch* schöner!«

Viele Redner haben sich angewöhnt, immer wieder dem Satzende Nachdruck zu geben. Sie betonen das letzte Wort durch Heben der Stimme und Dehnung des Zeitmaßes, auch wenn dieses Wort völlig unwesentlich ist. Diese falsche Betonung geschieht meistens aus der Verlegenheit heraus, den nächsten Satz noch nicht »gebrauchsfertig« auf der Zunge zu haben.

Es sind drei Mittel, die der Betonung dienen:

10

1. Sprechtonerhöhung, 2. Sprechtonverstärkung, 3. Sprechtondehnung (= langsameres Zeitmaß). In der Regel

greifen die Mittel ineinander: wenn ich lauter spreche, dehne und erhöhe ich die Satzmelodie.

Hüten Sie sich vor der abgehackten Sprechweise (im Extrem: zackiger Militärston). Sprechen Sie statt dessen fließend – gebunden – langsam, so daß die Sinneinheiten der Wortgruppen wie aus einem Guß wirken. Wenn kein besonderer Betonungsgipfel vorkommt, so folgen wir normalerweise dem natürlichen Sprechrhythmus. »Innerhalb des Satzes streben wir nach geregeltem Wechsel, weil die Struktur unserer Sprache schwere und leichte Silben fordert ... gefällig geordnet, locker, leicht« (von Essen). Ohne logische Gründe (manchmal sogar gegen jede Logik!), rein aus rhythmischem Bedürfnis. Wir sagen z. B. »Lándbrieftráeger«, statt »Lándbríefträger«, oder »Es wár einmál ein König«, statt »Es wár eínmal ein König«, »únabsíchtlich« statt »únábsichtlich«. (Beispiele bei von Essen.) Folgen schwere Silben aufeinander, so liegt darin schon eine besondere Betonung. (Weiteres siehe »Besondere Vortragsmittel«.)

11

Ich führte schon aus, daß der Redner zwar über eine deutliche, resonanzreiche und fließende Sprechweise verfügen muß, daß aber keineswegs eine Art entschlackter Paradesprache das Ziel seiner Sprechübung ist. Die folgenden Sprechfehler sind allerdings sehr störend für den Hörer oder schädlich für den Redner:

1. Zu hohes Sprechen! Ermüdung und Stimmschädigung bleiben nicht aus. Sprechen Sie bewußt etwas tiefer; Sie schonen Ihre Stimme.

2. Der Preßton, bedingt durch falsche, weil zu hastige Atmung und Kontraktion der Halsmuskeln.

3. »Knödeln«, bei dem die Zungenwurzel aufgewulstet ist. In diesem Falle die Zunge bewußt vorlagern (stimmhaftes s üben, si – se – sa).

4. Lispeln, bei dem sich die Zungenspitze zu weit und zu flach zwischen die Zähne schiebt. »Die häufig anzutreffende Mißbildung des Lispelns läßt sich, sofern sie nicht auf anatomischer Veränderung, sondern auf schlechter Angewohnheit beruht, auf folgende Weise korrigieren: man lege die Lippen und die vordere Zungenpartie übertrieben in die Breite, hebe die Mundwinkel wie zum Lächeln und spreche bei gesenkter Unterlippe und ruhig durchstreichender Luft die Silben: sa – sä – se – si. Dabei verlängere man allmählich das Anlaut-S unter gleichzeitigem Crescendo ssssa! ssssä! usw. Diese Übung wiederhole man mit Ausdauer und Geduld!« (Reusch).

5. Verschlucken der Endsilben.

6. Oft wird das Zungen-R vernachlässigt. Statt dessen hören wir das »vornehme« Gaumen-R, das dem ch ähnelt. Statt »Kurt, die Gartenpforte knarrt« heißt es dann »Kucht, die Gachtenfochte knacht«. Man übe das Zungen-R mittels des *»beschleunigenden d«:* in Worten wie *drei, drauf, dran,* bringe man das d mehrfach und beschleunige allmählich: d-d-d-d-ei, d-d-d-d-auf usw. So erreicht man leichter eine vibrierende Zungenspitze. Häufig wird die Endung -ung wie -unk gesprochen (»mit Schwu*nk*«, statt richtig »mit Schwung«).

Zungen-R und ung-Endungen, sch im Anlaut, alles steht im Dienste einer klangvollen, tragweiten Sprechweise, die dem Hörer das Aufnehmen der Worte erleichtert. Weitere Sprechfehler sind:

7. *Verlegenheitslaute.* Wir können sie auch *Urlaute* nennen: öh – o – ne usw. Es ist festzustellen, daß viele im übrigen hervorragende Redner *Urlaute* vielleicht ihr Leben lang beibehalten. Da klingt es uns entgegen: statt »und« ein »un-*te*«, statt »daß« ein »daß-*ße*«. Der Grund? Der Redner hat den nächsten Satzteil noch nicht »auf der Zunge«, meint aber wohl, es den Hörern schuldig zu sein, wenigstens irgend etwas von sich zu geben, und sei es nur einen Überbrückungs-Urlaut.

Zumeist ist es so: man merkt als Redner gar nicht, daß man Legionen von Verlegenheitslauten benutzt. Die Tonbandkontrolle kann hier manchmal Wunder wirken.

8. Nasale oder auch schnarrende Tongebung. (Der berühmte Kunsthändler Vollard sah in einer Gesellschaft eine sehr geschwätzige Dame, die er nicht kannte. Sie schien mit der Nase zu sprechen. Vollard wandte sich an seinen Nachbarn: »Finden Sie nicht auch, daß diese Dame sehr gewinnen würde, wenn sie ihre Trompete weniger oft hören ließe?« »Ganz sicher«, antwortete der Nachbar, »ich habe mich in 30 Jahren nicht daran gewöhnen können. Ich bin nämlich ihr Mann.«) – Wir machen uns selten klar, wie sehr Stimmklang und Sprecheigenschaft den Eindruck bestimmen, den andere von uns gewinnen. »Was ein Ohr beleidigt, vermag in die Seele der Menschen nicht einzudringen« (Quintilian).

Man hüte sich auch vor der *feuchten* Aussprache, wie sie schon Wilhelm Busch beschrieb:

> »Die Lippe sprüht, das Auge leuchtet,
> des Lauschers Bart wird angefeuchtet.«

9. Schädlich für die Stimme ist jedes übermäßige Schreien, Räuspern und Husten. Das Brüllen steht manchen Tieren besser an als uns Menschen. Manche Redner haben dank stets übertriebener Lautstärke eine Stimme, die so rauh klingt, als hätten sie mit Reißzwecken gegurgelt.

Bei vielen Rednern findet man den Fehler, daß Wortblöcke stoßweise vorgebracht werden und zwischen ihnen eine Pause herrscht.

12

Achten Sie auf guten *Sprechfluß*, d. h. sprechen Sie zusammenhängende Worte und nicht nur einzelne Wörter.

In der Stimm- und Sprachheilkunde bezeichnet man das *Stottern* als »krampfartige Ausdrucksneurose«. (Trotz allen wissenschaftlichen Bemühens liegt bis heute keine endgültige Erkenntnis der Ursachen des Stotterns vor. Es ist erwiesen, daß die weitaus meisten Stotterer Männer sind. Übrigens nimmt der Prozentsatz der Stotterer nach Westen hin zu: In England z. B. gibt es mehr als in Deutschland, in den USA mehr als in England. In Nordamerika schätzt man die Zahl der Stotterer auf über 2 Millionen!) Das gelegentliche Stottern des nicht sprachgeschädigten Menschen ist auf ein momentanes Angst- und Unsicherheitsgefühl zurückzuführen, das durch häufige Redeübung überwunden werden kann.

Die meisten der genannten Sprechfehler können nur durch geduldige Arbeit beseitigt werden, am besten unter Anleitung eines Stimmpädagogen oder Gesanglehrers. Lassen sich grobe Fehler auch dann nicht abstellen, so sind sie organisch bedingt. Es ist dann ratsam, einen Facharzt aufzusuchen. »Kein Mensch wartet heute mit dem Zahnarzt, bis das Gebiß in Ruinen zerfällt. Mit der Stimme treibt man aber wissentlich und unwissentlich Raubbau« (Schmidts).

13

Dialekt. In seinem »Vergnüglichen Handbuch der deutschen Sprache« hat Hans Reimann die verschiedensten Bedingungen der Sprechart einmal zusammengestellt, schön nach dem Alphabet:

»Sprechen ist abhängig von Breitengrad, Elternhaus, Ernährung, Gaumen, Landschaft, Lippen, Nase, Schule, Spielgefährten, Umgebung, Zahnstellung, Zunge.« Und er fährt fort: »Sprechen ist stets gefärbt, unrein, mit Eigentümlichkeiten durchsetzt ... Wir haben Lehrbücher für Schauspieler und solche, die es werden wollen. Die von diesen Lehrbüchern verkündete Sprache verhält sich zur lebendigen Sprache wie die Puppe eines Wachsfigurenkabinetts zum leibhaftigen Vorbild.« Wir können das voll und ganz unterschreiben. Wir wollen in der Rede kein »destilliertes Produkt einer keimfreien Bühnenaussprache« (Kilian). Abzulehnen aber ist schwerverständlicher Dialekt ebenso wie jene unpersönliche, farblos-glatte Paradesprache. Dialekt-Einschlag soll und kann man nicht ausmerzen, sehr wohl aber eindämmen. Es kommt immer darauf an, von der jeweiligen Zuhörerschaft gut verstanden zu werden. Es gilt, Mißverständnissen zu begegnen. Der Mitteldeutsche z.B. spricht viele Konsonanten sehr nachlässig. Wir hören dann »Oh, welche Bein« statt »Oh, welche Pein«, »Bass« statt »Paß«, »Eingeweide« statt »Eingeweihte«. Der Süddeutsche entstellt manche Vokale; ihm fehlt meistens auch das stimmhafte s. Im hannoverschen Dialekt spricht man »ei« wie »a« (»Pane liegt nicht an der Lane« = »Peine liegt nicht an der Leine«); der Hamburger bringt mehr durch die Nase als durch den Mund ein offenes »o« hervor statt »a« (»Von Horburg noch Oltono« = »Von Harburg nach Altona«).

Der Bremer neigt dazu, jedes i in ein ü zu verwandeln (Beispiel: »Üch süng ümmer üm Kürchenchor müt«). Im übrigen begnügt er sich bei seiner Redeweise mit einem Minimum an Mundöffnung, so daß man ihn aus einiger Entfernung für einen Bauchredner hält.

Beim Ostpreußen ist es umgekehrt: er spricht das ü wie i. (»Gehn 'se mal drieben ieber die Bricke rieber!«). Der Rheinländer ersetzt das ch oft durch ein sch, wenn er auch sonst »durch Leischtischkeit der Spreschweise« besticht.

14

Also lassen Sie feststellen, ob Sie schwerverständlichen Dialekt sprechen. Wenn das zutrifft, so gibt es nur eins: durch beharrliches Üben jene Eigenarten Ihres Sprechens zu beseitigen, die den sprachlichen Kontakt mit den Menschen aus anderen Gegenden stören. Ein *guter* Redner aus Südbaden wird in seiner Heimat stärker im Dialekt bleiben, aber er wird auch so reden können, daß ihn die Deutschen in Nordschleswig verstehen.

Kürzlich unterbrach ein norddeutscher Politiker in Bonn den Wortschwall eines sehr prominenten Parteifreundes aus Schwaben höchst ärgerlich: »Wenn Sie nicht endlich aufhören, da herumzuschwäbeln und nicht endlich mal vernünftiges Hochdeutsch sprechen« – und nun hegte er Rachegedanken –, »denn so fangt wi an, platt to snacken, un denn schast du sehn: Du versteihst keen Woort!« (= dann fangen wir an, plattdeutsch zu reden, und dann sollst du sehen: Du verstehst kein Wort!)

Also noch einmal: Sprechen wir deutlich, allen deutschen Stämmen verständlich, gut betont und fließend. Dann erreichen wir das, was Busch in »Maler Klecksel« folgendermaßen beschreibt:

»Die Segelflotte der Gedanken,
wie fröhlich fährt sie durch die Schranken
der aufgesperrten Mundesschleuse
bei gutem Winde auf die Reise,
und steuert auf des Schalles Wellen
nach den bekannten offnen Stellen
am Kopfe, in des Ohres Hafen
der Menschen, die mitunter schlafen.«

3. Redeübung

15

»Leichter und schwerer Erfolg; der eine betut sich im Traume, der andere muß drücken, daß ihm der Kopf birst«, um gleich mit Wilhelm Busch fortzufahren. Auch mit dem Reden ist es so: dem einen fällt es schwerer, dem anderen leichter. Ein alter Spruch heißt: »Poeta nascitur, orator fit« (»Ein Dichter wird geboren, ein Redner wird gemacht«). Bis zu einem gewissen Grade kann man das Reden im Selbstunterricht erlernen. Besser ist es allerdings, wenn die Redeübungen im Freundeskreis stattfinden, weil man sich dann gegenseitig kontrollieren und helfen kann.

Schon Quintilian bemerkt: »Die Redekunst bedarf der angestrengtesten Arbeit, eines unbändigen Eifers, verschiedener Übung, vielfacher Erfahrung, sehr hoher Klugheit und geistesgegenwärtigen Urteils.«

Im folgenden habe ich zehn Grundübungen zusammengestellt, die erfahrungsgemäß den Weg zur freien Rede bahnen. Es ist ratsam, schrittweise voranzugehen, mit einfachen Übungen zu beginnen und den Redebereich dann langsam auszuweiten. Jede dieser rhetorischen »Pflichtübungen« sollte man mindestens zwanzig- bis dreißigmal ausführen.

16

1. **Ablesen.** Üben Sie bei lautem Vorlesen (z. B. von Zeitungsartikeln), eine »vorgestellte« Hörerschaft anzublicken. Erwecken Sie durch solchen Augenkontakt mit dem Publikum den Eindruck eines möglichst freien Sprechens. Dabei müssen Sie stets kleine Abschnitte

blitzschnell vorauslesen und im Gedächtnis behalten. Dieses ist die beste Vorübung des Sprechdenkens, bei dem die Gedanken den Worten ein wenig vorauseilen.

2. Inhaltswiedergabe. Lesen Sie Abschnitte von etwa 2 bis 5 Sätzen vor und geben Sie diese dann wieder, und zwar:

a) möglichst wortgetreu (Gedächtnis schulen für Einzelheiten!) oder
b) mit eigenen Worten (persönliche Wortausgestaltung).

17

3. Sprechdenken. Grunderkenntnis: *Zur freien Rede führt weder das Ablesen eines Aufsatzes noch das Auswendiglernen desselben, sondern nur die ständige Übung in der Wortausgestaltung eines Stichwortkonzepts mit Hilfe des Sprechdenkens.*

Mit Sprechdenken bezeichnen wir eine enge Verknüpfung von Denken und Sprechen: ein Denken während des Sprechens und ein Sprechen während des Denkens. Praktisch heißt das: ein Sinnbezug liegt als Gedankenstütze in einem Stichwort oder in einer Folge von Stichworten (= Stichsatz) vor. Das Stichwort gibt mir den Denkimpuls, und dieser drängt zur Entfaltung mittels Wortausgestaltung. Machen wir uns das an einem Beispiel deutlich: »Demosthenes, der größte Redner des Altertums, forderte von den griechischen Stämmen immer wieder, sie sollten einig sein im Kampf gegen König Philipp.« Dieser Satz würde stichwortartig etwa so gefaßt werden können:

Demost. – größter Redner Altertum – forderte griech. Stämme – einig geg. Philipp. (Routinierte Redner fassen das Stichwortkonzept noch viel kürzer.)

Dieser Stichsatz stellt das Gerüst dar, um das sich die weiteren Worte gruppieren. Die rednerische Übung des Sprechdenkens besteht darin, die Stichworte *immer wieder neu* auszugestalten. Schweinsberg spricht von »freier Beweglichkeit um feste Punkte«. Das Ummünzen in zusammenhängende Worte kann z. B. so erfolgen:

»Demosthenes war bekanntlich der größte Redner im alten Griechenland. Immer wieder forderte er die griechischen Stämme auf, doch einig zu sein, denn nur so könnten sie im Kampf gegen Philipp bestehen.« – Oder: »Der größte Redner im Altertum, Demosthenes, forderte von den griechischen Stämmen immer wieder: ›Seid einig, wenn jetzt der große Kampf gegen den mächtigen König Philipp beginnt.‹«

Es gibt noch viele andere Möglichkeiten, dieses kleine Stichwort-

Konzept auszuformen. Der Redner soll sich nicht an einem Wortlaut festklammern, sondern er muß imstande sein, denselben Gedanken immer wieder neu zu formulieren. Während der Redner spricht, muß er schon die nächsten Stichworte schnell überfliegen und diese für kurze Zeit im Gedächtnis behalten. »Der nächste Satz kann des vorhergehenden besserer Bruder werden. Immer der nächste Satz ist das Problem der Minute« (Naumann).

Die hier beschriebene 3. Grundübung schafft die Voraussetzung für die weitere Arbeit. Man kann sie gar nicht oft genug durchführen.

Eine gute zusätzliche Übung, das Sprechdenken zu schulen, besteht darin, daß man Satzanfänge notiert und dann den Satz in freier Wortausgestaltung mündlich zu Ende führt.

18

An dieser Stelle möchte ich noch darauf hinweisen, daß dem lauten Sprechen große Bedeutung zukommt beim Suchen nach geistiger Klarheit. Jedem Redner sei empfohlen, den Aufsatz »Über die allmähliche Verfertigung der Gedanken beim Reden« von Heinrich von Kleist zu lesen. Kleist wandelt das französische Sprichwort »l'appétit vient en mangeant« (»Der Appetit kommt beim Essen«) ab in »l'idée vient en parlant« (»Der Gedanke kommt beim Sprechen«). (Der Kleist-Aufsatz ist am Schluß des Kapitels über die Vorbereitung als Dokument aufgenommen.)

Wir schärfen unser Sprachvermögen auch durch Begriffsbestimmungen. Definieren schafft klare Begriffe, übt umfassende und doch prägnante Ausdrucksweise. (Was ist: Haus – Staat – Demokratie usw.; z. B. Was ist ein Globus? Ein Globus ist eine drehbare Hohlkugel mit einem farbig ausgeführten und mit Breiten- und Längengraden versehenen Abbild der Erdoberfläche.)

Eine Definition der »Definition« nimmt Heinrich Lausberg vor, wenn er schreibt: »Die Definition ist die Periphrase (= Umschreibung) eines Bedeutungsinhalts eines Wortes mit dem Ziel der Abgrenzung des Bedeutungsumfangs dieses Wortes gegenüber etwaigen Synonyma (= ähnlichen Wörtern).« Die Übung im Definieren ist für den Redner sehr wichtig. Er muß sofort und prägnant das Wesentliche treffen können, wenn er z. B. in einer Diskussion aufgefordert wird, eine Sache oder ein Wort zu erklären. (Z. B. »Was verstehen Sie eigentlich unter Konjunktur?«) Das ist gar nicht so leicht, wie man meint! Wer beispielsweise den Menschen definiert als »federlosen Zweifüßler«, trifft dabei zwar *etwas* Richtiges, aber

nicht *das Wesentliche* des Menschen. Er wirft mit dieser »Definition«
den Menschen mit einem gerupften Huhn, einem Känguruh oder
einer Springmaus in einen Topf. (Siehe Lit. Norbert Wiener.) Das
Wesentliche bestimmen und ausdrücken können: Ziel aller rhetorischen Schulung.

19
4. Erzählung. Üben Sie sich im anschaulichen, packenden Erzählen von allen möglichen Begebenheiten, Anekdoten, Kurzge-
schichten, Reiseberichten usw. Nehmen Sie z.B. die Geschichten aus
Hebels »Schatzkästlein« (»Der Barbierjunge«), Hermann Hesses
»Autorenabend« und so manches andere aus der literarischen Klein-
kunst. Vorzüglich eignen sich auch die Fabeln Lessings. Ruhen Sie
nicht eher, bis Sie diese wirklich *fabel-haft* wiedergeben können.
Eine gute Konzentrationsübung: Geben Sie einen Tagesüberblick.
Erzählen Sie in 5 Minuten die wesentlichsten Ereignisse Ihres Tages-
ablaufs. Achten Sie dabei auf eine ruhige, fließende Sprechweise.

20
Für die Erlebniserzählung gibt Edgar Neis (s. Lit.-Verz.) einige
zusammenfassende Hinweise, die beherzigenswert sind:
1. In der Erlebniserzählung geht der Erzähler vom eigenen Erleben aus.
2. Er muß sich bemühen, frisch, unbefangen und natürlich zu
erzählen.
3. Er bedient sich dabei der Umgangssprache.
4. Die Erzählzeit wird meistens das Imperfekt sein; nur bei besonders lebhaften Schilderungen wird der Erzähler das Präsens
wählen.
5. Der Erzähler wird sich seinen Zuhörern unmittelbar zuwen-
den.
6. Der Erzähler wird versuchen, bei längeren Erzählungen sich
schon vor Beginn des Erzählens »blitzartig« in Gedanken ein »Gerüst« herzustellen, an das er sich halten kann, eine Gedankenord-
nung, die seinem Vortrag Richtung und Ziel gibt.
Dabei wird er besonders den Anfang, der die Spannung wecken
soll, den Höhepunkt, wo diese auf die Spitze getrieben wird, und
den Schluß, mit dem er den Zuhörer wieder entläßt, beachten.
7. Dem Erzähler muß natürlich der Inhalt seiner beabsichtigten
Aussage vertraut sein. Die eigentliche sprachliche Ausformung dieses Inhaltes soll aber erst im Augenblick des Vortrages selbst vor

sich gehen. Strömen während des Vortrages dem Redner neue Gedanken zu, so sollen sie gleich in Worte ungeformt werden. Dieses »Denksprechen« setzt aber freilich schon eine gewisse Reife und technische Erfahrung voraus.

8. Kleine Stockungen und Redehemmungen, die sich während des Vortrages einstellen, beachtet man am besten zunächst nicht: der Vortragende tue so, als seien es natürliche Pausen; die Zuhörer merken ohnedies meist nicht gleich, ob es sich um eine echte Pause oder um eine ungewollte Stockung handelt. Später pflegen sich solche Redehemmungen zu verlieren.

21

5. S a c h b e r i c h t. Wir fertigen Stichwort-Auszüge von Zeitungsartikeln an und geben den Artikel-Inhalt anhand des Stichwortkonzepts mit eigenen Worten wieder (»Ummünzen«); am besten mehrfach und mit verschiedener Wortausgestaltung. Anschließende Übungen:

a) Verkürzen des Artikels (Raffung bis zu einem Satz!).
b) Erweiterung durch eigene Stellungnahme.

Anzustreben ist die fließende Redeweise, was nicht heißen soll, man müsse allzu »poliert« sprechen. Ein gelegentliches (!) Stocken, ein gelegentliches (!) Ringen um den rechten Ausdruck ist gar nicht zu vermeiden, es gibt der Rede sogar eine gewisse Spannung und Lebendigkeit. Der englische Minister Anthony Eden soll beim Reden niemals ins Stocken geraten sein. Seine Rede war immer exakt sondergleichen – aber auch kalt sondergleichen, wie Graf Pückler berichtet (Deutsche Allgemeine Zeitung, 24. Juli 1938).

Aber Churchills oder Baldwins Reden, längst nicht so »glatt« vorgetragen, konnten die Zuhörer erwärmen und mitreißen.

Wenn es Ihnen gelingt, in »halbfreier« Rede (anhand eines Stichwortkonzepts) zehn Sätze im ruhigen, gleichmäßigen Sprechfluß vorzutragen, so haben Sie schon einen großen Fortschritt erzielt.

Achten Sie darauf, begonnene Sätze auch zu Ende zu führen, ohne Satz-Umbau, Zerdehnung von Satzteilen oder Verlegenheitspausen. Viele Redner schaffen es nicht, den richtigen Sprechfluß zu erreichen. Sie ballen einzelne Satzteile zu Wortblöcken (in schneller Folge) und machen zwischen diesen unsinnige Pausen.

Üben Sie auch immer wieder die Stegreifrede. Betrachten Sie ein Bild, schildern Sie ein Ereignis. Beobachten Sie scharf die Einzelheiten wie die Zusammenhänge. Sprechen Sie auch anschaulich: Bringen Sie Bilder und treffende Vergleiche.

An dieser Stelle ist das Durcharbeiten der Kapitel über Vorbereitung, Gefüge und Durchführung der Rede zu empfehlen. Besonders die Unterkapitel über Sprachstil, Darstellungsmittel, Einleitung, Schluß und Redehemmung mögen viele Hinweise geben, die schon zu diesem Zeitpunkt berücksichtigt werden könnten.

22

6. Meinungsrede. Halten Sie Vorträge von 3 bis 5 Minuten über engbegrenzte Themen: Berufsziel, Hobby usw.; zunächst nach Stichworten, schließlich ganz frei. Falls keine Zuhörer vorhanden, stellen Sie sich diese vor! Wiederholen Sie diese Miniaturreden in verschiedener Fassung; einmal laut, einmal stumm. Nehmen Sie Stellung zu den Leitartikeln von Zeitungen: Stimmt das, was da geschrieben steht? An welcher Stelle sind Sie anderer Meinung? Ergänzen Sie, verknüpfen Sie, formulieren Sie Ihre Ansicht zu einer Frage und begründen Sie diese.

Wenn Sie ein Thema haben, das schwierige Fragen enthält: Sprechen Sie darüber mit Ihren Freunden; das führt verblüffend oft zur Klärung und Vertiefung (s. Kleist).

Man hüte sich davor, bei diesen ersten Redeübungen *glänzen* zu wollen. Wir bringen *keine gesucht schönen Wendungen*. Achten Sie auf einen ruhig-strömenden Sprechfluß. Einmal angefangene Sätze bringe man auch zu Ende, selbst wenn sich einmal ein grammatikalischer Fehler einschleichen sollte. Lassen Sie Ihre Reden in Miniaturausgabe immer wieder prüfen, durch Selbstkontrolle wie durch Fremdkontrolle. Unbestechlich ist die Kontrolle durch Tonband!

23

Wichtig ist auch, daß Sie Ihren Wortschatz ständig erweitern. Darum sammeln wir (im Zettelkasten) die uns besonders zusagenden Wörter und Wortverbindungen, die wir gehört oder gelesen haben (u. U. im Wörterbuch nachschlagen). Besonders ausgeprägt ist unsere Verbenarmut (dafür werden zu oft Hilfsverben gebraucht). Wir merken uns sinnverwandte Ausdrücke (Es ist nicht alles »prima«, was so bezeichnet wird!). Diese Wortschatz-Arbeit hilft, daß wir uns vielfältiger ausdrücken können. Wir überwinden die heute übliche fade Schablonensprache.

Der preußische Feldmarschall Schwerin (1684–1757) pflegte mit seinen Offizieren die folgende Redeübung zu veranstalten, die man auch heute im Freundeskreis nachahmen könnte: Jeder mußte das

Thema einer Kurzrede notieren, die Zettel mit den Themen wurden in einen Helm geworfen und dann verlost. Aus dem Stegreif mußte nun jeder einige Minuten über das Thema sprechen, das er gezogen hatte. Schwerin sagte, ein Offizier müsse nicht nur schnell handeln, sondern auch prägnant sprechen, erklären und befehlen können. Diese Übung schule Geistesgegenwart, Schlagfertigkeit, Ausdrucksvermögen und Konzentration.

24
7. R e d n e r s t u d i u m . Studieren Sie die Eigenarten von Rednern, wo Sie nur Gelegenheit dazu finden: in Vorträgen, Predigten, Diskussionen, im Funk usw.

Wir beurteilen die zwei Seiten jeder Rede:
a) *was wird gesagt?* (Inhalt, Grundriß, Logik, Anschaulichkeit, Sprachstil u. a.; s. spätere Ausführungen),
b) *wie wird es gesagt?* (Vollzug der Rede: Sprechstärke, -höhe, Betonung, Tempo, Sprechfluß, Artikulationsschärfe, Gebärde u. a.).

8. R e d e a n a l y s e n . Gedruckte Reden verhalten sich zu gesprochenen wie Konserven zu Frischkost – dennoch kann man viel aus ihnen lernen (Gefüge, Aufbau, Stil usw.). Studieren Sie Alltagsreden ebenso wie wissenschaftliche Vorträge und Meinungsreden der Parlamentarier – bis hin zu den »Reden, die die Welt bewegten« (Cottasche Verlagsanstalt, 1959). Analysieren Sie diese Reden anhand der rhetorischen Mittel, die im Kapitel »Gefüge der Rede« angeführt sind. Viele dieser Darstellungsmittel werden Sie übernehmen können und im Laufe der Zeit in Ihren persönlichen Redestil einschmelzen.

25
9. D i s k u t i e r e n . Nach diesen Vorbereitungen ist es an der Zeit, immer mehr Redepraxis zu erwerben, zunächst im Freundes- und Bekanntenkreis, dann aber auch in der Öffentlichkeit. Wer schwimmen lernen will, kommt nicht mit einem Trockenkurs aus: er muß schließlich ins Wasser steigen, wenn er die Grundübungen beherrscht. Wer reden lernen will, kommt auch nicht mit einer theoretischen Klärung aus: er muß unter die Menschen gehen und mit ihnen sprechen und diskutieren. Wie man sich freischwimmt, so wird man sich auch langsam *freisprechen:* zunächst im Freundeskreis oder im Verein, dann in Versammlungen. Stellen Sie dort vorerst vielleicht nur kurze Fragen. Bald schon diskutieren Sie mit. Wagen Sie es ruhig

immer wieder, selbst wenn es einmal »schiefgeht«. Übung macht den Meister.

10. Rede. Gehen Sie nun dazu über, kleinere und größere Referate zu halten. Sie tun gut daran, zunächst nur Gebiete zu wählen, die Sie ohnehin schon beherrschen. Für diese größere Rede steht Ihnen das nötige Rüstzeug zur Verfügung, wenn Sie die folgenden Kapitel dieses Buches sorgfältig durchgearbeitet haben.

26

Als Beispiel einer *Übungsaufgabe* für den Sachbericht sei hier ein Thema genannt, zu dem als Materialgrundlage nur einige dürre Prozentzahlen dienen. Wir entnehmen dem UNO-Jahrbuch, daß 1958–63 die jährliche Bevölkerungszunahme in den verschiedensten Gebieten der Welt wie folgt festgestellt wurde:

Mittelamerika:	2,9 %
Südamerika:	2,8 %
Asien:	2,3 %
Ozeanien:	2,2 %
Afrika:	2,0 %
USA:	1,7 %
UdSSR:	1,7 %
Europa:	0,9 %
Bundesrepublik Deutschland:	1,3 %

Aufgabe: Gestalten Sie auf der Grundlage dieser Zahlen einen Sachbericht mit dem Thema:

»*Die Bevölkerungsexplosion in aller Welt*«.

(Es sei empfohlen, diese Aufgabe zunächst einmal völlig selbständig zu lösen, ohne die folgenden Gedanken und Vorschläge zu verarbeiten. Erstellen Sie ein Stichwortkonzept und tragen Sie den Bericht vor. Erst danach lesen Sie bitte die nachstehenden Zeilen durch und prüfen, ob sie Verbesserungsvorschläge enthalten.)

Stichwortartig gefaßte Überlegungen zur Aufgabe:

Zielgedanken des Berichts: Den Zuhörern soll auf eindringlichste Art die unterschiedliche Bedeutung der Bevölkerungszunahme vor Augen geführt werden.

Einige Feststellungen und Schlüsse, die man aus dem Zahlenmaterial ziehen kann:

1. Kleine Überraschung: nicht in Asien und Afrika größte prozentuale Zunahme, sondern in Mittel- und Südamerika.

2. Auswirkung allerdings im volkreichen Asien am größten. Annahme China heute: etwa 6–700 Millionen. Zunahme dann etwa 15–17 Millionen schätzungsweise.

3. Lateinamerika, Asien, Afrika weit vor Europa, z. T. 3mal so stark in der Zunahme.

4. Weltmächte USA und UdSSR gleichauf!
Erheblich über dem Durchschnitt Europas.

5. In Europa die Bundesrepublik überdurchschnittlich.

Insgesamt: Zunehmendes Übergewicht der farbigen Welt. Europa schon bald »Randerscheinung«. Problem: Geburtenregelung, Ernährung, Industrialisierung, neue Machtfaktoren.

(Ich deute nur einiges an hier. Man könnte sich jetzt zusätzliche Informationen zu verschaffen suchen über Bevölkerungsstruktur, Gründe für die unterschiedliche Zunahme usw., um den Themenkomplex gründlicher behandeln zu können. Wir wollen uns aber hier mit dem vorliegenden Material begnügen.)

27

Es würde jetzt sicherlich kein wirkungsvoller Bericht werden, dessen Angaben dem Zuhörer im Gedächtnis blieben und ihn zum Nachdenken anregten, wenn einfach die vorliegenden Zahlen in Sätze gekleidet wären. Wir fragen uns, welche rhetorischen Mittel sich anbieten, um das Ganze anschaulich und plastisch werden zu lassen (Vgl. Kap. »Technik der Vorbereitung«). Vielleicht läßt sich der Grundsatz erfüllen: »Zeige etwas vor«, indem wir die Ausführungen anhand einer Weltkarte vornehmen. Auf diese Weise kann man auch visuell deutlich machen,

a) welche Ausdehnung die im einzelnen genannten Gebiete haben,

b) daß es nicht nur eine Ost-West-Spannung gibt, sondern bevölkerungspolitisch in ständig zunehmendem Maße auch eine Nord-Süd-Spannung. (Im Süden weitaus stärkere Bevölkerungszunahme.)

Falls keine Weltkarte greifbar, so kann man sich z. B. mit einer graphischen Skizze behelfen (Kapitel »Visuelle Hilfsmittel«).

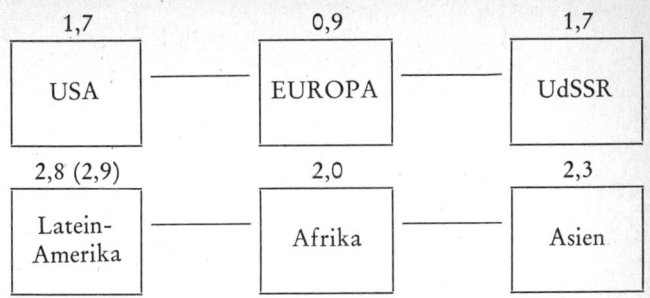

Es gibt, wie immer, verschiedene Möglichkeiten, den Bericht einzuleiten (Kapitel »Einleitung«).

a) Die Direkt-Technik führt sofort zum Kern. Z. B.: »Das UNO-Jahrbuch 1963 gibt uns interessante Aufschlüsse über die Bevölkerungszunahme in allen Teilen der Erde. Die Untersuchungen beziehen sich auf die Jahre 1958–63« usw. So anzufangen ist möglich, aber doch sehr nüchtern und wenig attraktiv. Der Hörer wird auf diese Weise nicht sonderlich motiviert, gut zuzuhören; er wird nicht in eine ausgeprägte Hörspannung versetzt.

b) Die Aufhänger-Technik als Einleitung. Ich überlege, wie ich schon in der Einleitung die nüchternen Prozentzahlen »mit Fleisch und Blut« erfüllen kann. Ich versetze mich in die Situation des Zuhörers. Prozentzahlen besagen ihm noch nicht viel. Man kann sie aber durch exemplarische Realisation eindringlich machen, indem man anknüpft an Vorstellungen und Erfahrungen aus dem Lebensbereich des Hörers. Was bedeutet eine jährliche Bevölkerungszunahme von 1,3 % für die Bundesrepublik? Rund gesagt, mindestens über 600 000 Einwohner mehr pro Jahr! Der Vergleich bietet sich an: In der Bundesrepublik in jedem Jahre eine Großstadt wie Hannover oder Bremen hinzu. Das erscheint viel. Doch in China kommt jährlich die Einwohnerzahl der DDR hinzu! In 20 Jahren ist China, bei vorsichtiger Schätzung, 20mal »um eine DDR« gewachsen.

Diese oder ähnliche Vergleiche eignen sich als Aufhänger, um dem Zuhörer schlaglichtartig Größenordnungen plastisch zu machen und gleichzeitig den Sinn für Probleme zu erschließen, die mit der Bevölkerungsexplosion verbunden sind.

c) Die Denkreiz-Technik: Man könnte mit einer überraschenden

Frage oder Feststellung beginnen. Z. B. »Meine Damen und Herren, ich glaube, Sie werden überrascht sein, wenn ich Ihnen hier die Untersuchungsergebnisse der UNO über die Bevölkerungszunahme in aller Welt vorlege. Was meinen Sie, wo ist die prozentuale Zunahme am größten? Wahrscheinlich vermuten Sie dasselbe, was auch ich vermutet habe: in Asien oder in Afrika. Weit gefehlt: es ist Mittelamerika! . . .« usw.

Ich würde mich in diesem Falle für eine Kombination Aufhänger-Denkreiz entscheiden. Es sei empfohlen, zum Schluß auf die Probleme (Ernährung, Geburtenregelung usw.) zu sprechen zu kommen, die sich auf Grund der vorgetragenen Faktoren ergeben. Wenn man an den Sachbericht seine persönliche Meinung anhängt oder sie in das Referat einflicht, so können wir schon einen Übergang vom Sachbericht zur Meinungsrede feststellen. Es kommt dann immer nur darauf an, daß man sorgfältig deutlich macht, was Bericht und was Meinung und persönliche Interpretation ist.

28

Das Stichwortkonzept für eine knappe Darstellung des Themas (mit Hilfe von Weltkarte oder graphischer Skizze) könnten wie folgt aussehen:

(Einleitung): BRD – jährlich Hannover oder Bremen (1,3 %)
China – jährlich »eine DDR« hinzu

(Hauptteil): UNO-Jahrbuch – 1958–63
Überraschung: Mittelamerika 2,9 % – Südamerika 2,8 %
Folgt: Asien 2,3 %; Ozeanien 2,2 %; Afrika 2,0 %
Auswirkung: China, Indien.
Vergleich: Brasilien – China annähernd gleich großes Gebiet. China – Bev. 10mal so groß (s. Brockhaus-Lexikon)
Bild und Vergleich: Südachse Lateinam. – Afrika – Asien
Nordachse USA – Europa – UdSSR
1,7   0,9   1,7
Weltmächte gleichauf.
Über Europa.
Problem: Übergewicht farbige Welt.
Nicht nur Ost-West-Spannung.
Nord-Süd-Spannung!

(Schluß):   Problemkreis:
               Geburtenregelung
               Ernährung
               Entwicklungshilfe
               Industrialisierung
               neue Machtverhältnisse eventuell.
(Schlußsatz): »Die vielfältigen Probleme der Bevölkerungsexplo-
               sion auf friedliche und gerechte Weise zu lösen, *das*
               wird in den kommenden Jahrzehnten die alles andere
               überragende Aufgabe aller Völker sein.«

4. Gedächtnisübung

29

»Das Gedächtnis ist die Schatzkammer der Beredsamkeit«, schreibt
Quintilian (1. Jahrhundert n. Chr.), der die beste Zusammenfassung
der antiken Rhetorik bringt, in den zwölf Büchern seiner »Institutio
oratoria«. Deshalb der Ratschlag: Trainieren Sie ständig Ihr Ge-
dächtnis; muten Sie ihm viel zu, dann wird es besser und besser!
Nehmen Sie sich vor, täglich ein bestimmtes Pensum zu leisten: ein
Gedicht oder eine genaue Wiedergabe von Zeitungsartikeln usw.
Man braucht kein Cäsar zu werden, der jeden seiner Soldaten mit
Namen gekannt haben soll; und auch kein Fox, jener englische
Staatsmann, von dem gesagt wurde, daß man die Bibel aus seinem
Munde restaurieren könnte, falls einmal alle Exemplare der Schrift
verlorengehen sollten. Wolfram von Eschenbach beherrschte die
80 000 Verse seines Parzival auswendig. – Nun, ein moderner Redner braucht nicht gerade ein Buch auswendig zu können oder
ein wandelndes Lexikon zu sein, aber wenn er über ein gutes Gedächtnis verfügt, so ist das sehr wertvoll. Vor allem muß er *das*
haben, was die Wissenschaft ein *orientierendes Gedächtnis* nennt.
Tatsachen, Zitate, eigene Gedanken usw. kann man sofort schrift-
lich festhalten, man entlastet damit sein Gedächtnis. Aber Fragen
wie die folgenden betreffen das orientierende Gedächtnisvermö-
gen: Wo finde ich Fachliteratur? Wo habe ich eine bestimmte These
schon einmal gehört? Welche Meinung hatte Meyer vor drei Jahren?
usw. Für die Diskussion und Verhandlung ist ein gut funktionie-
rendes Gedächtnis sogar noch notwendiger als für die Rede. Gerade
hierbei muß man blitzschnell »aus dem vollen schöpfen« können.
Ein stets gegenwärtiges Wissen um Einzelheiten und Zusammen-

hänge entscheidet hier oftmals zu Ihren Gunsten. Winston Churchill trat zurück, als er sich nicht mehr an den Inhalt der letzten Kabinettsitzung erinnern konnte. Er meinte, England dürfe nicht von einem Mann regiert werden, dessen Gedächtnis versage.

»Alle klagen über ihr Gedächtnis, keiner klagt über seinen Verstand«, meinte bissig La Rochefoucauld.

30

Unsere Gedächtniskraft vernachlässigen wir heute viel zu sehr, auch in den Schulen. So mancher Pädagoge sieht mit hochmütigem Gesicht auf das angeblich »sture Auswendiglernen« herab. Echtes Gedächtnistraining ist aber keineswegs *mechanisches Pauken*, das zu Recht verpönt wird.

»Es ist höchst merkwürdig«, sagt der Gedächtnisforscher Müller-Freienfels, »so ungern die meisten Menschen zugeben, daß sie einen schwachen Verstand hätten, so unbedenklich sprechen sie von ihrem schlechten Gedächtnis. Ja, sie entschuldigen sogar Ausfälle ihrer Intelligenz und vieles sonst noch durch ihr schlechtes Gedächtnis. Das Gedächtnis wird so behandelt, als gehöre es eigentlich überhaupt nicht zum Ich, als wäre es eine besondere Gabe, deren Besitz zwar angenehm sei, für deren Mängel man jedoch nicht haftbar sei.« Wie gesagt: ein rein mechanisches Auswendiglernen ist stupide und bleibt zudem nur flüchtig an der Oberfläche des Gedächtnisses haften. Die Erfahrung lehrt, daß eine Stärkung des Gedächtnisses vor allem durch die Verbindung dreier Mittel erreicht werden kann:

1. durch Konzentration (Eindrucksfähigkeit steigern!),
2. durch Gedankenverknüpfung (Gedächtnisbrücken schaffen!),
3. durch Wiederholung.

31

Jede Konzentration ist bedingt durch dreierlei: a) den Grad innerer Anteilnahme und die Fähigkeit, b) sich Nebengedanken und c) »Umweltgeschehen« gegenüber zu verschließen. (Stärken Sie Ihre Konzentrationskraft auch einmal im »Weltgetriebe«: arbeiten Sie dann in ungünstiger Umgebung wie in Bahn und Café. Können Sie alles andere abschalten?)

»Starkes Gedächtnis kann nur haben, wer sich zu konzentrieren vermag und den Eindrücken, die er als wertvoll bejaht, Zeit gibt, in der Seele Wurzel zu schlagen« (Müller-Freienfels). Der Grad der Anteilnahme ist mitentscheidend! Wer freudig bei der Sache ist, behält leichter. Stellt man nicht selbst bei Leuten mit *angeblich* schlechtem Gedächtnis fest, welch ungeahnte Gedächtniskraft sie entwickeln, wenn es darum geht, Schwächen der Mitmenschen aufzuzählen? Die Fehlleistungen anderer haben sie noch nach Jahrzehnten in allen Einzelheiten gegenwärtig. Der Schluß daraus: was wirklich interessiert, behält man leicht. Bei dem minder Interessanten muß man sich mehr konzentrieren.

32

Jeder muß herausfinden, wie er am besten übt. Der eine ist *motorisch* veranlagt wie Napoleon, der Mann mit dem vielleicht besten Namensgedächtnis seiner Zeit: er schrieb jeden neuen Namen dreimal auf und warf den Zettel dann weg. – Vieles niederschreiben ist immer gut! – Der mehr *akustisch* eingestellte Mensch muß laut lernen; er muß das zu Lernende hören können. Gedächtnisstützen für *visuell* Veranlagte bietet z. B. eine geschickte Anordnung der Stichworte (Unterstreichen, Farbgebung; auch Strichbilder, Schemata stützen das Gedächtnis).

Zu welchem Typ Sie auch neigen mögen, sich konzentrieren heißt vor allem: den jeweiligen Lerngegenstand *eindringlich* und *mit reichlichem Zeitaufwand* betrachten und überdenken. Dem sogenannten »schlechten Gedächtnis« liegt oft nur eines zugrunde: die oberflächliche, flüchtige Betrachtung. Lieber jeweils weniger lernen, aber dieses Wenige gründlich.

»Unser Geist ist nichts anderes als eine Assoziationsmaschine«, sagt der amerikanische Psychologe James einmal. Die Folgerung für den Redner lautet: man schaffe sich Gedächtnisbrücken. Haben Sie sich eine Gedankenfolge festgelegt, so prägen Sie sich die Stichworte oder Stichsätze assoziativ ein, durch bildhafte Anknüpfung (psychologisches Gesetz der lokalen Assoziation): verbinden Sie z. B. jedes Stichwort mit einem markanten Merkmal einer Wegstrecke (Hotel, Post, Bahnhof, Brücke, Schule, Denkmal usw.). Dies ist die primitivste Form der Gedächtnisbrücke. Entscheidend ist immer, daß man das neu zu Lernende mit schon tiefer verankertem Wissen verbindet.

33

Am besten wirkt das Gedächtnis, wenn sich noch irgendein Sinnbezug herstellen läßt (Bartok starb in den USA. Das Todesjahr des Komponisten, 1945, behält man leichter, wenn man bedenkt, daß dieses Jahr das Kriegsende brachte [vorhandenes Wissen!]. Wegen der kriegerischen Wirren in Europa war Bartok emigriert [Sinn-bezug]).

Nichts vergißt man ganz! »Spurenelemente« bleiben von jedem Lernen. Eigentlich muß es nicht heißen: wie stärke ich mein Gedächtnis?, sondern: wie verhindere ich das Vergessen? Die *Wiederholung* (d. h. was verlorengehen will, wird *wieder* an seinen Platz *geholt!)* ist als Gedächtnismittel notwendig, sollte aber nicht mechanisch angewandt werden. Hier drei kleine Tips für die Praxis:

1. Lautes Lesen dient besserer Einverleibung des Stoffes. (Verknüpfen von Sehen *und* Hören.) Nehmen Sie jeweils nur kleine Teile zur Wiederholung, die Sie sich dann aber um so gründlicher einprägen.

2. Machen Sie Pausen beim Wiederholen (»schöpferische Pause«!). Es ist z. B. weit wirksamer, sich an zwei Tagen je eine Stunde lang Stoff einzuprägen, als an einem Tag zwei Stunden lang, da das Unterbewußtsein den Stoff in der Zwischenzeit weiter befestigt.

Die Experimentalpsychologie (von Ebbinghaus u. a.) zeigt, daß von allem Gelernten ein Teil sehr rasch vergessen wird, dann aber vollzieht sich das Vergessen langsamer. Die Konsequenz: man setze früh mit der Wiederholung ein. Und bedenken wir noch eins: »Viele Menschen haben nur darum ein schlechtes Gedächtnis, weil sie zu falscher Zeit, d. h. bei körperlicher Ermüdung, ihr Gedächtnis betätigen« (Müller-Freienfels).

3. Neben der *einfachen* Wiederholung ist die *kombinierte* Wiederholung wichtig. Man behält schlecht eine Summe von Einzelheiten, weit besser dagegen Wissensstoff, der in immer wieder neue Zusammenhänge eingebettet wird. Verknüpfen wir verschiedene Sachgebiete miteinander, wo es nur angeht.

34

Was muß nun der Redner gedächtnismäßig leisten? Er sollte nicht den Wortlaut der Rede auswendig lernen (höchstens Anfang und Schluß), sondern nur den stichwortartig festgehaltenen Grundriß. Er sollte sich aber die Zusammenhänge (Kausalketten) und Sinnkonturen genauestens einprägen. Hat man die Rede stur auswendig gepaukt, so droht ständig die Gefahr, daß der Faden bei jeder kleinen Aufregung abreißt. Im übrigen fehlt beim »glatten Abspulen« der Rede stets das taufrische und spontane Element, das nur durch immer neue Wortausgestaltung erhalten bleiben kann. Die Geheimnisse um das menschliche Gedächtnis sind noch keines-

wegs gelüftet. Vieles ist hier noch ungeklärt, was das Gedächtnis-
zentrum, das Behalten *und* Vergessen betrifft. Der Sophist Gorgias
versprach dem Perikles, er wolle ihn die Gedächtniskunst lehren.
Der aber antwortete: »Ich möchte lieber die Kunst erlernen, wie
man etwas vergißt, was man *nicht* zu behalten wünscht.« Und über
diese (oft so angebrachte!) Kunst konnte Gorgias so wenig Auskunft geben, wie wir es heute können.

B. Vorüberlegungen

1. Grundsätzliches über die Rede

35

Sprechen ist ein Ausdruck unseres Denkens, Fühlens und Wollens.
Mittels des Sprechens sucht der Mensch einen Weg aus seiner Verein-
zelung heraus zur Gemeinschaft mit anderen Menschen. Jede Rede
wendet sich darum, verschieden akzentuiert, an Verstand, Gefühl
und Willen eines Gegenübers.

»Die Rede ist wortgeformte Willenshandlung. Der Verstand
gibt den Gedanken der Rede Klarheit und Schärfe, das Gefühl
reißt durch seine Schwungkraft hin und ruft in Verbindung mit
dem kraftvollen Willen zuweilen eine suggestionsähnliche Wirkung
hervor« (Weller).

»Rede ist gestalteter Ausdruck, Verschmelzung einer persönlichen
Wirklichkeit mit einem überpersönlichen Gehalt« (Dessoir).

»Rede ist inhaltlich vorbereitete und gegliederte, dann aber frei
vor den Hörern geformte mündliche Mitteilung« (Weller).

Völlige Beherrschung des Redestoffes ist unbedingte Voraussetzung. Gut reden können heißt, das Notwendige zur richtigen
Zeit wirkungsvoll sagen können. Die Grundfrage der Rhetorik
lautet: Wie kleide ich meine Gedanken in wirksame Worte; wie
verschaffe ich meinen Gedanken durchschlagende Wirkung?

36

Jede Rede besteht im Grunde nur aus einer Auswahl von Tatsachen und Gedanken, die auf einen bestimmten Nenner gebracht
werden.

Talleyrand trifft, wie so oft, den Nagel auf den Kopf, wenn er sagt: »Gut reden heißt sagen, was nötig ist; *nur das* sagen, was nötig ist, es fehlerlos und zum richtigen Zeitpunkt sagen.«

»Man kann nicht groß genug von der Rede denken. Sie hat sich im Leben der Menschen als eine Macht sondergleichen erwiesen« (Dessoir). Denken wir z. B. daran, daß nicht nur die großen Revolutionen, sondern auch viele rein geistige Bewegungen durch Reden eingeleitet wurden. In parlamentarischen Staatsformen kommen der Rede und der Diskussion besonders große Bedeutung zu. »Regierung eines Staates durch ein Parlament ist diejenige Art der Regierung, die sich des Mittels der Rede als Motor und als wesentlicher Form ihrer Tätigkeit bedient. Parliamentary Government is Government by talking: so drückt dies kurz und bündig ein englischer Politiker aus« (Josef Redlich). Wo im Parlament die Probleme nicht mehr ernsthaft *ausdiskutiert* werden, da würdigen sich die Parteien herab zu mechanischen Kopfnicker-Fraktionen. Auch demokratische Parlamente laufen Gefahr, Beschlußfassungsmaschinen zu werden, die vom Willen eines einzelnen oder einer kleinen Gruppe gesteuert werden. Aber nicht nur im großen Bereich der politischen Auseinandersetzung und des geistigen Ringens ist die Rede wichtig, sondern auch im Leben jedes einzelnen. Wer sachlich, wirkungsvoll und überzeugend reden kann, hat ebenso einen Schlüssel zur fruchtbaren menschlichen Begegnung wie zum beruflichen Vorwärtskommen. (»Ein stummer Kaufmann dürfte ebensoviel Lebensaussichten haben wie ein zahnloser Löwe«, sagt Joh. Blümel.) Oft genug aber werden selbst die einfachsten Grundlagen der Rhetorik übersehen: wir finden die Rede z. B. schlecht gegliedert, eintönig vorgetragen, wenig anschaulich, trokken und langweilig.

Daß die Rede dem Menschen eigen ist vor allen anderen Lebewesen, stellt schon Luther bei einem Vergleich fest. Er schreibt: »Es gibt etliche Tier, die in andern Gaben einen Menschen übertreffen; etliche mit dem Gesicht, etliche mit dem Gehöre, etliche mit Riechen, aber keins kann reden.«

2. Verantwortung des Redners – Gefahren der Rhetorik

37

Die Redekunst kann im Dienste des Guten wie des Bösen, des Wahren wie des Unwahren stehen. Die Redegabe ist eine gefährliche Waffe, die oft genug mißbraucht wird. Es gibt im Grunde nur drei Methoden, bei anderen Menschen etwas zu erreichen: man kann sie zwingen, man kann sie überreden und man kann sie überzeugen. In der Regel ist nur das letztere legitim.

Jede wahre Rede erfordert bei aller technischen Fertigkeit eine verantwortungsbewußte ethische Voraussetzung. *Das Wesen der wahren Rede liegt in ihrer dem Mitmenschen dienenden Funktion.*

Wer solche Funktion nicht anerkennt, wird zum Demagogen, aber niemals zum Redner im echten Sinne.

38

Schon in der Antike war die Redekunst nicht unumstritten. In Platons »Gorgias« wird die Rhetorik mit der Putz- und Kochkunst auf die gleiche Stufe gestellt, da sie wie jene zu leicht der Schmeichelei dient.

Eine scharfe Verurteilung besonders der spätantiken Rhetorik finden wir in Äußerungen Gigons: »Der Triumph der Rhetorik ist es, eine schwache Sache zur starken zu machen und einen offenkundigen Übeltäter erfolgreich zum Unschuldsengel zu drapieren. Juristische Erwägungen bleiben dabei völlig im Hintergrund. Mit einer uns zuweilen zynisch anmutenden Offenheit wird ausschließlich auf die psychologische und artistische Wirkung hingesteuert. Noch das humanistisch gesinnte 19. Jahrhundert erlebte einen Schock, als sich herausstellte, in welchem Umfang Platon mit seiner Behauptung recht hatte, die Redner kümmerten sich überhaupt nicht um die Wahrheit, sondern nur um die Wirkung auf ihr Publikum. Das gilt selbst für die größten unter ihnen, etwa Demosthenes, der keine Skrupel kannte, Tatsachen frei nach seinen Bedürfnissen zu manipulieren.«

39

Viele große Geister haben die Redekunst kritisiert, aber sie sahen sie immer nur einseitig in ihrer negativen Auswirkung und wurden ihr dadurch nicht gerecht. Tief verwurzelt ist das Mißtrauen bei Kant: »Die Rede ist eine hinterlistige Kunst, welche die Menschen als Maschinen in wichtigen Dingen zu einem Urteil zu bewegen versteht, das – wenn sie ruhig und sachlich nachdenken – alles Gewicht bei ihnen verlieren muß ...« – Noch schärfer urteilt Thomas Carlyle: »Die Redekunst ist beunruhigend. Die Armen, die auf die Volksredner hören, glauben, die Stimme des Kosmos erklingt. Es ist aber nur das Mundstück des Chaos.« In einer seiner von wilder Leidenschaft erfüllten Flugschriften heißt es sogar:

Die Redekunst »ist die große Ur-Fabrik des Bösen für uns – sozusagen die Werkstätte, wo alle Teufelsware, die unter der Sonne zirkuliert, den letzten Schliff und die letzte Politur erhält«. Wie Carlyle, so bedient sich sein Landsmann Rudyard Kipling des rhetorischen Mittels des Vergleichs, um die Rhetorik zu verdammen: »Worte sind natürlich das stärkste Rauschgift, das die Menschheit verwendet.« Eine Metapher (»Hals«) verwendet Verlaine, wenn er in seiner ›Art poétique‹ rigoros fordert: »Prends l'éloquence et tords lui le col« – »Nimm die Beredsamkeit und dreh ihr den Hals um!«

40

Derartige Aussprüche werden auch uns verständlich, wenn wir in der jüngeren deutschen Vergangenheit z. B. den Nationalsozialismus betrachten, dessen Ideologie vor allem von Hitler und Goebbels in oft demagogischer Weise unter das Volk gebracht wurde. Unterstützt durch die eigenartige Faszinationskraft seiner singenden Sprechstimme, ging Goebbels dabei noch ausgeklügelter und raffinierter zu Werke als Hitler selbst. Dokumente und Biographien geben dafür beredtes Zeugnis. H. Heiber z. B. äußert sich darüber wie folgt (Joseph Goebbels, Berlin 1962, S. 48 ff.): »Goebbels ist einer der technisch perfektesten Redner, die je die deutsche Sprache gebraucht haben. Man kann sich kaum noch eine . . . Vergrößerung der Wirkung vorstellen.« Es gelang ihm z. B., im Freundeskreis über die gleiche Sache vier verschiedene Ansichten mit gleicher Überzeugungskraft zu verfechten. Er operierte dabei mittels einer seltsamen Mischung von kaltem Intellekt, halber Wahrheit, Phantasie, sophistischer Verdrehung und emotionalem Appell. Er verfügte dabei über einen Stil, der bei aller Schärfe und Prägnanz doch einfach und für den letzten Parteigenossen noch verständlich war. Während Goebbels selbst nur kalt kontrollierte und die Zuhörer scharf beobachtete, verstand er es immer, genau das auszudrücken, was seine Zuhörer unklar fühlten. Seine Effekte und Pointen waren sorgfältig eingeplant, oft schon am Schreibtisch in geradezu generalstabsmäßiger Arbeit im voraus festgelegt.« (So z. B. bei seiner berühmt-berüchtigten Sportpalastrede vom Februar 1943).

Die Gefahren der Rhetorik muß man sehen. Keiner wird darauf verzichten, seine Armmuskeln zu trainieren, nur weil *eine* Möglichkeit darin besteht, sie falsch zu gebrauchen und den Mitmenschen niederzuschlagen. Ebensowenig wird man darauf verzichten, seine

Rede zu verbessern, nur weil auch ein Mißbrauch denkbar ist. Es kommt stets darauf an, daß wir die Ehrlichkeit unserer Gesinnung und die Gründlichkeit unseres Wissens und Erkennens immer wieder selbstkritisch überdenken.

41

Schlimm ist gesinnungsvirtuose Maulfertigkeit; sie führt zu verlogener Faselei. Der Redner hüte sich vor Unwahrheit, Halbwahrheit, Irreführung, Übertreibung und Akzentverschiebung. Er hüte sich und behüte seine Zuhörer vor Schwätzerei, vor demagogischen Kniffen und Finten und vor tönenden Phrasen. Machen wir nie ungeschützte Aussagen, sondern belegen wir alles, was wir sagen, mit eindeutigen und zwingenden Gründen. Bedenken wir: Jede Wahrheit will an rechter Stelle gesagt sein. Man kann sehr viel zur falschen Zeit und am falschen Ort sagen. Benjamin Franklin sagt: »Von einem Ausgleiten des Fußes wirst du dich schnell erholen, ein Ausgleiten der Zunge wirst du nie überwinden.«

42

Reden wir nur, wenn wir wirklich etwas zu sagen haben, damit uns nicht der Vorwurf trifft: »Er redet nicht, weil er reden *muß*, sondern weil er es *kann*.« – Hier kann man ein Zitat von Wilhelm Busch leicht abwandeln und sagen: »Gedanken sind nicht stets parat, man *spricht* auch, wenn man keine hat.«

Konfutse sagt einmal: »Wer viel schießt, ist noch kein Schütze; wer viel spricht, ist noch kein Redner.«

Ein schwatzhafter Jüngling bat Sokrates um Unterweisung in der Rhetorik. Dieser forderte von ihm die doppelte Gebühr. Auf die erstaunte Frage des Knaben anwortete der Lehrer: »Ich habe dich ja zwei Dinge zu lehren: die Kunst der Rede *und* die des Schweigens.« Sokrates hätte getrost den dreifachen Preis fordern sollen, denn oft muß man solche Leute noch eine dritte Kunst lehren: die des Zuhörens.

(Die Diagnose von W. Busch lautet hierzu: »Das Reden tut dem Menschen gut, wenn man es nämlich selber tut.«)

In der Wartburg lautet ein Spruch: »Klug zu reden ist oft schwer, klug zu schweigen noch viel mehr.«

Der polnische Schriftsteller Lec schreibt 1957: »Am Anfang war das Wort – am Ende die Phrase.« – Leider stimmt das sehr oft.

Hierzu noch einmal der Weise aus Wiedensahl:

»Du liebes Plappermäulchen,
Bedenk Dich erst ein Weilchen
Und sprich nicht so geschwind.
Du bist wie unsere Mühle
Mit ihrem Flügelspiele
Im frischen Sausewind.

Solang der Müller tätig
Und schüttet auf, was nötig,
Geht alles richtig zu.
Doch ist kein Korn darinnen,
Dann kommt das Werk von Sinnen
Und klappert so wie Du.«

Den gleichen Gedanken bringt Adolf Damaschke, nur nüchtern und prosaisch, wenn er schreibt: »Die Hörerschaft hat viel häufiger, als man denkt, ein feines Gefühl, ob die Redemühle wirklich Korn mit sich führt oder ob sie nur deshalb so laut klappert, weil sie leer ist.«

Der Redner soll sich möglichst freihalten von egozentrischer Einstellung. Er soll nicht im Dienste der Selbstgefälligkeit wirken. Jeder Redner muß zwar eine suggestive Autorität ausstrahlen, aber er darf nicht dem Geltungsdrang erliegen.

43

Redner stehen als Vermittler zwischen einer Sache und Personen. Beiden Teilen müssen sie gerecht werden. Darum stellen sie sich gleichzeitig auf Sache und Zuhörer ein.

Ein französisches Sprichwort heißt: »Gute Redner müssen Köpfe sein, nicht nur Kehlköpfe!«

Johann Gottfried Herder hat recht: »Es gibt kein beschwerlicheres Geschöpf der menschlichen Gesellschaft als ein Mensch von dummen Reden; und kein erbärmlicheres Glied unter den menschlichen Gliedern als eine vorlaufende, stolpernde, stotternde, grobe oder unzeitig spitzig und feingeschliffene *dumme Zunge.*«

Zu Herzen nehmen wird sich jeder Redner die Erklärung des Wortes »redlich«, wie sie sich in einem uralten Konversationslexikon findet: »Redlich ist derjenige, welcher so redet, wie er denkt, also offen und ohne Falsch ist.« Versuchen wir »redlich« zu sein, so gut wir es vermögen.

44

Sie wollen bei Ihren Zuhörern etwas erreichen: Sie wollen sie über einen Sachverhalt aufklären (wissenschaftlicher Vortrag, Erfahrungsbericht usw.), zu Handlungen anregen (politische Rede z. B.) oder beides zusammen. Bei anderer Gelegenheit (Festrede, Begrüßung usw.) wollen Sie das gemeinsame Gefühl, die gemeinsame Stimmung der Versammelten in Ihrer Rede einfangen und bestärken. Ein anderes Mal wollen Sie erzählen, was Sie erlebt haben. Durch Ihre Schilderung lassen Sie die Zuhörer teilhaben an dem, was Sie bewegt.

Dementsprechend unterscheiden wir vier Hauptformen der Rede:

1. den Sachvortrag (Klärung eines Sachverhaltes; Vorrang des Verstandes);

2. die Meinungs- oder Überzeugungsrede. (Sie hat ein Tatziel; sie darf nicht in logischen Eisregionen bleiben, sondern muß sich mit Zwecksätzen wie »Folglich ist dies und das zu tun« an Gefühl und Willen wenden!) Sonderformen der Meinungsrede sind Diskussion und Debatte;

3. die Gelegenheitsrede, die sich mit der augenblicklichen Situation der jeweiligen Gemeinschaft befaßt (Begrüßungsrede, Feierrede, Dankrede usw.);

4. die Erzählung (z. B. der Erlebnisbericht). Nicht selten werden die verschiedenen Formen der Rede miteinander verknüpft.

Technik der Vorbereitung

A. Allgemeines

45

Claus Harms war ein bedeutender Kanzelredner. Eines Tages fragte man ihn, wieviel Zeit er zu einer seiner berühmten Predigten gebraucht habe. Er antwortete: »Rund vierzig Jahre.« – Das mag überspitzt sein; fest steht aber, daß sehr viele Reden und Vorträge viel zu kurzfristig vorbereitet werden. Immer wieder können wir erleben, daß fähige Redner sich nicht genug präparieren. Sie sind sachkundig, »beschlagen« und routiniert im Umgang mit Worten wie mit Zuhörern. Aber sie scheinen es offenbar nicht mehr für nötig zu halten, sich sorgfältig vorzubereiten. Sie meinen, gute Reden nur so aus dem Ärmel schütteln zu können. Diese Redner schaffen dann nur selten den Sprung, *hervorragende* Redner zu werden. Sie entwickeln sich nicht mehr, sondern bleiben in routinierter Mittelmäßigkeit stecken.

46

Die 1. Regel für die Vorbereitung heißt:
Nehmen Sie sich Zeit.

Zwar zeigt die Geschichte, daß gelegentlich auch kurzfristig und übereilt vorbereitete Reden glücklich abgefaßt werden und durchschlagende Wirkung erzielen, doch ist das nicht der Normalfall. Knapp 2 Minuten dauerte die Rede, die der amerikanische Präsident Abraham Lincoln am 19. November 1863 anläßlich der Friedhofsweihe für Gefallene des Bürgerkrieges hielt – doch diese Rede haben die Amerikaner nicht vergessen. (Möge diese Nation unter Gottes Fügung zu neuer Freiheit geboren werden«; Ziel: »Herrschaft des Volkes durch das Volk und für das Volk«). Lincoln hatte seine wenigen Sätze eilig auf 2 Blättern notiert und war mit der Rede gar nicht zufrieden. Er meinte, er habe viel zuwenig Zeit gehabt für die sorgfältige Formulierung.

47

Die 2. Regel für die Vorbereitung heißt:
Arbeiten Sie systematisch.

Unendlich viel Zeit wird vergeudet, wenn man nicht eine systematische Arbeitstechnik anwendet. Goethe schrieb im Mai 1798 an Schiller: »Bei dem vielen Zeug, das ich vorhabe, würde ich verzweifeln, wenn nicht die große Ordnung, in der ich meine Papiere halte, mich in den Stand setzte, zu jeder Stunde überall einzugreifen, jede Stunde in ihrer Art zu nutzen und eins nach dem anderen vorwärtszuschieben.«

In Platons Briefen findet sich der Satz, daß nur ein »lange Zeit vorgesetzter, dem Gegenstande gewidmeter Verkehr das Licht der Erkenntnis aufleuchten« lasse. (Zitiert nach L. Nelson, Die sokratische Methode, Leipzig 1918.) Von vielen bedeutenden Rednern wissen wir, wie intensiv sie jede einzelne Rede vorbereiten.

Roosevelt arbeitete lange an seiner berühmt gewordenen Rede über die Behebung der Wirtschaftskrise. Den endgültigen Entwurf las er dann noch einem Anstreicher des Weißen Hauses vor mit der Anweisung: »Wenn Sie etwas nicht verstehen – unterbrechen Sie mich!« Der Mann unterbrach die Rede an drei Stellen. Prompt korrigierte der Präsident die jeweilige Formulierung.

Churchill arbeitete seine großen parlamentarischen Reden aus bis auf jedes einzelne Wort – und lernte die wichtigsten Partien auswendig!

Lord Birkenhead spottete, daß Churchill die besten Jahre seines Lebens auf die Vorbereitung von »spontanen« Reden verwandte.

Lloyd George war zu seinen besten Zeiten ohne Zweifel ein Redegenie. Sein Biograph Hugo Fischer leuchtet hinter die Kulissen, wenn er schreibt: »In allen Phasen seines Lebens hat er das Talent zielbewußt und fleißig weiterentwickelt. Sorgfaltigste Vorbereitung und Kleinarbeit, ständige Übung des Gedächtnisses sind auch das Erfolgsergebnis seiner dynamischen Redekunst. Seine Ansprachen sind alle in einem gewissen Sinne »gelernte« Reden: die berühmten *passages of eloquence* und die *purple patches* (= purpurne Stellen) der rhetorischen Höhepunkte sind das Ergebnis sorgsamster Ausarbeitung und Gedächtnisschulung.«

48

Allerdings arbeiten nicht alle Politiker ihre Reden selbst aus. Selbst der rhetorisch begabte Präsident Kennedy ließ seine großen Reden von einem Berater (Th. Sorensen) entwerfen. Wir wissen auch, daß z. B. die gegenwärtige englische Königin ihre Reden durch Sekretäre vorbereiten läßt, während ihr Ehemann, der Herzog von Edinburgh, es sich nicht nehmen läßt, jede Ansprache, die er zu halten hat, auch selbst zu konzipieren.

(Viele Politiker wären auch zeitlich überfordert, wollten sie alle Reden selbst verfassen. Man denke nur an einen vielgeplagten Oberbürgermeister, der vielleicht an einem einzigen Morgen eine hochpolitische Rede im Parlament halten muß, im Anschluß ein Referat über die städtische Müllabfuhr absolviert, danach die passenden Worte findet bei der Verabschiedung eines Oberinspektors und im nächsten Augenblick schon den Weltkongreß der Zierfischfreunde zu eröffnen hat.)

Die Vorbereitung einer Rede ist eine schöpferische Arbeit, die viel Freude und viel Mühe macht. Apropos Mühe: Edison soll gesagt haben, das Erfinden bestehe aus 1 Prozent Inspiration und 99 Prozent Transpiration. Ähnlich ist es beim Vorbereiten einer Rede.

49

Zur systematischen Arbeit gehört vor allem eine überlegte Anordnung der einzelnen Arbeitsgänge.

Hamilton meint kurz und bündig, es gebe 5 Gebote der Redekunst:

1. »Herauszufinden, was zu sagen ist«;
2. »ordnen, nicht nur korrekt, auch mit Witz«;
3. »in Worte kleiden und stilvoll aufputzen«;
4. »in das Gedächtnis einprägen«;
5. »mit Anmut und Würde vortragen«.

Wir wollen das Problem noch etwas systematischer erfassen.

50

Die sorgfältige Vorbereitung einer Rede umfaßt nach meiner Erfahrung folgende zehn Arbeitsgänge:

1. Stoffsammlung
2. Stoffauswahl und -gliederung
3. Überdenken (Meditation, Verknüpfen der Einzelheiten, Stoffkommentierung)
4. Erste Stichwortfassung (vorläufige Fassung)
5. Stilistische Ausformung des Hauptteils (Übung in der Wortausgestaltung)
6. Ausformung von Einleitung und Schluß
7. Gesamtkontrolle
8. Zweite Stichwortfassung (endgültige Fassung)
9. Gedächtnismäßige Aneignung

10. Rhetorische Aneignung (Redeprobe).

Die Arbeitsgänge 1 bis 6 sowie 9 und 10 werden sich zum Teil zeitlich überschneiden.

Im folgenden finden Sie nun einige Hinweise für die Vorbereitungsarbeit.

B. Spezielles

1. Stufengang der Vorbereitung

51

Stoffsammlung. Sammeln Sie das Material auf weite Sicht. Viele Reden und Vorträge kranken daran, daß sie ganz offensichtlich zu kurzfristig vorbereitet sind. (Ein Staatsmann wurde gefragt, wieviel Zeit er zur Vorbereitung seiner nächsten Rede gebrauche. Er antwortete: »Wenn ich nur 10 Minuten reden darf, so brauche ich eine Woche zur Vorbereitung. Steht mir 1 Stunde zur Verfügung, so brauche ich 2 Tage. Habe ich unbegrenzte Redezeit, so kann ich sofort anfangen zu sprechen.«)

Um aus dem vollen schöpfen zu können, wird man nicht nur Stoff für eine bestimmte Rede sammeln, sondern ganz allgemein durch eine weitverzweigte Stoffsammlung sein Wissen und seine Allgemeinbildung zu erweitern suchen.

»Es gibt kein noch so spezielles und ausgefallenes Thema, zu dem man nicht ein Buch fände, das Stoff dazu liefert«, schreibt der Engländer Hamilton, und er fährt fort: »Lies Seneca, er wird zu den meisten Themen einen glänzenden und glücklich gefaßten Gedanken beisteuern.«

Und, so Wilhelm Busch, »auch der allergewöhnlichste Gegenstand, in Licht und Gegenlicht, ist wert der Betrachtung«.

52

Für jedes Fachgebiet gibt es (zusammenfassende) Handbücher, Spezialbücher und Zeitschriften. Die Stichworte in den Katalogen der Bibliotheken (Bücherkataloge, Zeitschriftenbibliographien u. a.) geben Aufschluß über vorhandenes Material. Es erleichtert Ihre Arbeit, wenn Sie Wörterbücher (der Philosophie, der Politik; Keysers Fremdwörterlexikon u. a.) und ein allgemeines Lexikon zur Hand haben.

Es gibt unendlich viele Stofflieferanten. Sammeln Sie zum Beispiel auch Zeitungsartikel zu den Stoffgebieten, die Sie beherrschen möchten. Es ist jammerschade, daß ungezählte Zeitungsartikel von hoher Qualität den Tag ihres Erscheinens nicht überleben. Gute Zeitungen sind eine wahre Fundgrube für aktuelle Fach- und Meinungsartikel. Man sollte sie in viel stärkerem Maße als üblich auswerten.

53
Bei Ihrer *Rohstoffsammlung* scheiden Sie streng zwischen *Fremdstoff* und *Eigenstoff*. Es erweist sich als günstig, alle eigenen Gedanken besonders zu kennzeichnen, z. B. in eckigen Klammern zu notieren. Andernfalls verliert man leicht die Übersicht über das, was aus anderen Quellen stammt. Bringen Sie Zitate in Anführungszeichen und vergessen Sie nie die genaue Quellenangabe (Verfasser, Titel, Erscheinungsort, -jahr, Seite: z. B. ».. .« [Zitat], dann in Klammern: Melchior Schulze, »Zur Entwicklungsgeschichte der Blattlaus«, Honolulu 1956, S. 789).

Wir bevorzugen Primär-Quellen gegenüber Sekundär-Quellen (in letzteren sind schon Primär-Quellen mehr oder minder gut verarbeitet).

Nehmen Sie Ihre Stoffsammlung auf Zetteln oder Karteikarten vor.

Beachten Sie die folgenden kleinen Tips, die Ihnen die Arbeit erleichtern:

1. Zettel oder Karteikarten von Postkartengröße sind handlich und genügen vollauf (Format DIN A 6).

2. Kennzeichnen Sie den Zettelinhalt durch ein Merkwort (= Stichwort).

3. Schreiben Sie deutlich und numerieren Sie die Zettel.

4. Beschreiben Sie die Zettel nur einseitig; das erleichtert später die Übersicht. (Wir verfahren genauso beim endgültigen Stichwortkonzept der Rede; das lästige Umblättern beim Halten der Rede fällt weg; Sie legen dann unauffällig ein Stichwortblatt nach dem anderen zur Seite.

»Warum«, so wurde Detlev von Liliencron von einem Neugierigen gefragt, »darf das Papier der Manuskripte eigentlich immer nur einseitig beschrieben sein?« »Wahrscheinlich«, meinte Liliencron sarkastisch, »damit das gute Papier nicht noch vollständig verdorben wird.«)

5. Lassen Sie Platz für Nachträge und Änderungen.

6. Streichen Sie wichtige Stellen an; seitlich oder unterhalb; man verwende u. U. Farbstifte und schreibe verschieden groß.

Charles Ferguson schreibt in seinen »Ratschlägen für Redner«: »Die Notizen, die man sich macht, häufen sich mit der Zeit an. Es wird eine Art *Hamsterkiste;* diese Sammlung wird jedoch merkwürdigerweise mit der Zeit viel geordneter, als es eigentlich zu erwarten wäre.«

54

Zur Sammlung des Eigenstoffes. »Stets findet Überraschung statt, da wo man's nicht erwartet hat« (Busch). So geht es auch mit den Gedanken. »Ideen und Einfälle richten sich leider nicht viel nach Wünschen, sondern kommen, wann's megen«, stellt Busch in einem seiner Briefe fest. Gedanken halten sich nicht an die »Empfangszeiten«, die man ihnen höflich einräumt; sie kommen, wann *sie* wollen: in der Straßenbahn, im Kino, beim Essen. Wichtig ist, daß man sie sofort festhält, vielleicht nur in einem Stichwort. (In Gerhart Hauptmanns Schlafzimmer mußte die Tapete am Bett oft erneuert werden, da er darauf seine nächtlichen Einfälle notierte.) Darum: tragen Sie stets einen kleinen Notizblock (DIN A 7) und -stift bei sich! Tapeten zu benutzen erscheint auf die Dauer zu kostspielig. Ungezählte gute Gedanken sind sicherlich auch bei Ihnen schon auf Nimmerwiedersehen verschwunden, nur weil Sie sie nicht sofort aufs Papier bannten. »Das Notizbuch ist für den Redner das, was für den Fischer das Netz ist« (Casson). Carlo Schmid berichtet über den 1952 verstorbenen Kurt Schumacher: »Unermüdlich machte er sich beim Lesen, bei Gesprächen mit anderen und *im Selbstgespräch (!)* Notizen, und diese Notizen verarbeitete er zum Rohmaterial seiner Reden, und aus diesem Rohstoff formte er sein Manuskript.«

Dringend zu empfehlen ist eine Kartei, in der man gute Einfälle jeder Art, treffende Formulierungen, Zitate, Aphorismen und andere Lesefrüchte sammelt, auch wenn man im Augenblick keine Verwendung dafür hat. Im übrigen finden wir immer wieder bestätigt: der Zwang, Einfälle in Worte zu kleiden, klärt die Gedanken. Wer oft seine Gedanken niederschreibt, dem kommt die Phantasie in Schwung, und »eine Seele ohne Phantasie gleicht einem Observatorium ohne Fernrohr« (Henry Ward Beecher).

55

Zur Stoffauswahl und -gliederung. Stoffauswahl und

-gliederung gehören eng zusammen. Während ich aus dem aufge-
türmten Stoff die Sammlung der für die Rede wichtigen Einzelheiten vornehme, überlege ich mir schon die beste Gliederung des
Stoffes.

Sie sollten Ihre Unterlagen immer wieder durchsehen. Einmal
tut man das mit der Freude eines Schmetterlingjägers, der sich an
der Buntheit seiner Kästen ergötzt; zum anderen ist es auch notwendig: erstens, um Übersicht zu gewinnen; zweitens, um auszu-
wählen; drittens, um Überholtes fortzutun. (Man muß sich vom
Ballast befreien! Es ist schon gesagt worden, das Schwierigste am
Sammeln sei das Wegwerfen.)

56

Jede Durchsicht der Stoffsammlung führt zu weiterer Klärung und
zum Verknüpfen der Einzelheiten. Unser Geist wird zum Web-
stuhl. Sicherlich, »der Redner braucht wesentlich mehr Bausteine,
als sich nachher vermauern lassen« (Kilian). Aber wählen Sie bei
der engeren Sammlung das Beste aus; scheiden Sie das Wesentliche
vom weniger Wesentlichen. Ein Übermaß an Stoff bekommt keiner
Rede gut. »Mit der geistigen Speise verhält es sich wie mit dem
Essen: Wir ernähren uns nicht von dem, was wir zu uns nehmen,
sondern von dem, was wir verdauen« (Walter Winkler).

Fragen Sie sich: Was ist mein Hauptziel? Was will ich erreichen;
worauf will ich hinaus?

Die engere Sammlung muß nun genau auf das Redethema zu-
geschnitten sein. »In der Beschränkung zeigt sich erst der Meister.«
Werden Sie kein Sklave von Belanglosigkeiten. Man muß den
Blick für das Wesentliche gewinnen. »Nicht die Menge des Stoffes
bringt den Erfolg, sondern die Durcharbeitung« (Naumann).

57

Das Überdenken des Stoffes. Es ist
          »mit der Gedankenfabrik
          wie mit einem Weber-Meisterstück,
          wo ein Tritt tausend Fäden regt,
          die Schifflein herüber, hinüber schießen,
          die Fäden ungesehen fließen,
          ein Schlag tausend Verbindungen schlägt«,

so heißt es im »Faust«. Wenn auch Goethe hier, reimtechnisch
gesehen, nicht gerade ein Meisterstück aus seiner Versfabrik liefert:

was er sagt, trifft zu. – Der Stoffsammlung und -auswahl folgt das Überdenken, Verknüpfen, Kommentieren. Man könnte das Ganze auch bezeichnen als eine Art *Bruttätigkeit.*

Es gilt, die Tatsachen und Gedanken zu prüfen, zu ordnen (Gedankenmontage; geistige Architektur), zu variieren. »Es gehören zum Wissen zwei verschiedene geistige Tätigkeiten: das Erkennen der Einzeldinge und das Verbinden der Erkenntnisse« (Naumann). Dies ist im Grunde das wichtigste Stadium: das der *Meditation.* In der christlichen Predigtlehre unterscheidet man laut Schreiner fünf Stadien: Exegese = Textauslegung, Meditation, Ausführung, Aneignung, Vollzug. Ein paar Hinweise für unseren oft sehr profanen Bereich:

58

1. Konzentrieren Sie sich möglichst nur auf *einen* Gedanken zur Zeit; schalten Sie Nebengedanken aus. (William James hat festgestellt, daß der Durchschnittsmensch nur etwa 1/10 seiner möglichen geistigen Fähigkeiten entfaltet, wesentlich bedingt durch mangelnde Konzentration und mangelnde Arbeitstechnik.)

2. Stellen Sie sich immer wieder Ihre Zuhörerschaft vor. Was wollen Sie ihr sagen? Worauf wollen Sie hinaus?

3. Langsam schälen sich *Kerngedanken* heraus. Wir lassen sie im Kopf »rotieren«!

Meditation bewirkt Verinnerlichung. Wir können sie nur erreichen, wenn wir uns dabei vom Getriebe unserer Umwelt lösen. Jede Rede muß langsam in uns wachsen. Man muß eine Zeitlang »mit der Rede leben«. So intensiv wir uns auch mit den einzelnen Arbeitsgängen befassen müssen, vergessen wir nicht, schöpferische Pausen einzulegen. Das Gesetz von Spannung und Lösung gilt auch für die geistige Arbeit.

59

Zum Thema *Meditation und geistige Arbeit* müssen wir noch etwas weiter ausholen.

Wir wollen ja nicht nur Wissen und Eindrücke horten, sondern uns auch eine echte Meinung bilden. Die fundierte eigene Meinung – das ist das größte Bauvorhaben, das es gibt. Immer wieder irren wir; immer wieder müssen wir neu abwägen und prüfen. Dem Redner geht es wie dem Hausbesitzer: er hat immer Reparaturen.

Was ich im folgenden erwähne, mag manchem belanglos erscheinen; mir ist es nicht ganz unwichtig.

60

Äußere Voraussetzung für fruchtbare Vorbereitungsarbeit ist das Herausfinden der besten Arbeitszeit, die bei uns oft verschieden ist. Man sollte auch die geistige Arbeit möglichst regelmäßig betreiben. Oft hängt der Erfolg von Kleinigkeiten ab, zum Beispiel von dem Arbeitsklima. Die Umwelteinflüsse sind nicht zu unterschätzen. Schiller zum Beispiel konnte am besten arbeiten, wenn er den Geruch fauler Äpfel (!) verspürte. Nicht jeder wird Schillers »Geruchsrichtung« teilen und sich durch faule Äpfel zu erhabenen Gedanken inspirieren lassen. Dem einen kommen die Gedanken bei einem Glase Wein, dem anderen beim Spazierengehen. So läppisch es klingt: die »ambulante Behandlung« des Geistes wirkt besonders beim motorisch veranlagten Menschen. Peripatein – das Umherwandeln – war schon bei den alten Griechen ein Mittel, um reiche Jagdbeute im Gedankenrevier zu machen. Denken wir auch an die Bedeutung des mittelalterlichen Klosterkreuzganges! Goethe meint, Bewegung in frischer Luft bringe »produktiv machende Kräfte«. Und nicht zuletzt ist es wieder Wilhelm Busch, der die Bedeutung der körperlichen Bewegung für die Gedankenarbeit erkannt hat, wenn er reimt:

> »Ein leichtes Rütteln, sanftes Schwanken
> erweckt und sammelt die Gedanken.
> Manch Bild, was sich versteckt vielleicht,
> wird angeregt und aufgescheucht.«

In Horst Bieneks »Werkstattgesprächen mit Schriftstellern« (1962) bezeugt der Lyriker Wilhelm Lehmann: »Gedichte beginnen bei mir meist körperlich«; besonders auf Spaziergängen: »Ich bin ein Gehtyp.«

61

Die inneren Voraussetzungen für eine fruchtbare Vorbereitungsarbeit sind: 1. *Die Selbstbefragung.* (Welche Ursachen, welche Wirkungen hat ein Tatbestand? Welches sind die Kernsätze, die Zielgedanken, die ich bringen muß? usw.) Sich Fragen zu stellen ist das Mittel, sein Denken in Bewegung zu setzen. »Es ist schon so: die Fragen sind es, aus denen das, was bleibt, entsteht. Denk an die Frage jenes Kindes: Was tut der Wind, wenn er nicht weht?« (Erich Kästner).

62

2. *Der Wechsel von Laut-Denken und Still-in-sich-Hineinhorchen.*

Meditieren wir einmal still für uns hin, sprechen wir dann wieder unsere Gedanken laut oder halblaut aus. Dieses Wechselspiel führt verblüffend oft zur Klärung. Der Philosoph Johann Gottlieb Fichte weist auf die Wichtigkeit des *lauten Denkens* hin. Er schreibt: »Laut Denken gibt überhaupt unseren Begriffen einen neuen Grad von Klarheit und Bestimmtheit. Es bringt Sinnlichkeit und Verstand in eine engere Verbindung, macht die abstraktesten Ideen des letzteren darstellender und die Bilder des ersteren einfacher und geordneter.«

63

3. Die *geduldige, systematische Arbeit des Verknüpfens, des sinnvollen Gliederns* und *des wirksamen Formulierens.* Plinius berichtet vom Maler Apelles, der keinen Tag vergehen ließ, ohne nicht wenigstens *einen* Pinselstrich zu machen: nulla dies sine linea. Regelmäßige Arbeit führt zu besserem Erfolg.

Auch Hamilton weist darauf hin: »Nimm weder mit einem Gedanken, noch mit einem Ausdruck jemals in der Form vorlieb, in der er sich dir zuerst darbietet, sondern strebe danach, ihn weiter und weiter zu läutern.«

64

Ich sagte schon, daß die Rede langsam in uns wachsen muß. Gedanken kann man nicht am Fließband produzieren. Man muß mit sich selbst oft viel Geduld haben. Das bekannte *brain-storming* (= Gehirnstürmen) der Amerikaner, bei dem ein Gremium von Laien und Fachleuten aus dem Augenblick heraus durch schnelles Zurufen von Gedanken die Lösung eines Problems mit geistiger Gewalt erreichen will, führt auch nicht immer zum Erfolg. Gut' Ding will Weile haben. Ein bekannter Ausspruch Nietzsches besagt:

»Wer viel einst zu verkünden hat
schweigt viel in sich hinein.
Wer einst den Blitz zu zünden hat
muß lange Wolke sein.«

Weniger pathetisch, aber bildkräftig und um einige Grade volkstümlicher als Nietzsche stellt Busch fest: »Der Ungeduldige fährt sein Heu naß ein.«

Oftmals gärt ein Gedanke lange Zeit in uns. Und ist der Gedanke dann endlich klar, so stellen sich nicht immer sofort die rechten Worte ein. Luther hat oft wochenlang nach einem treffenden Ausdruck gesucht. Schiller schreibt: »Es kann eine Stunde dauern, bis ich einer Periode die bestmögliche Rundung gegeben habe.«

65

Gut ist es, sich immer wieder darin zu üben, die Kerngedanken und Zwecksätze der Rede in wenigen Sätzen zusammenzufassen (»essentielles Konzentrat«). Bedenken wir, daß die Hörer etwas einsehen oder in bestimmter Weise handeln sollen.

Der *Grundgehalt* der Rede muß uns während der Meditation deutlich werden, und wir müssen ihn in einem plastischen Satz zusammenraffen können, so wie der Gehalt eines Suppentellers ja auch in einem einzigen Maggiwürfel konzentriert ist. Das geduldige Überdenken von Einzelheiten und Zusammenhängen kann man gar nicht eindringlich genug empfehlen. Asiaten sehen in der Unrast und Hetze, mit der *wir* selbst geistige Arbeit »erledigen«, in der Unfähigkeit des modernen Europäers zu meditativem Verhalten ein erschreckendes Zeichen von Kulturverfall.

66

Ein Letztes noch an dieser Stelle: Achten Sie schon frühzeitig darauf, daß Sie die veranschlagte Redezeit auch einhalten können. (Sie soll möglichst nicht über 90 Minuten betragen.) Viele Redner teilen ihre Zeit nicht ein, hasten dann zum Ende hin und bringen sich um die gute Wirkung.

67

Erste Stichwortfassung. Wir halten das bisherige Arbeitsergebnis stichwortartig fest. Die Anordnung muß übersichtlich sein. Die Stichworte müssen deutlich lesbar sein; sie bilden die Pfeiler, auf denen die Rede steht. Die erste Stichwortfassung wird in der Regel noch sehr ausführlich sein. Alle wichtigen Sinnglieder sind hier vermerkt. Besonders gut gelungene Formulierungen werden u. U. im vollen Wortlaut festgehalten. Setzen Sie das Wichtigste vom weniger Wichtigen ab: durch Unterstreichung, Farbgebung oder verschiedene Buchstabengröße. Anhand des Stichwortkonzepts beginnt nun die Übung in der

68

stilistischen Ausformung von Hauptteil, Einleitung und Schluß. Einleitung und Schluß können meistens erst ausgestaltet werden, wenn der Hauptteil vorliegt, denn beide müssen sich auf jenen beziehen.

Darum ist es oft nicht glücklich, bei der Vorbereitung mit der Einleitung beginnen zu wollen, weil man u. U. den Hauptteil und das Ergebnis der Rede noch gar nicht überblicken kann. So manche Einleitung, die *vorgefaßt* ist, wirkt nachher schief, ohne den nötigen Zusammenhang mit Hauptteil und Schluß. Nehmen Sie immer wieder Teilgebiete Ihrer Rede vor; halten Sie sich an die Stichworte als Gedankenstütze, formulieren Sie aber immer neu. Sprechen Sie dabei halblaut vor sich hin. So kommen Sie am leichtesten über das Papierdeutsch hinweg. Dieses Durchkneten des Stoffes, diese immer neue Wortgestaltung, führt zu hoher Sicherheit im Sprechdenken.

Ein hervorragender Redner unserer Zeit war der (1960 verstorbene) Schriftsteller Wolf von Niebelschütz.

»Niebelschütz sprach seinen Text, während er ihn schrieb, er las ihn wieder und wieder laut, prüfte Satzaufbau und Verzahnung der Gedanken auf Klarheit und Wirksamkeit, feilte und vereinfachte so lange, bis das Ganze seiner erbarmungslosen Selbstkritik standhielt und ihm fast wörtlich geläufig war« (Ilse von Niebelschütz).

69

Gesamtkontrolle. »Gehe zum Schluß deine Rede noch einmal durch und prüfe, ob nicht derselbe Stoff durch eine bloße Änderung der Anordnung noch besser zur Geltung kommt.« So empfiehlt Hamilton.

Aus dem 16. Jahrhundert ist folgende kleine Geschichte überliefert: Ein Kunstfreund beobachtet Michelangelo, wie dieser an seinen Bildwerken hier und da eine Einzelheit verbessert. Schließlich ruft der Besucher erstaunt aus: »Alles, was du da änderst, sind ja nur Kleinigkeiten!« Und der Künstler antwortet ihm: »Sicherlich, es sind nur Kleinigkeiten. Aber es sind immer Kleinigkeiten, die zur Vollendung führen – und die Vollendung ist sicher *keine Kleinigkeit.*« Dieser letzte Satz trifft haargenau auch auf die Rede zu: Vollenden heißt, auch *scheinbar* kleine Einzelheiten verbessern.

Die Gesamtkontrolle bringt nun diese letzte Ausfeilung, die letzte rhetorische Zubereitung. Hier und da wird noch auf Hochglanz poliert oder ein »Licht aufgesetzt«.

Achten Sie besonders auf ausgewogene Proportionen der einzelnen Redeteile. Haben Sie nicht »im Eifer des Gefechts« einem Tatbestand zu viel Gewicht beigemessen? Ist ein anderer dagegen zu kurz gekommen? Suchen Sie etwas Abstand zu gewinnen und versetzen Sie sich noch einmal in die Lage der Hörer, besonders aber in die der Gegner. Überprüfen Sie die Beweisführung, die Übergänge, die Kernsätze.

»Drei Viertel meiner ganzen literarischen Tätigkeit ist überhaupt Korrigieren und Feilen gewesen. Und vielleicht ist drei Viertel noch zu wenig gesagt« (Fontane). Vor allem stellt man bei der Gesamtkontrolle fest, daß dies und jenes doch nebensächlich oder überflüssig ist. Streichen Sie es, wenn Sie nun die

70

endgültige Stichwortfassung herstellen.
Der Schriftsteller Hans Magnus Enzensberger sagt einmal: »Intensive Arbeit verkürzt immer. Alle Bücher, außer Wörterbüchern, sind zu lang.« Auch viele Reden sind einfach zu lang und zu weitschweifig. Erich Kästner fordert »Präzision«, wenn er schreibt:

> »Wer was zu sagen hat, hat keine Eile,
> er läßt sich Zeit und sagt's in *einer* Zeile.«

Hier taucht die Frage auf, ob denn nicht *ein* Stichwortkonzept genügt. Die Erfahrung aber zeigt, daß bei sorgfältiger Vorbereitungsarbeit die erste Stichwortfassung durch Streichungen und Zusätze oft schwer lesbar ist. Auf dem Podium gleicht so mancher Redner einem kurzsichtigen Apotheker, der mühsam das Rezept des Arztes entziffert. Die Rede stockt, weil der Vortragende sich in dem Gewirr seiner Notizen nicht zurechtfindet.

71

Das zweite Stichwortkonzept sollte sorgfältig verfaßt, übersichtlich geordnet, und (auch bei schlechter Beleuchtung!) lesbar sein. Je mehr Erfahrung man als Redner hat, desto gedrängter wird das Stichwortkonzept schließlich ausfallen. Manchmal braucht man dann nur noch eine Gedächtnisstütze, zum Beispiel die Grundgliederung der einzelnen Redeteile. Aufschlußreich ist es immer wieder, einen Blick in die Werkstatt bedeutender Redner zu tun.

Ilse von Niebelschütz schreibt über den Nachlaß Wolf von Niebelschütz': »Aus den letzten Jahren existieren zu den Reden nur noch Stichworte auf kleinen Blocks, *mitunter ein zentraler Satz, auf den es ihm besonders ankam, das übrige formulierte er frei während des Sprechens.* Da ihm die Sprache in vollendeter Leichtigkeit und Präzision zu Gebote stand, konnte er sich so, während er sprach, auf das jeweilige Aufnahmevermögen des Publikums einstellen; aber aus diesen Stichworten hinterdrein den gehaltenen Vortrag in seiner damaligen Lebendigkeit und sprachlichen Schönheit rekonstruieren zu wollen, ist unmöglich.« – Vorliegende Stichworte geben in jedem Falle das Gefühl der Sicherheit, selbst wenn Sie meinen, auf Ihr Konzept gar nicht angewiesen zu sein. Es kann sein, daß Sie während des Vortragens auch nur selten in Ihr Manuskript sehen. Um so besser dann!

72

Die *gedächtnismäßige Anordnung* sei mehr ein »Inwendig-Lernen« als ein »Auswendig-Lernen«. Folgende Technik bewährt sich gut:
1. Wir prägen uns die Grundgedanken (und Zwecksätze) ein.
2. Wir machen uns mit dem Grundriß (Gliederung) vertraut.
3. Wir prägen uns Teil für Teil des (sorgfältig geschriebenen) Stichwortkonzepts ein. (Mehrfaches Lesen; Übung in der Wortausgestaltung.)

Man nutze seine Zeit aus! Es gibt viele »tote« Stunden und Minuten: wenn wir warten müssen, mit der Bahn fahren usw. Es ist die beste Konzentrationsübung, die Rede quasi im *Zeitraffer* an sich vorüberziehen zu lassen.

Der letzte Arbeitsgang der Vorbereitung ist die *Redeprobe.* Wir sind keine Sklaven unseres Konzepts. Der Improvisation muß in der Regel ein gewisser Spielraum gewährt werden. (Durch »Übervorbereitung« kann man auch allen Saft aus der Rede herausdrücken!) Nie erstarrt die Rede zu endgültiger Prägung. Sie bleibt sozusagen im feurig-flüssigen Aggregatzustand. Stellen wir uns eindringlich Vortragsraum und Hörerschaft vor.
Es gibt keine rhetorische Vollkaskoversicherung. Zwei letzte Sicherheitsvorkehrungen zur rhetorischen Unfallverhütung seien aber noch mitgeteilt:
1. Rollen Sie in Gedanken die Rede einmal von rückwärts auf. (Man sieht dann die Folgerungen oder Ergebnisse seiner Aussagen immer wieder von den Voraussetzungen her. Die Verknüpfung wird eindringlicher.)
2. Halten Sie die Rede einmal »stumm«, »in Gedanken«, ohne die Lippen zu bewegen!
Sind Ihnen diese Konzentrationsübungen auch noch gelungen, dann haben Sie die besten Sicherungen für das Podium eingebaut.

73

Das im vorstehenden Abschnitt über die »Technik der Vorbereitung« Gesagte kann nicht nur für die Rede, sondern in abgewandelter Form auch für jede schriftliche Ausarbeitung von Nutzen sein. (Vgl. den späteren Abschnitt »Redestil – Schreibstil«.) »Gute Vorbereitung ist halbe Vollendung«, meint Carnegie. Im übrigen werden wir zum Abschluß der Vorbereitung den Zettelkasten noch einmal durchsehen; oft genug finden wir noch eine wichtige Einzelheit, die man einbauen kann.

74

Nun wird mancher Leser vielleicht fragen: Wird hier in puncto Vorbereitung nicht zu viel verlangt? Habe ich denn als Redner immer so viel Zeit, alle diese Arbeitsgänge vorzunehmen? Ich möchte antworten: In der Regel sollte man, besonders bei größeren Reden, so oder ähnlich verfahren, wie ich es hier beschrieben habe. Bei den vielen und oft kurzfristig anzufertigenden kleinen Sachberichten des Redneralltags kann man das Vorbereitungssystem natürlich vereinfachen: Stoffsammlung – Stichworte – Einleitung – Schluß – kurzes Überfliegen des Ganzen; und dann wird die Rede gehalten. Grundsätzlich aber gilt, daß wir die sorgfältige Vorbereitung den Hörern schuldig sind. Sie wollen uns zuhören; sie schenken uns ihre Zeit; wir dürfen sie nicht enttäuschen. Man darf allerdings die Zuhörer nicht merken lassen, wie mühsam die Vorbereitung vielleicht war. Einer Primaballerina sieht man bei ihrem Spitzentanz auch nicht an, wieviel Anstrengung und wie viele Übungsstunden es sie gekostet hat, scheinbar mühelos dahinschweben zu können.

75

Die gute Stegreifrede ist die höchste Stufe der Redekunst. Sie ist aber nicht jedem gegeben. Oft ist die Improvisation ungeordnet und ungezügelt, sie ist »direktionsloser Mitteilungsdrang« (Gerathewohl). Selbst ein Cicero sprach *nur* vorbereitet. Er hatte seine Reden sogar so ausgefeilt, daß er sie bei einer plötzlichen Situationsänderung *nicht* hielt. Das erklärt die Tatsache, daß wir eine Anzahl hervorragender Reden von ihm besitzen, die nie gehalten wurden. Professor Carlo Schmid mußte einmal eine Rede improvisieren. Es wurde eine sehr gute Rede. »Selten habe ich eine so wirkungsvolle Rede gehört«, sagte ihm einer seiner Gegner, »ich glaube, kein Mensch im Saale ahnte, was Sie sagen würden.« »Ganz recht – kein Mensch«, entgegnete Schmid, »selbst ich nicht.«

Pastor Harms hatte sich ausnahmsweise auf eine Predigt nicht vorbereitet, sondern sich ganz auf die Eingebung des Heiligen Geistes verlassen. Diese blieb aber aus, und Claus Harms kam ins Stottern. Nach der Predigt meinte er entsetzt: »Als ich auf die Eingebung wartete, hörte ich nur eine Stimme sagen: Claus, du bis fuhl wesen! (= Claus, du bist faul gewesen!) Nie wieder ohne Vorbereitung!«

Ein kleiner Hinweis noch für Tagungen und Kongresse: Oft steht ein Kongreßredner vor der peinlichen Situation, seinen Vortrag aus allgemeinem Zeitmangel kürzen zu müssen. Er überlege sich am besten immer *zwei* Fassungen des Referates, eine längere, eine kürzere. Schwer ist es meistens, aus dem Stegreif zu kürzen. Wir hören dann das Gestammel und Gestöhne des Vortragenden, der wegen der vorgeschrittenen Zeit leider nicht alles bringen kann. Ein allgemeiner Katzenjammer ergreift die Versammlung, und die gestutzte Rede kommt gar nicht zur Wirkung. Wenn auf Tagungen mehrere Redner aufeinander folgen, so tut man gut daran, sich kurz über Inhalt und Dauer der anderen Referate zu orientieren.

In diesem Zusammenhang sei darauf hingewiesen, daß die Zuhörer es dankbar begrüßen, wenn ihnen eine maschinenschriftliche Kurzfassung des Vortrages ausgehändigt wird, damit sie wesentliche Punkte noch einmal in Ruhe nachlesen können. Es empfiehlt sich oft, stichwortartig einige Thesen aufzustellen, die die Schlüsselgedanken enthalten, den Zuhörern vorliegen und die Grundlagen bilden für die dem Vortrag folgende Diskussion. Diese sehr fruchtbringende Arbeitstechnik wird heute in zunehmendem Maße praktiziert, nicht nur bei Tagungen und Konferenzen, sondern auch bei sonstigen Vorträgen und Reden.

2. Dokument:

76

Heinrich von Kleist: Über die allmähliche Verfertigung der Gedanken beim Reden. An Rühle von Lilienstern.

»Wenn du etwas wissen willst und es durch Meditation nicht finden kannst, so rate ich dir, mein lieber, sinnreicher Freund, mit dem nächsten Bekannten, der dir aufstößt, darüber zu sprechen. Es braucht nicht eben ein scharfdenkender Kopf zu sein, auch meine ich es nicht so, als ob du ihn darum befragen solltest: nein! Vielmehr sollst du es ihm selber allererst erzählen. Ich sehe dich zwar große Augen machen und mir antworten, man habe dir in früheren

Jahren den Rat gegeben, von nichts zu sprechen, als nur von Dingen, die du bereits verstehst. Damals aber sprachst du wahrscheinlich mit dem Vorwitz, andere, ich will, daß du aus der verständigen Absicht sprechest, dich zu belehren, und so könnten, für verschiedene Fälle verschieden, beide Klugheitsregeln vielleicht gut nebeneinander bestehen. Der Franzose sagt, l'appétit vient en mangeant, und dieser Erfahrungssatz bleibt wahr, wenn man ihn parodiert, und sagt, l'idée vient en parlant. Oft sitze ich an meinem Geschäftstisch über den Akten und erforsche in einer verwickelten Streitsache den Gesichtspunkt, aus welchem sie wohl zu beurteilen sein möchte. Ich pflege dann gewöhnlich ins Licht zu sehen, als in den hellsten Punkt, bei dem Bestreben, in welchem mein innerstes Wesen begriffen ist, sich aufzuklären: Oder ich suche, wenn mir eine algebraische Aufgabe vorkommt, den ersten Ansatz, die Gleichung, die die gegebenen Verhältnisse ausdrückt und aus welcher sich die Auflösung nachher durch die Rechnung leicht ergibt. Und siehe da, wenn ich mit meiner Schwester davon rede, welche hinter mir sitzt und arbeitet, so erfahre ich, was ich durch ein vielleicht stundenlanges Brüten nicht herausgebracht haben würde. Nicht, als ob sie es mir im eigentlichen Sinne sagte; denn sie kennt weder das Gesetzbuch, noch hat sie den Euler oder den Kästner studiert. Auch nicht, als ob sie mich durch geschickte Fragen auf den Punkt hinführte, auf welchen es ankommt, wenn schon dies letzte häufig der Fall sein mag. Aber weil ich doch irgendeine dunkle Vorstellung habe, die mit dem, was ich suche, von fern in einiger Verbindung steht, so prägt, wenn ich nur dreist damit den Anfang mache, das Gemüt, während die Rede fortschreitet, in der Notwendigkeit, dem Anfang nun auch ein Ende zu finden, jene verworrene Vorstellung zur völligen Deutlichkeit aus, dergestalt, daß die Erkenntnis zu meinem Erstaunen mit der Periode fertig ist. Ich mische unartikulierte Töne ein, ziehe die Verbindungswörter in die Länge, gebrauche auch wohl eine Apposition, wo sie nicht nötig wäre, und bediene mich anderer, die Rede ausdehnender Kunstgriffe, zur Fabrikation meiner Idee auf der Werkstätte der Vernunft die gehörige Zeit zu gewinnen. Dabei ist mir nichts heilsamer, als eine Bewegung meiner Schwester, als ob sie mich unterbrechen wollte; denn mein ohnehin schon angestrengtes Gemüt wird durch diesen Versuch von außen, ihm die Rede, in deren Besitz es sich befindet, zu entreißen, nur noch mehr erregt und in seiner Fähigkeit, wie ein großer General, wenn die Umstände drängen, noch um einen Grad höher gespannt. In diesem Sinne begreife ich, von welchem Nutzen Molière seine Magd sein konnte; denn wenn er derselben, wie er vorgibt, ein Urteil zutraute, das das seinige berichtigen konnte, so ist dies eine Bescheidenheit, an deren Dasein in seiner Brust ich nicht glaube. Es liegt ein sonderbarer Quell der Begeisterung für denjenigen, der spricht, in einem menschlichen Antlitz, das ihm gegenübersteht; und ein Blick, der uns einen halbausgedrückten Gedanken schon als begriffen ankündigt, schenkt uns oft den Ausdruck für die ganze andere Hälfte desselben. Ich glaube, daß mancher große Redner in dem Augenblicke, da er den Mund aufmachte, noch nicht wußte, was er sagen würde. Aber die Überzeugung, daß er die ihm nötige Gedankenfülle schon aus den Umständen und der daraus resultierenden Erregung seines Gemüts schöpfen würde, machte ihn dreist genug, den Anfang, auf gutes Glück hin, zu setzen. Mir fällt jener »Donnerkeil« des Mirabeau ein, mit welchem er den Zeremonienmeister abfertigte, der nach Aufhebung der letzten monarchischen Sitzung des Königs am 23ten Juni, in welcher dieser den Ständen auseinanderzugehen anbefohlen hatte, in den Sitzungssaal, in welchem die Stände noch verweilten, zurückkehrte und sie befragte, ob sie den Befehl des Königs vernommen hätten. »Ja«, antwortete Mirabeau, »wir haben des Königs Befehl vernommen« – ich bin gewiß, daß er bei diesem humanen Anfang noch nicht an die Bajonette dachte, mit welchen er schloß: »ja, mein Herr«, wiederholte er, »wir haben ihn vernommen« – man sieht, daß er noch gar nicht recht weiß, was er will. »Doch was berechtigt Sie« – fuhr er fort, und nun plötzlich geht ihm ein Quell ungeheurer Vorstellungen auf – »uns hier Befehle anzudeuten? Wir sind die Repräsentanten der Nation.« – Das war es, was er brauchte! »Die Nation gibt Befehle und empfängt keine« – um sich gleich auf den Gipfel der Vermessenheit zu schwingen. »Und damit ich mich Ihnen ganz deutlich erkläre«, – und erst jetzt findet er, was den ganzen Widerstand, zu welchem seine Seele gerüstet dasteht, ausdrückt: »so sagen Sie Ihrem Könige, daß wir unsere Plätze anders nicht als auf die Gewalt der Bajonette verlassen werden.« – Worauf er sich selbstzufrieden auf einen Stuhl niedersetzte. – Wenn man an den Zeremonienmeister denkt, so kann man sich ihn bei diesem Auftritt nicht anders als in einem völligen Geistesbankerott vorstellen; nach einem ähnlichen Gesetz, nach welchem in einem Körper, der von dem elektrischen Zustand Null ist, wenn er in eines elektrisierten Körpers Atmosphäre kommt, plötzlich die entgegengesetzte Elektrizität erweckt wird.

Und wie in dem elektrisierten dadurch nach einer Wechselwirkung der ihm inwohnende Elektrizitäts-Grad wieder verstärkt wird, so ging unseres Redners Mut bei der Vernichtung seines Gegners zur verwegensten Begeisterung über. Vielleicht, daß es auf diese Art zuletzt das Zucken einer Oberlippe war oder ein zweideutiges Spiel an der Manschette, was in Frankreich den Umsturz der Ordnung der Dinge bewirkte. Man liest, daß Mirabeau, sobald der Zeremonienmeister sich entfernt hatte, aufstand und vorschlug: 1. sich sogleich als Nationalversammlung und 2. als unverletzlich zu konstituieren. Denn dadurch, daß er sich, einer Kleistischen Flasche gleich, entladen hatte, war er nun wieder neutral geworden, und gab, von der Verwegenheit zurückgekehrt, plötzlich der Furcht vor dem Chatelet und der Vorsicht Raum. –

Das ist eine merkwürdige Übereinstimmung zwischen den Erscheinungen der physischen und moralischen Welt, welche sich, wenn man sie verfolgen wollte, auch noch in den Nebenumständen bewähren würde. Doch ich verlasse mein Gleichnis und kehre zur Sache zurück. Auch Lafontaine gibt in seiner Fabel: les animaux malades de la peste, wo der Fuchs dem Löwen eine Apologie zu halten gezwungen ist, ohne zu wissen, wo er den Stoff dazu hernehmen soll, ein merkwürdiges Beispiel von einer allmählichen Verfertigung des Gedankens aus einem in der Not hingesetzten Anfang. Man kennt diese Fabel. Die Pest herrscht im Tierreich, der Löwe versammelt die Großen desselben und eröffnet ihnen, daß dem Himmel, wenn er besänftigt werden solle, ein Opfer fallen müsse. Viele Sünder seien im Volke, der Tod des größten müsse die übrigen vom Untergang retten. Sie möchten ihm daher ihre Vergehungen aufrichtig bekennen. Er für sein Teil gestehe, daß er im Drange des Hungers manchem Schafe den Garaus gemacht; auch dem Hunde, wenn er ihm zu nahe gekommen; ja, es sei ihm in leckerhaften Augenblicken zugestoßen, daß er den Schäfer gefressen. Wenn niemand sich größerer Schwachheiten schuldig gemacht habe, so sei er bereit, zu sterben. »Sire«, sagt der Fuchs, der das Ungewitter von sich ableiten will, »Sie sind zu großmütig. Ihr edler Eifer führt Sie zu weit. Was ist es, ein Schaf zu erwürgen? Oder einen Hund, diese nichtswürdige Bestie? Und: quant au berger«, fährt er fort, denn dies ist der Hauptpunkt: »on peut dire«, obschon er noch nicht weiß, was, »qu'il mér toit tout mal«; auf gut Glück; und somit ist er verwickelt; »étant«; eine schlechte Phrase, die ihm aber Zeit verschafft: »de ces gens là«, und nun erst findet er den Gedanken, der ihn aus der Not reißt: »qui sur les animaux se font un chimérique empire.« Und jetzt beweist er, daß der Esel, der blutdürstige! (der alle Kräuter auffrißt), das zweckmäßigste Opfer sei, worauf alle über ihn herfallen und ihn zerreißen. – Ein solches Reden ist ein wahrhaft lautes Denken. Die Reihen der Vorstellungen und ihrer Bezeichnungen gehen nebeneinander fort, und die Gemütsakten für eins und das andere kongruieren.

Die Sprache ist alsdann keine Fessel, etwa wie ein Hemmschuh an dem Rade des Geistes, sondern wie ein zweites, mit ihm parallel fortlaufendes Rad an seiner Achse. Etwas ganz anderes ist es, wenn der Geist schon vor aller Rede mit dem Gedanken fertig ist. Denn dann muß er bei seiner bloßen Ausdrückung zurückbleiben, und dies Geschäft, weit entfernt ihn zu erregen, hat vielmehr keine andere Wirkung, als ihn von seiner Erregung abzuspannen. Wenn daher eine Vorstellung verworren ausgedrückt wird, so folgt der Schluß noch gar nicht, daß sie auch verworren gedacht worden sei; vielmehr könnte es leicht sein, daß die verworrenst ausgedrückten gerade am deutlichsten gedacht werden. Man sieht oft in einer Gesellschaft, wo durch ein lebhaftes Gespräch eine kontinuierliche Befruchtung der Gemüter mit Ideen im Werk ist, Leute, die sich, weil sie sich der Sprache nicht mächtig fühlen, sonst in der Regel zurückgezogen halten, plötzlich mit einer zuckenden Bewegung aufflammen, die Sprache an sich reißen und etwas Unverständliches zur Welt bringen. Ja, sie scheinen, wenn sie nun die Aufmerksamkeit aller auf sich gezogen haben, durch ein verlegenes Gebärdenspiel anzudeuten, daß sie selbst nicht mehr recht wissen, was sie haben sagen wollen. Es ist wahrscheinlich, daß diese Leute etwas recht Treffendes und sehr deutlich gedacht haben. Aber der plötzliche Geschäftswechsel, der Übergang ihres Geistes vom Denken zu Ausdrücken schlug die ganze Erregung desselben, die zur Festhaltung des Gedankens notwendig wie zum Hervorbringen erforderlich war, wieder nieder. In solchen Fällen ist es um so unerläßlicher, daß uns die Sprache mit Leichtigkeit zur Hand sei, um dasjenige, was wir gleichzeitig gedacht haben und doch nicht gleichzeitig von uns geben können, wenigstens so schnell als möglich aufeinander folgen zu lassen. Und überhaupt wird jeder, der bei gleicher Deutlichkeit geschwinder als sein Gegner spricht, einen Vorteil über ihn haben, weil er gleichsam mehr Truppen als er ins Feld führt. Wie notwendig eine gewisse Erregung des Gemüts ist, auch selbst nur, um Vorstellungen, die wir schon gehabt haben, wieder zu erzeugen, sieht man oft, wenn offene und unterrichtete Köpfe examiniert werden, und man ihnen ohne vorhergegangene Einleitung Fragen vorlegt, wie diese: was ist der Staat? Oder: was ist das Eigentum? Oder dergleichen. Wenn diese jungen Leute sich in einer Gesellschaft befunden hätten, wo man sich vom Staat oder vom Eigentum schon eine Zeitlang unterhalten hätte, so würden sie vielleicht mit Leichtigkeit durch Vergleichung, Absonderung und Zusammenfassung der Begriffe die Definition gefunden haben. Hier aber, wo diese Vorbereitung des Gemüts gänzlich fehlt, sieht man sie stocken, und nur ein unverständiger Examinator wird daraus schließen, daß sie nicht wissen. Denn nicht wir wissen, es ist allererst ein gewisser Zustand unsrer, welcher weiß.

Nur ganz gemeine Geister, Leute, die, was der Staat sei, gestern auswendig gelernt und morgen schon wieder vergessen haben, werden hier mit der Antwort bei der Hand sein. Vielleicht gibt es überhaupt keine schlechtere Gelegenheit, sich von einer vorteilhaften Seite zu zeigen als gerade ein öffentliches Examen. Abgerechnet, daß es schon widerwärtig und das Zartgefühl verletzend ist, und daß es reizt, sich stetig zu zeigen, wenn solch ein gelehrter Roßkamm uns nach den Kenntnissen sieht, um uns, je nachdem es fünf oder sechs sind, zu kaufen oder wieder abtreten zu lassen: es ist so schwer, auf ein menschliches Gemüt zu spielen und ihm seinen eigentümlichen Laut abzulocken; es verstimmt sich so leicht unter ungeschickten Händen, daß selbst der geübteste Menschenkenner, der in der Hebammenkunst der Gedanken, wie Kant sie nennt, auf das meisterhafteste bewandert wäre, hier noch wegen der Unbekanntschaft mit seinem Sechswöchner Mißgriffe tun könnte. Was übrigens solchen jungen Leuten, auch selbst den unwissendsten noch, in den meisten Fällen ein gutes Zeugnis verschafft, ist der Umstand, daß die Gemüter der Examinatoren, wenn die Prüfung öffentlich geschieht, selbst zu sehr befangen sind, um ein freies Urteil fällen zu können. Denn nicht nur fühlen sie häufig die Unanständigkeit dieses ganzen Verfahrens: man würde sich schon schämen, von jemanden, daß er seine Geldbörse vor uns ausschütte, zu fordern, viel weniger, seine Seele: sondern ihr eigener Verstand muß hier eine gefährliche Musterung passieren, und sie mögen oft ihrem Gott danken, wenn sie selbst aus dem Examen gehen können, ohne sich Blößen, schmachvoller vielleicht als der eben von der Universität kommende Jüngling, begeben zu haben, den sie examinierten.«

Das Gefüge der Rede

A. Allgemeine Hinweise

1. Geschichtliche Anmerkung

77

Rhetorik ist eines der ältesten Bildungsfächer. Schon in der Antike hatte die Redekunst eine bedeutende Stellung: Demosthenes und Cicero waren die bekanntesten Redner jener Zeit. Demosthenes hielt aufrüttelnde Reden gegen Philipp von Mazedonien. (Daher noch heute der Ausdruck »Philippika«!) Als Philipp diese Reden später las, war er sehr beeindruckt, so daß er ausgerufen haben soll: »Ich glaube, wenn ich diese Rede damals mitgehört hätte, würde ich gegen mich selbst gestimmt haben.«

Die Praxis zeigte aber schon damals den ganzen Umfang rednerischer Möglichkeiten: von der echten, dem Mitmenschen dienenden Rede bis zur selbstgefällig-artistischen, unwahrhaftigen Sophisterei.

Selbst Cicero war doch bei allem Glanz des Redenkönnens ein Gesinnungsvirtuose, der kaum als Vorbild dienen kann. Redner standen zu allen Zeiten im wechselnden Urteil der öffentlichen Meinung. *Alle* zu überzeugen, vermochten selbst die besten Rhetoren nicht. Man denke nur daran, daß weder Demosthenes noch Cicero eines natürlichen Todes gestorben sind.

Die Blütezeit der griechischen Rhetorik währte etwa die Zeit von fünf Generationen, und nur in Athen kam der Redekunst ein geschichtliches Gewicht zu.

78

Die Schulen der Antike und der Renaissance lehrten eine Fülle von Regeln über Gefüge und Vortrag der Rede. Von den vielen Kunstgriffen (Redefiguren), die gelehrt wurden, ist nur ein Teil heute noch beherzigenswert (Abschnitt »Rhetorische Darstellungsmittel«).

Wir sind heute (glücklicherweise!) ebenso skeptisch gegenüber einer Rede mit schöngeistig-ästhetischem Selbstzweck (wie bei Protagoras z. B.) wie gegenüber einem mitreißenden demagogischen Pathos (wie bei Hitler und Goebbels z. B.). Feingedrechselte Phrasen, Zierat rhetorischer Nippfigürchen, überladenen Stil, blendendes

Virtuosentum: alle diese Elemente sollten wir entschieden ablehnen, da sie zur Unsachlichkeit verführen.

79

Seit dem Mittelalter gab es wieder Zeiten der Hochblüte in der Redekunst. Ein Weg führt von den Bettelmönchen über Savonarola zu Luther. In neuerer Zeit gewann die Rede im englischen Parlament des 18. Jahrhunderts und seit der Französischen Revolution an Bedeutung. (Im Pariser Konvent zogen allerdings manche Redner ihr Konzept aus der rechten Tasche, während sie in der linken »vorsorglich« die entgegengesetzte Rede bereithielten. Sie hängten ihr Mäntelchen nach dem Winde.)

Der Einfluß der Rhetorik auf die Dichtkunst war viele Jahrhunderte hindurch sehr groß. Wir wissen z. B., daß noch Racine, der berühmte französische Bühnendichter des 17. Jahrhunderts, die ganze »Institutio oratoria« des Quintilian durchstudierte und sich viele Hefte mit Auszügen anlegte.

80

Wohl in keinem Parlament hat die Rede so große Bedeutung gehabt wie im englischen, und zwar schon seit der Renaissance. Die Reihe großer Redner führt über Pitt, Fox, Sheridan, Gladstone, Lloyd George, Churchill und Bevan bis ins 19. und 20. Jahrhundert. England ist auch heute noch in viel stärkerem Maße als z. B. Deutschland das Land der Reden und der Debattierklubs.

Der englische Historiker Lord Acton hat einmal halb spöttisch, halb anerkennend geäußert: manche Nationen erlägen dem Zauber der Beredsamkeit, die Deutschen jedoch »dem Charme einer guten Verwaltung«.

Doch auch die deutsche Parlamentsgeschichte hat eine Anzahl eindrucksvoller Redner aufzuweisen. Im 19. Jahrhundert übertraf ein Eugen Richter Bismarck noch an Brillanz. Im Bundestag waren oder sind z. B. Schumacher, Arndt, Heinemann, Erler und Schmidt auf seiten der SPD, Adenauer, Kiesinger, Gerstenmaier, Strauß auf seiten der CDU/CSU und Dehler oder Mischnick bei der FDP bemerkenswerte Redner und Debattierer.

Lehrreich ist es, z. B. die Reden eines Bismarck, Lloyd George, Briand, Churchill, Heuss miteinander zu vergleichen. Jeder hatte einen eigenen Stil, und doch bedachten sie alle einige Grundsätze wie Anschaulichkeit, Logik, Steigerung usw., die im folgenden näher beschrieben werden.

81

Die Geschichte der Rhetorik (die hier natürlich nicht ausgeführt werden kann) lehrt, daß es beim Gefüge der Rede sehr darauf ankommt, Redeinhalt und -form in Einklang zu bringen.

Die Kombination »gute Form – schlechter Inhalt« (Sophisten als Beispiel) ist ebenso verfehlt wie jene andere: »guter Inhalt – schlechte Form« (z. B. sind Fichtes tiefschürfende »Reden an die Deutsche Nation« in Form und Stil so schwerfällig, daß Jakob Grimm sich vornahm, sie erst einmal ins Deutsche zu übertragen).

2. Thema

82

Es ist oftmals schwieriger, ein allgemeines Thema zu behandeln als ein spezielles, da im ersten Falle die Gefahr der Weitschweifigkeit, Plattheit, Oberflächlichkeit und Verallgemeinerung besteht.

(Beispiel für allgemeines Thema: »Goethes Leben und Schaffen.« Beispiel für spezielles Thema: »Die Gestalt des Mephisto in Goethes Faust.«)

Oftmals ist die Aufgabe zu weit gefaßt. Es gilt, das Redethema scharf zu umreißen: es darf nicht zu weit, aber auch nicht zu eng oder falsch akzentuiert sein.

Regel 1: Prüfen wir jedes Wort des Themas genau auf seinen Sinn hin

Regel 2: Überlegen wir nach der ersten Stichwortfassung, ob nicht doch vieles notiert ist, was den Rahmen der gesteckten Aufgabe sprengt.

83

Die Formulierung des Themas muß anziehend sein, ohne marktschreierisch zu wirken. Ein Hauptteil kann durch einen Untertitel ergänzt werden. Starke Werbekraft hat eine Fragestellung. Allerdings sollte man gestellte Fragen dann auch eindeutig beantworten.

Besser als der Titel »Die Machtergreifung des Nationalsozialismus« wirkt z. B. die Frage: »Wie kam Hitler an die Macht?«

Wichtig ist vor allem, daß sich der Titel mit dem Redeinhalt deckt. Der Zuhörer muß wissen, was ihn erwartet. Die Ankündigung eines Vortrages darf deshalb nicht mißverständlich oder zu allgemein gehalten sein. So wurde einmal ein sehr allgemein angekündigter »Abend mit Hermann Hesse« dem Dichter zum Verhängnis. (Er beschreibt das sehr amüsant in seiner Erzählung »Der Autorenabend«.) Die erschienenen Kleinstädter, literarisch unbedarft, hatten sich ganz und gar auf »Sachen zum Totlachen« eingestellt oder vermuteten, Hermann Hesse würde ihnen zumindest Schnadahüpfl zur Biermusik singen. Aber es gab »ka Gaudi«, sondern Novellen und Gedichte. In kürzester Zeit war der Saal leer.

Höchst erstaunt war auch ein Professor der Atomphysik, daß zu seinem hochwissenschaftlichen Vortrag über »Kosmische Strahlen« *nur* Frauen erschienen waren. Auf einem Werbeplakat hatte gestanden »Kosmetische Strahlen«.

3. Grundlagen des Redeinhalts

84

Ganz allgemein werden wir in der Regel die folgenden *zehn Grundlagen* bedenken, die eine gute Rede charakterisieren: *Sachlichkeit, Klarheit, Anschaulichkeit, Zielsätzigkeit, Steigerung, Wiederholung, Überraschung, (verschiedene) Sinndichte, Beschränkung* (Kürze) und nicht zuletzt *Humor* (und seine weitere Verwandtschaft wie Witz und Ironie).

85

S a c h l i c h k e i t bedeutet zunächst ein höchstmögliches Maß an Wahrhaftigkeit und Objektivität. Jedem Redner sei empfohlen, die tiefschürfenden und doch allgemeinverständlichen Ausführungen zu lesen, die Karl Jaspers über Wahrheit, Sophistik, Wesen der Mitteilung usw. macht, und zwar in seinem Buche »Von der Wahrheit« (Band I, 1947). Sachlichkeit bedeutet ferner angemessene, sachgerechte Verbindung von Redeinhalt und Formulierung, was einen eleganten Faltenwurf nicht ausschließt. Bleiben wir schlicht und verzichten wir auf blumigen Zierkram. Wir bevorzugen heute, im Gegensatz zur antiken Rhetorik, »Sachlichkeit, die keine Goldleisten braucht und keine gedrechselten Pfeiler« (Naumann). Hüten wir uns vor allem vor pathetischem Überschwang. Pathos ist sehr oft nur Falschgeld des Gefühls. Gefühls*betont* wird man nur dann reden, wenn es angebracht ist; wenn es echtes Bedürfnis ist, persönliche und herzliche Anteilnahme auszudrücken oder zu wecken. Man wird nicht mit Pathos über Käsepreise oder Kakteenzucht reden. Kein Redner wird sich einbilden dürfen, er sei *absolut* sachlich und wahrhaftig. Wir alle sind immer wieder dem

Irrtum unterworfen; wir mögen uns noch so sehr bemühen, ihn zu vermeiden. Unser Wissen, und selbst das gründlichste, bleibt Stückwerk. Diese Erkenntnis müßte uns eigentlich zwingen, immer wieder sehr bescheiden zu werden ... Zur Sachlichkeit gehört außerdem, daß ich dem Hörer klarmache, was sachliche Feststellung von Fakten und Zusammenhängen und was jeweils persönliche Meinung und Wertung ist (z. B. Sachfeststellung: Dresden liegt an der Elbe, Werturteil: Dresden war die schönste deutsche Stadt).

86

K l a r h e i t. Schon eine alte Regel besagt, daß der Redner sich nicht nur so ausdrücken soll, daß es möglich ist, ihn zu verstehen, sondern so, daß es unmöglich ist, ihn nicht zu verstehen. Der Redner muß durch Klarheit und Schärfe der Diktion jedem Mißverständnis vorbeugen. (Moltke sagte 1870 zu seinen Offizieren: »Ein Befehl, der mißverstanden werden kann, wird auch stets mißverstanden.« Das trifft ebenso für die Aussagen in einer Rede zu.)

Theodor Heuss pflegte seine Redeentwürfe noch einmal durchzusehen, um Formulierungen zu vereinfachen, falls sie ihm zu hochgestochen erschienen. Er nannte diesen Vorgang das »Entheussen«, wie seine Nichte Hanna Frielinghaus in ihren Heuss-Anekdoten berichtet. Nicht selten allerdings gehört die Unklarheit auch zum »System« des Redners. Leider. Mancher schweigt oder drückt sich unklar aus, weil er seine wahre Meinung verbergen möchte.

87

Unverständlichkeit ist nicht gleichzusetzen mit Tiefgründigkeit! Ironisch »empfiehlt« Paul Heyse:

»Lernt darum den Kunstgriff üben, der euch den Erfolg verbriefe, müßt das seichte Wasser trüben, daß man glaubt, es habe Tiefe.«

Viele Mißverständnisse entstehen durch den Begriffswirrwarr. Manche Worte und Begriffe sind vieldeutig – machen wir sie eindeutig: durch Definition.

Ein Beispiel für die Vieldeutigkeit von Wörtern:

Der Begriff »Demokratie« wird in West- und Ost-Deutschland (»Volksdemokratie«) verschieden verstanden. Wenn in einer Diskussion nicht jeder Partner seine Definition vorlegt, so bleibt eine weitere Erörterung von Fragen von vornherein unfruchtbar, da der Grundsatz ungeklärt ist. Übrigens fand der österreichische Vizekanzler Pittermann einen bildkräftigen Vergleich: »Demokratie verhält sich zu Volksdemokratie wie Jacke zu Zwangsjacke!«

Manches Mißverständnis beruht auf dem Gebrauch von Worten mit mehrfacher Bedeutung. (Ein besonders treffendes Beispiel kennen wir aus dem letzten Weltkrieg: Der englische Minister Anthony Eden wehrte während einer Rundfunkansprache die ihn umringenden Fotografen ärgerlich ab mit den Worten: »Don't shoot, please!«, was natürlich heißen sollte: »Schießen Sie nicht ausgerechnet jetzt Ihre Bilder, wo ich mit großer Konzentration reden muß.« Am folgenden Morgen wußte der deutsche Rundfunk frohlockend zu berichten, daß auf Eden, den englischen Kriegsminister, ein Attentat verübt worden sei. – Wir werden immer wieder feststellen: bei Mehrdeutigkeit der Worte wählen wir unwillkürlich jene Bedeutung, die unserem Wunschdenken entspricht.)

Wesentlich für die Klarheit der Rede ist selbstverständlich die Logik. Achten Sie auf logische Verknüpfung der Einzelheiten und Gründe ebenso wie auf kristallene Klarheit des Ausdrucks.

Leider lassen die rhetorischen Leistungen vieler Hochschullehrer viele Wünsche offen, was Klarheit und Verständlichkeit betrifft. (Die Vorlesungen eines berühmten Rigaer Chemikers blieben den Studenten unverständlich. Er sprach so umständlich, verwirrt, leise und undeutlich, daß die Hörer schier verzweifelten. Sein Nachfolger dagegen war ein brillanter Redner und Pädagoge. Nach seiner ersten Vorlesung lief ein polnischer Student zu seinen Kommilitonen: »Ihr müßt herren neie Professor; da geht Chemie in Kopf wie mit Schaufel!«)

Wie es der berühmte Göttinger Mathematikprofessor Abraham Gotthelf Kästner (1719–1800) verstand, bei aller Unverständlichkeit seines Vortrages sich doch die Gunst seiner Zuhörer zu erhalten, schildert der Student J. B. Hermann in einem Brief an Jean Paul. Kästner »ist ein Mann von altem Schrot und Korn. Sein Vortrag wird von keinem gelobt, weil er für die, welche schon Mathematik verstehen, gar zu weitläufig und für Anfänger zu schwer wäre; die Ursache hievon ist, weil er alles, was vorausgehört, um einen arithmetischen oder geometrischen Satz zu verstehen, mit der strengen Beweismethode darstellt und so fortgeht, wobey er freylich ermüdend werden muß. Da er aber dieses selbst einsieht und doch der mathematischen Methode keine Form einer schön unterhaltenden Lectüre geben kann, so sorgt er fleißig dafür, daß eine Menge Bücher auf dem Tisch liegen, woran sich alle Gattungen von Zuhörern die Langeweile bei seinem so notwendigen Vortrag vertreiben können (!), z. B. Fabelbücher mit Kupfern, Reisebeschreibungen, den Virgil mit Holzschnitten und vieles dergleichen mehr ...«

89

Anschaulichkeit. »Die Anschauung ist das Fundament aller Erkenntnis«, so steht es im 9. Brief »Wie Gertrud ihre Kinder lehrt« von Pestalozzi geschrieben. Das ist nicht nur für Kinder gültig, sondern auch für Erwachsene.

In treffender, aber wenig anschaulicher Weise bestimmt der Philosoph Kant die Bedeutung der Anschauung: »Gedanken ohne Inhalt sind leer, Anschauungen ohne Begriffe sind blind. Daher ist es ebenso notwendig, seine Begriffe sinnlich zu machen, d. h. ihnen den Gegenstand in der Anschauung beizufügen, als seine Anschauung sich verständlich zu machen, d. h. sie unter Begriffe zu bringen.«

Die Engländer z. B. neigen zu sehr anschaulicher Redeweise; sie bringen Bilder, Vergleiche, Handlungsrede usw.

90

Wieder können wir Hugo Fischer zitieren: »Ein weiteres Mittel, sich dem Zuhörer bekannt und vertraut zu machen, sind Streiflichter, die er hier und da in der Rede kurz auf sich selbst fallen läßt. Die Darstellung in der Erlebnisform, der persönlich gebundenen Anekdote, ist in der Rhetorik britischer Staatsmänner ganz allgemein beliebt. Man mag zu einem gewissen Teil darin auch ein Eingehen auf das außerordentliche Interesse der britischen Öffentlichkeit an persönlichen Dingen und Vorgängen erblicken.«

Die Franzosen lieben mehr die kristallene Klarheit der Rationalität. Wir Deutschen sind in unserer Redeweise durchweg schwerfälliger und abstrakter als unsere westlichen Nachbarn.

(Der Ästhetiker Vischer veranschaulicht in amüsanter Weise das Wesen der verschiedenen Sprachen. Er meint, Französisch sei wie Likör und Biskuit, Italienisch wie Rotwein und Orangen, das Holländische sei »ganz Hering« und das Deutsche wie gutes Roggenbrot und Bier.)

91

Das Bestreben vieler deutscher Redner geht ganz offenbar dahin: »Wie sage ich es bis zur Grenze des Unverständlichen hin entlegen, hochgestochen und schwierig?« (Weller). In einer guten und wirkungsvollen Rede wird aber begriffliches und anschauliches Denken miteinander verknüpft. Eine Rede aus dürren Worten und blutarmen Sätzen wirkt nüchtern und fade wie ungesalzene Suppe.

In der Regel führt man von der Anschauung (Bild, Vergleich, Erzählung usw.) zum Begriff. Abstrakte Begrifflichkeit ohne anschauliches Fundament bleibt selten haften. (Der polnische Politiker Cyrankiewicz wandte sich 1956 gegen die Stalinisten, die den wachsenden Mißständen nicht auf den Grund gingen, sondern nur Einzelpersonen dafür verantwortlich machten. Er sagte: »Wenn jemand Angst vor der Malaria hat, so soll er nicht die einzelnen Mücken fangen, sondern die Sümpfe trockenlegen.«)

Anschaulich sind auch charakteristische Einzelheiten, abstrakt dagegen summarische Zusammenfassungen. Vor allem soll man Zahlen einkleiden. Keiner kann ein Dutzend Zahlen ohne weiteres im Gedächtnis behalten; wohl aber, wenn sie anschaulich gemacht werden. »Obgleich man nicht bei der ermüdenden Aufzählung kleinster Einzelheiten verweilen soll, ist eine Rede ohne gewisse Einzelheiten wirkungslos und matt«, stellt Hamilton fest. Mit den Mitteln anschaulicher Ausdrucksweise kann man selbst den sprödesten und langweiligsten Stoff auflockern und lebendig machen. Auch für den Redner gilt das Rezept Voltaires: »Ein tüchtiger Koch kann auch aus der zähesten Schuhsohle noch ein schmackhaftes Gericht bereiten.«

92

Z i e l s ä t z i g k e i t. Bedenken Sie stets, was Sie im Kernpunkt erreichen wollen. Jede Rede, besonders aber die Meinungsrede, gipfelt in einem Zielsatz bzw. in wenigen Grundgedanken. Zielsätze und Grundgedanken sollten mehrfach wiederkehren, und zwar in gleicher wie in veränderter Formulierung. Ziel- und Schlüsselsätze müssen einprägsam formuliert werden. Bringen Sie im Zielsatz *einen* Willensimpuls, *einen* Grundantrieb.

In *einer* Rede nicht zu viel wollen! *Ein* Gedanke, der sich einprägt, ist besser als fünfzig, die zu einem Ohr hinein- und zum anderen hinausgehen. »Lieber *einen* tüchtigen Nagel fest einschlagen, als ein paar Dutzend Reißnägelchen lose hineinstecken, daß man sie in der nächsten Stunde wieder herausziehen kann« (Spurgeon).

93

Jede Rede muß einige »purpurne« Stellen enthalten, die dem Hörer im Gedächtnis haften. Die Wirkung jeder guten Rede darf sich nicht im Augenblick erschöpfen: sie muß nachschwingen. Beschrän-

ken wir uns auf das Wichtige, Charakteristische und lassen wir
alles Nebensächliche beiseite. Man streiche alles, was der Haupt-
wirkung abträglich ist. Nichts ist unwirksamer als eine erdrückende
Gedankenfracht, die der Zuhörer nicht verarbeiten kann. Non
multa, sed multum dicere = nicht vieles, aber viel sagen.

94
S t e i g e r u n g. Bringen Sie nicht einfach Tatsache auf Tatsache, Gedankengang auf Gedankengang, sondern legen Sie Ihre Rede auf
Steigerung hin an. Sorgen Sie für Spannung und Höhepunkte; widmen Sie ihnen bei der Ausarbeitung besondere Aufmerksamkeit:
Höhepunkte müssen gut »vorformuliert« sein. Die Steigerung in
der Rede soll innerlich-organisch sein, nicht äußerlich und beifall-
heischend. Die Steigerung gibt der Rede erst Format. Anzustreben
ist ein großer Spannungsbogen von der Einleitung bis zum Schluß.

95
Der französische Sozialistenführer Jean Jaurès sprach derart mit-
reißend, daß selbst die Stenographen einmal vergaßen, mitzuschrei-
ben!

Was aber kann man tun, wenn man sich beim Anhören einer Rede
langweilt?

Chruschtschow weiß Rat. Als er 1964 Dänemark besuchte, be-
festigte er ein winziges Rundfunkgerät am Jackenaufschlag des dänischen Ministerpräsidenten Krag und steckte ihm die Membrane
in die Ohren. Krag hörte Musik. Chruschtschow: »Das ist eine
gute Sache, wenn man sich bei offiziellen Feierlichkeiten während
der Reden langweilt.« Krag schlagfertig: »Dennoch möchte ich das
Gerät nicht benutzen, wenn Sie heute abend sprechen.«

96
W i e d e r h o l u n g. Der Wiederholung von Grundgedanken kommt
große Bedeutung zu, da sie eine Befestigung des Inhalts im Hörer
bewirkt. Eine Rede muß wie ein Edelstein sein, den man bei der
Betrachtung langsam in der Hand dreht, der dabei sein Wesen bei-
behält und nur in der Erscheinung (= Variation der Grundgedanken) wechselt. Wir müssen bedenken, daß wir als Redner oft
sehr viele Mühe und Arbeit verwandt haben, um Einzelheiten und
Zusammenhänge zu klären, die wir jetzt in der Rede vermitteln
wollen. Den Hörern muten wir zu, alles in *einer* Stunde zu verkraf-
ten! Dabei müssen wir ihnen helfen, indem wir uns nicht nur an-

schaulich ausdrücken, sondern indem wir das Wesentliche mehrfach wiederholen. Eine geschickte Wiederholung senkt die Gedankenfracht tiefer in den Hörer hinein.

97
Überraschung. Merkmal eines psychologisch geschickten Rede-
stils ist eine sinnvolle, aber doch für die Zuhörer überraschende
und unkonventionelle Verknüpfung von Einzelheiten. Wir stellen
z. B. eine Tatsache in einen Zusammenhang, in dem sie gewöhnlich
nicht gesehen wird. Überraschungen sind Spannungsmomente. Ver-
wechseln wir aber den Überraschungseffekt nicht mit der Sensa-
tionsmache. Eine Serie von überpointierten Schocks wirkt auf die
meisten Zuhörer abstoßend. Glücklicherweise!

98
Sinndichte. Achten Sie darauf, daß Ihre Rede verschiedene
Sinndichte aufweist. Ein ständig auf engem Raum zusammenge-
faßter und vielleicht dazu noch schwieriger Stoff wird vom Zuhörer nicht aufgenommen. (Man hüte sich besonders vor einer gut-
gemeinten Fülle von Zahlenangaben!)

Die Aufmerksamkeit des Hörers muß sich immer wieder erholen
können. Wir wechseln daher in der Diktion: einmal straff, dann
wieder aufgelockert. Auf keinen Fall darf *jeder* Satz mit »schwerer
Kost« belastet werden. Die Rede wird leicht zu einer Sammlung
von Denksportaufgaben.

Die Gefahr ist immer groß, daß man komplizierte Dinge zu
konzentriert bringt. Was für mich nach vielleicht langwierigem
Überlegen klar ist, ist vom Zuhörer nicht so schnell nachvollziehbar.

99
Beschränkung (Kürze der Rede). Dieses ist ein besonders wichtiges Kapitel. »Das Geheimnis zu langweilen besteht darin, *alles* zu
sagen« (Voltaire). In einem Vortrag werden Sie Ihr Thema nie
ganz erschöpfen können – erschöpfen können Sie nur Ihre Zuhörer. Luthers Rat an einen jungen Prediger lautet: »Steig nauf,
tu's Maul auf, hör bald wieder auf! Denn man kann den Leuten
in einer Viertelstunde weit mehr predigen, als sie in zehn Jahren
tun werden. Wenn du vernimmst, daß die Leute am liebsten und
emsigsten zuhören, so beschließe deine Predigt alsbald. So hast du
auf eine andere Zeit wieder Zuhörer.« Luther lehnte die Rhetorik
ab, soweit sie »ein Ding fein nach der Länge mit Worten weitläu-

fig zu schmücken« trachte. Er wehrte sich vor allem gegen die weitschweifige Schönrederei und meinte in einer Tischrede: »Wenn man rhetorisiert und viel Worte machet ohne Fundament, da nichts hinter ist, so ists nur ein geschmückt Ding, und geschnitzter und gemaleter Götze.«

Den Unterschied zwischen einer knappen, prägnanten Dialektik und einer weitausgesponnenen Rhetorik macht Luther einmal an folgendem Beispiel deutlich: »Dialectica spricht: Gib mir zu essen, Rhetorica spricht: Ich bin heitt den ganzen tag schwerlich gangen, bin muhet, krank, hungrig etc. hab nichts gessen; lieber, gib mir doch ein gutt stuckh fleisch, ein gutten pratten, ein gutt humpen bir gib mir trinckhen.«

Mark Twain erzählt, daß ihm einmal eine Missionspredigt so gut gefiel, daß er sich vornahm, einen Dollar zu spenden. Die Predigt dauerte eine Stunde, und Mark Twain »ermäßigte« darauf seinen Obulus im Geist auf einen halben Dollar. Die Predigt dauerte eineinhalb Stunden, und er beschloß, nichts mehr zu geben. Als der Pfarrer nach zwei Stunden endlich zum Schluß kam, nahm Mark Twain einen Dollar vom Spendenteller, um sich für den Zeitverlust zu entschädigen.

100

Im Altertum waren die Spartaner Feinde jeder Weitschweifigkeit. Ein Bote aus einer fremden Stadt, in der Hungersnot herrschte, bat einmal langatmig um einen Sack voll Getreide. Die Spartaner erteilten ihm eine Abfuhr: »Wir haben den Anfang deiner Rede vergessen und darum das Ende nicht verstanden.« Ein zweiter Bote zeigte darauf den leeren Sack vor und sagte nur: »Ihr seht es: er ist leer; bitte tut etwas hinein.« Die Spartaner erfüllten den Wunsch, aber nicht ohne Belehrung: »Fasse dich nächstes Mal kürzer. Daß der Sack leer ist, sehen wir. Daß du darum Füllung begehrst, brauchst du nicht zu erwähnen. *Hüte dich vor der Weitschweifigkeit!*« – Dieser letzte Satz gilt auch heute noch. »Um knapp sein zu können, muß man Fülle besitzen. Diese Fülle aber entsteht nur durch die geduldige Besinnlichkeit, die die Vorfahren Meditation nannten« (Naumann). »Wahre Beredsamkeit besteht darin, alles zu sagen, was notwendig ist – aber wirklich nur das zu sagen, was notwendig ist« (Rochefoucauld in seinen »Maximes«). Weitschweifigkeit ist oft gleichbedeutend mit Langweiligkeit. Die vernichtendste Redekritik, die ich kenne, umfaßt nur einen Satz: »Der Vortrag begann um acht; als ich um elf auf die Uhr sah, war es halb neun.«

101

Ein langweiliger Redner wird zu keiner Zeit und in keinem Lande geschätzt. »Lieber Freund«, sagte ein politischer Gegner spöttisch zu dem überaus schweigsamen Shaftesbury (1671–1713), »Sie tun ja in keiner Parlamentssitzung den Mund auf!« »Sie irren, lieber Freund«, entgegnete Shaftesbury seelenruhig, »sobald *Sie* sprechen, muß ich gähnen.«

Aus Argentinien wird berichtet (1962), daß der Politiker Luis Miguel einen Arzt zum Duell auf schwere Säbel gefordert habe. Grund: Miguel erfuhr, daß der Medizinmann seinen Patienten die Lektüre seiner Reden als Schlafmittel verordnet hatte.

102

Auch heute gibt es in manchen Ländern die Narkose durch Dauer-redner. Auf dem Parteitag der Democrazia Cristiana im Januar 1962 in Neapel hielt der Parteisekretär Moro eine Rede von sechs Stunden. Marathonreden sind auch in den Ostblockstaaten keines-wegs selten. (Der deutsche Rekordinhaber im »Langstreckenre-den« dürfte der Abgeordnete Antrick sein; er verwirklichte 1911 im Reichstag den »Achtstundentag« des Redners, wurde aber weit übertroffen von seinem österreichischen Kollegen Lecher, der den Wiener Reichstag einmal 14 Stunden lang ohne Punkt und Komma im schönsten Wienerisch in Grund und Boden redete.)

Um weiteren Rekordversuchen vorzubeugen, führte man schließ-lich die beschränkte Redezeit ein. Man sagt wohl scherzhaft: ein Redner darf über alles reden, nur nicht über eine Stunde.

103

Bedenken wir also: *es läßt sich alles kürzer und eindringlicher sagen, als wir annehmen.* Eine Rede soll kein Buch ersetzen. Wir pfropfen leicht zuviel in die Rede hinein. Eine zu lange Rede be-ruht nicht immer auf angeborener Weitschweifigkeit des Redners, sondern sehr oft auf mangelnder Vorbereitung. »Dieser Brief ist länger geworden als üblich, weil mir die Zeit fehlte, ihn kürzer zu fassen«, gesteht Pascal einmal einem Freunde. Für »Brief« könnte man oft auch »Rede« sagen!

Und denken wir bei der Abfassung einer Rede nicht zuletzt an die alte Theaterweisheit der Regisseure: Was gestrichen ist, kann nicht durchfallen.

»Fasse dich kurz!« so steht in unseren Telefonzellen geschrieben. Man sollte diese Aufforderung auch in Vortragssälen anbringen.

104

Humor, Witz, Ironie. Der Dominikanerpater Rochus Spiecker schreibt, daß sich manche Menschen »mit Ernst umhängen wie mit einem falschen Bart«, und er fährt fort: »Ein Bonmot, das mit Ballettfüßchen durch ein Gespräch huscht, kann mehr Geist und Herz gekostet haben als manche verschnörkelte Phrase, die heiligste Werte als Kulisse bemüht. Ein Witz kann tiefer erleuchten als tragisches Getue. Ein lächelnd hingeworfener Satz kann lautlos weinen. Freilich: Das zu begreifen, fällt uns Deutschen besonders schwer. Und so werden wir wohl weiterhin die Weisheit hinter den falschen Bärten suchen.«

Spiecker hat völlig recht: Wir bemühen uns oftmals zu einseitig mittels zerfurchter Stirn und mittels krampfhaften Ernstes um die Lösung von Problemen. Von Trauerreden abgesehen, ist es geradezu notwendig, daß die Hörer hin und wieder herzhaft lachen oder schmunzeln können. Humor und Witz wirken belebend und lockern auf, wenn sie nicht zu gesucht erscheinen. Humor und Witz sind besonders dann anzuwenden, wenn in der Rede eine anstrengende Wegstrecke hinter uns liegt. Nach schwierigen Passagen muß den Hörern Gelegenheit gegeben werden, zu verschnaufen, »wobei sowohl die innerlich lösende Aufmunterung als auch die äußerlich erfrischende Wirkung durch vermehrten Sauerstoffumsatz beim befreienden Lachen wichtig ist« (Endres). »Lachen ist ein Ausdruck relativer Behaglichkeit« (Busch). Es gibt z. B. kaum ein Protokoll von Bismarcks Reden, in dem nicht einige Male »Heiterkeit des Auditoriums« vermerkt ist.

105

Der gemüthaft begründete Humor errreicht zweifellos tiefere Regionen als der intellektuelle Witz. »Witz beweist nicht mehr als scharfen Geist, Humor ist seelischer Überschuß. Witz schneidet, Humor bindet« (Wilhelm Pinder). Ludwig Reiners beschreibt den Unterschied von Witz und Humor folgendermaßen: »Der Witz lacht, der Humor lächelt. Der Witz ist geistreich, der Humor liebevoll. Der Witz funkelt, der Humor strahlt. Der Witz entlarvt die Unzulänglichkeit der Welt, der Humor hilft uns über sie hinweg.«

Bittere Wahrheiten lassen sich humorvoll besser servieren als trocken und sachlich. Eine Anekdote kann einen Menschen anschaulicher und treffender charakterisieren als eine ganze Biographie. »Aus drei Anekdoten ist es möglich, das Bild eines Menschen zu geben« (Nietzsche). Nur sollte man eine Anekdote nicht einfach irgendwo in die Rede einstreuen, wie man es oft erlebt, sondern man muß sie schon überlegt in eine Redesituation einplanen. Auch die Pointe muß sorgfältig ausgefeilt werden. Man präsentiere aber keine Witze und Anekdoten, die jedem längst bekannt sind.

106

Nicht selten bringt auch der unfreiwillige Witz den Reiz eines heiteren Moments. Vor allem sorgt dafür eine mißverständliche Ausdrucksweise. Zwei kleine Beispiele aus jüngster Zeit:

Der Bundespostminister Stücklen rief im Bundestag unter allgemeiner Heiterkeit aus: »Die ledigen Postbeamtinnen liegen mir ganz besonders am Herzen.«

Der Kulturpolitiker Paul Mikat im Düsseldorfer Landtag in einer Rede über Schulprobleme: »Die Junggesellen haben bekanntlich keine Kinder ...« Lachen der Abgeordneten. Mikat: »Meine Herren, Sie lachen zu früh, ich will weiter sagen ... auf Schulen zu schicken!«

107

Auch im parlamentarischen Leben mildert der Witz viele Spannungen. »Nicht wahr, Herr Renner, wenn Sie zur Macht kommen, dann werden Sie mich aufhängen lassen«, sagte Dr. Adenauer einmal zu dem bekannten Kommunisten. Darauf dieser: »Gewiß, Herr Adenauer – aber mit viel Respekt.«

Klirrende Ironie, verletzender Spott und beißender Sarkasmus sind nicht immer angebracht. Wer kennt sie nicht, diese nachlässig hingeworfenen Halbsätze, die die Freunde zum Lachen und die Gegner zur Raserei bringen? »Herr Minister, ich habe soeben Ihre Rede gehört, doch nun mal Spaß beiseite ...«; oder (aus dem Plädoyer eines Anwalts vor Gericht): »... selbst wenn wir von jeder Logik absehen und nur die Meinung des Herrn Staatsanwalts in Betracht ziehen ...« Da rief ein Politiker seinem Gegner zu: »Wenn Sie mir zustimmen, habe ich immer das Gefühl, etwas Falsches gesagt zu haben ...« Das alles kann sehr geistreich sein, wirkt aber sehr oft zerstörend, weil man leicht von der sachlichen Grundlage abgelenkt wird.

108

Ironie und Spott sind aber besonders dann wirksam, wenn sich der Redner selbst mit einschließt. Einen Witz auf eigene Kosten machen heißt souverän wirken! (Z. B. ist die Erzählung einer komischen oder peinlichen Situation, in der man sich befunden hat, für die Zuhörer erheiternd. Für so etwas hat jeder ein Ohr!)

Selbstironie zeigte der US-Verteidigungsminister in einer Fragestunde des Senats, als er auf die Frage, wie lange eine Fahrt zum Mond dauern würde, antwortete: »Das ist das einzige, was ich Ihnen genau sagen kann, meine Herren. Eine Woche wird die Reise dauern, aber drei weitere Wochen werden Sie dann auf das russische Einreisevisum warten müssen.«

4. Beweisführung

109

Die Beweisführung ist ein sehr wesentliches Element der Rede. Der Zuhörer will wissen, warum sich die Sache so verhält oder warum der Redner den gegenwärtigen Zustand ändern möchte; er will die zwingenden Gründe und Hintergründe unserer Aussagen kennenlernen; er möchte »Kausalketten« sehen: Ursache, Wirkung, Grundlage und Ableitung usw. Nur der Demagoge wird sich darauf beschränken, seine Behauptungen den Hörern einzuhämmern, ohne schlüssige Beweise zu bringen (s. Lit. Le Bon, Baschwitz u. a.).

110

Es gibt in der Rhetorik zwei Grundarten von Beweisen: den absoluten oder den apodiktischen und den relativen Beweis (Ermessensfragen!). Apodiktisch heißt unumstößlich, unantastbar, keinen Widerspruch duldend. (Die Behauptung etwa, der zweite Weltkrieg sei der blutigste aller Kriege gewesen, kann ich allein schon durch authentisches Zahlenmaterial so belegen, daß keiner die absolute Richtigkeit dieser These mehr bestreiten kann. – Die Behauptung aber, Bismarck sei der größte Staatsmann [oder Bach der bedeutendste Komponist] gewesen, werde ich nie völlig exakt nachweisen können.) Selbst wenn ich eine Fülle von Gründen und Belegen bringe, die auch manchen Zuhörer zu überzeugen vermögen, so bleibt doch immer noch die Möglichkeit, daß mein Gegner von einer anderen Grundvoraussetzung ausgeht oder eine andere Auslegung vornimmt. Ich kann in vielen solchen Fällen eben nur eine »relative Beweisführung« bieten. Gerade dieser relative Beweis spielt etwa im politischen oder künstlerischen Bereich eine große Rolle und ist der Grund für oft nicht enden wollende Auseinandersetzungen.

Suchen wir in solchen Fällen immer vorher zu klären, von welchen Voraussetzungen, Begriffen und Maßstäben unser Gegner ausgeht. Bleiben diese Punkte, wie so oft, ungeklärt, dann pflegen wir nur die »Hohe Schule des Aneinandervorbeiredens«.

111

Zwei Wege der Beweisführung bieten sich an: Deduktion und Induktion. Der deduktive Beweis führt vom Allgemeinen zum Besonderen (einfachster Fall: »Alle Oberschüler haben Englischunterricht; Emil ist Oberschüler, also hat er Englisch als Fach«).

Der induktive Beweis führt vom Besonderen zum Allgemeinen (einfachster Fall: »Haydn wirkte in Eisenstadt und Wien, Mozart in Salzburg und Wien, Beethoven hat seine bedeutendsten Werke in Wien geschaffen. Die Musik der Klassik hat also ihr Zentrum in Österreich«).

Der Analogieschluß, der häufig angewandt wird, hat oftmals Fehlerquellen. Es werden ursächliche Zusammenhänge »bewiesen«, wo es sich nur um reine (z. B. zeitliche) Zufälle handelt. Hüten muß man sich immer vor scheinlogischen Folgerungen. Zwingend *ist* die Folgerung:

> Alle Menschen haben zwei Beine.
> Jedes Mädchen ist ein Mensch.
> Also hat jedes Mädchen zwei Beine.

Zwingend *scheint* die Folgerung:

> Alle Gänse haben zwei Beine.
> Jedes Mädchen hat zwei Beine.
> Also ist jedes Mädchen eine Gans.

Eine Denksportaufgabe: warum ist die Folgerung falsch?

112

Beachten wir, daß gebildete Hörer zumeist den induktiven Weg vorziehen, da sie mitdenken wollen: die Schlußfeststellung entwickelt sich ja aus einer Vielzahl einzelner Belege. Bei der Beweisführung muß man besonders darauf achten, daß man »kleine Schritte« macht und kein Glied in der Kette der Folgerungen ausläßt. Die Argumentation muß *dicht* sein. Die Induktion wird auch deswegen mehr benutzt werden müssen, weil sie mehr Spannung bringt. Vergleichen wir die Rede mit einem Fußballbericht: keine noch so packend gebrachte Reportage läßt bei uns wirkliche Spannung aufkommen, wenn der Ansager vor der Übertragung das Ergebnis des Spieles schon mitgeteilt hat. Hüten Sie sich aber bei der Induktion vor zu schneller Verallgemeinerung. Diese drängt sich allzuleicht auf (z. B. bei Treitschke 1879: der Aufzählung zweifelhafter Geschäftsgebaren einiger Juden folgt die fatale, weil verallgemeinernde Feststellung: »*Die* Juden sind unser Unglück!«).

Erich Kästner sarkastisch über das Verallgemeinern: »Niemals richtig. Immer wichtig.«

Oftmals werden gefühlsmäßig fundierte, pauschale Urteile gefällt, weil »landläufige« Meinungen oder Einzelbeispiele als scheinbare Grundlage dienen. (»Behördenmühlen mahlen langsam«, »die Italiener sind faul«, »Frauen sind eitel und geschwätzig«.) Wir müssen uns immer fragen: beruht unser Urteil auch auf genügend zahlreichen Tatsachen oder Überlegungen? Sehr leicht »siegt« die bloße Spekulation.

Einen häufig vorkommenden Denkfehler finden wir auch in der »Beweisführung im Kreise«: Zwei unbewiesene Behauptungen werden aufgestellt, um mit der einen die Gültigkeit der anderen zu »beweisen«. (Einfachster Fall aus der Praxis: Diese Menschen sind faul, weil sie nicht gelernt haben zu arbeiten, und sie haben nicht gelernt zu arbeiten, weil sie faul sind. – Ganz ähnlich steht es mit der berühmten und so lapidaren Folgerung bei Fritz Reuter: »De Armut kummt von de Powerté«.)

113

Oft haben wir verschieden starke Beweise. Wir bringen einen starken zuerst, die schwächeren (wenn überhaupt!) in der Mitte, die stärksten und durchschlagendsten zum Schluß.

Völlig unangebracht erscheint uns für die heutige Zeit die antike Regel, daß man bei der Beweisführung die Gründe langsam steigern soll. Das ist psychologisch falsch. Der Hörer will sogleich zu Beginn der Beweisführung ein zwingend-stichhaltiges Argument haben, sonst hört er die nächsten Gründe erst gar nicht an.

Man hüte sich in der Beweisführung vor einem äußerst schwierigen Gedanken-Slalom. Die Hörer können oft nicht so schnell folgen.

114

Und ein Letztes noch hinzu: »Es ist nicht oft genug zu betonen, daß das logisch Zwingende rednerisch wirkungslos sein kann. Darum ist *ein* Beweis oft mehr als viele, und zwar braucht dieser eine durchaus nicht der logisch kräftigste zu sein; der Gesichtspunkt, nach dem er aus anderen, die ihm vielleicht gleichwertig sind, erwählt wird, ist der des Augenblicks: am überzeugendsten ist, was gerade *diesen* Hörern, *diesen* Gegnern am schärfsten in die Augen springt, gerade *für* sie die größte Durchschlagskraft hat« (Ewald Geißler). Dieses jeweilige Hauptargument gilt es in der Beweisführung in prägnanter, zwingender Weise herauszustellen und rhetorisch wirkungsvoll einzukleiden.

5. Redestil – Schreibstil

115

Ein alter Spruch lautet:

> »Das ist ein widriges Gebrechen,
> wenn Menschen wie die Bücher sprechen,
> doch gut zu lesen sind für jeden
> die Bücher, die wie Menschen reden.«

Das Neuhochdeutsche war in seinen Anfängen eine Schriftsprache und keine Redesprache. Ein manchmal schauderhafter Kanzleistil, grenzenlos unterwürfig, geschraubt, schwülstig, unnatürlich. Das hat auf die Redesprache zeitweise sehr abgefärbt – nicht zu ihrem Vorteil. »Man kann sich nie genug vor Augen halten, daß die Rede die eigentliche, ursprüngliche Sprache und die Schrift ein Behelf ist, die Vergänglichkeit des Sprachschalls zu überwinden« (Christian Winkler).

Der englische Parlamentarier Fox pflegte seine Freunde zu fragen, wenn diese seine im Druck erschienenen Reden gelesen hatten: »Liest sich die Rede gut? Dann war es eine schlechte Rede!«

»Eine Rede ist keine Schreibe«; kurz und bündig sagt das der Ästhetiker F. Th. Vischer. Eine Rede ist kein oratorischer Aufsatz, denn sie wirkt nicht nur durch Inhalt und Form, sondern auch durch die Art ihres Vortrages. Sie erzeugt Wechselwirkungen zwischen Redner und Hörer; sie ist für einen bestimmten Augenblick geschaffen und richtet sich an eine bestimmte Zuhörerschaft. Eine bloß geschriebene Rede wirkt wie ein *nur erzähltes* Mittagessen.

116

Folgende Übersicht deutet einige Unterschiede zwischen Rede- und Schreibstil an.

Rede	*»Schreibe«*
1. Wirkung durch Inhalt *und* Vortrag.	Wirkung nur durch Inhalt.
2. Beschränkung auf Tatsachen- und Gedankenauswahl.	Möglichst vollständig und abgerundet.
3. Stichwortfassung mit Variationsmöglichkeit. (Raum gelassen für spontane Einfälle; nur besonders prägnante Wendungen festgelegt).	Einmalig und wörtlich festgelegt; stilistisch bis ins letzte ausgefeilt.
4. Mehr Wiederholung und Zusammenfassung als beim Schriftsatz, da nicht »nachschlagbar« für Zuhörer. Zeitgebundenheit: einmaliger Vollzug.	Straffer in der Diktion, weniger Wiederholung und Zusammenfassung, da nachschlagbar. Leser verfügt über »Schreibe«, da diese nicht an Zeit und Einmaligkeit gebunden.
5. Wendet sich in erster Linie an eine bestimmte Gemeinschaft.	Wendet sich in erster Linie an unbestimmte Einzelpersonen.

(Im übrigen: der Schreibstil wird heute eher etwas vom Redestil übernehmen als umgekehrt. Der spontane, flüssige und lebendige Redestil kann sich befruchtend auf den oft trockenen und unlebendigen Schreibstil auswirken.)

B. Zur Gliederung (Grundriß der Rede)

117

Johann Gottfried Herder schreibt (in seinem 45. theologischen Brief): »Alle Fehler verzeihe ich gern, nur die Fehler der Disposition nicht.« Und Schopenhauer stellt fest: ». . . wenige schreiben, wie ein Architekt baut, der zuvor seinen Plan entworfen und bis ins einzelne durchdacht hat; vielmehr die meisten nur so, *wie man Domino spielt.* « Genau so ist es. Beim Domino-Spiel legt man die Steine dort an, wo es gerade im Augenblick paßt, ohne daß man das entstehende Gebilde als Ganzes übersieht. Viele Redner verfahren auch so mit ihren Redeteilen. Leider.

Keiner baut ein Haus ohne Plan. Keiner baue eine Rede ohne Gliederung. – Eine Rede darf keine Summe von Einzelteilen bleiben, sondern sie muß vielfach gegliedert sein. Wir unterscheiden zwei Ebenen der Gliederung: den Grundriß (Grundgliederung) und die Einzelgliederung.

Es gilt für die Rede das gleiche, was Rudolf Engelhardt in seinem »Vergnüglichen Prüfungsbrevier« (Essen 1962) von Büchern sagt:

»Bücher mit wenig Abschnitten sind wie schlecht durchlüftete Zimmer. Sie verursachen Atembeschwerden.« Und: »Sie haben den Hochmutsteufel in sich. Ich, der Autor, habe es nicht nötig, Rücksicht auf meine Leser zu nehmen.«

118

Schon während Sie den Stoff sammeln und auswählen, setzen Sie mit einer »Großfahndung« nach der besten Gliederung ein. Diese wird selten beim erstenmal zum Erfolg führen. Überlegen Sie ständig Möglichkeiten der Verbesserung. Es gibt kein Schema, das für alle Reden paßt. Einige Grundsätze für den Aufbau sind aber zwingend:

Der Aufbau der Einzelteile muß

a) logisch richtig und psychologisch geschickt,
b) überschaubar,
c) auf Steigerung bedacht sein.

Die bekannte Dreiteilung des Grundrisses *Einleitung – Hauptteil – Schluß* bewährt sich auch bei der Rede. Die Einleitung ist zugleich Einstimmung auf die Hörerschaft. Das Kernstück bildet der Hauptteil (Hauptthema und »Schlüsselgedanken«; Erläuterung, Beispiel, Folgerung, Beweis u. a.). Der Schluß enthält Überblick, Höhepunkt, Ausklang.

Wir tragen zwar nicht, wie man es im Altertum tat, mechanische »Gliederungsgerüste« (Weller) an den Stoff heran, doch als sehr brauchbar erweist sich in vielen Fällen der Meinungsrede folgender Grundriß (in Anlehnung an R. Wittsack).

Einleitung und Hauptteil müssen Antwort geben auf folgende vier Fragen.

Einleitung: 1. Warum spreche ich?
Hauptteil: 2. Wie sind die Zustände (»Was war, was ist?«)
3. Was müßte statt dessen sein?
4. Wie können die herrschenden Zustände geändert werden?

Der Schluß enthält die Aufforderung zur Tat: den vom Redner gewiesenen Weg zu gehen und so die Zustände zu ändern.

119

Bedenken Sie immer, was Sie eigentlich aussagen wollen. Legen Sie sich bei der Gliederung immer wieder Rechenschaft ab über die beste Wirkungsmöglichkeit der Kerngedanken. Sind mehrere da, so widmen Sie jedem einzelnen einen Redeabschnitt, ehe Sie sie miteinander verknüpfen.

(Rousseau meint, nur einen Liebesbrief dürfe man beginnen, ohne zu wissen, was man eigentlich sagen wolle; man könne ihn dann auch schließen, ohne zu wissen, was man gesagt hat. –) Wir setzen die einzelnen Teile der Rede voneinander ab, doch sollten die Übergänge nicht zu plötzlich erfolgen. Bei zusammenhängenden Teilen wird man sich um eine geschmeidige Überleitung bemühen. Bei vielen Themen ist der Zuhörer dankbar, wenn Sie ihm mitteilen, welche Unterteilung Sie vornehmen wollen. Quintilian sagt, daß solche Ankündigungen wie Meilensteine wirken, die dem Wanderer anzeigen, wieviel ihm noch bevorsteht.

Man bedenke: der hohe Wirkungsgrad der Rede hängt sehr von einer geschickten Gliederung ab.

»Das Schaffen selbst ist eitel Bewegung;
das stümpert sich leicht zu jeder Frist –
allein der Plan, die Überlegung:
das zeigt allein erst,
wer ein Meister ist« (Heine).

C. Zum Sprachstil (Formulierung)

1. Allgemeines

120

Der Chemiker Wilhelm Ostwald hat einmal die Sprache mit einem Transportmittel verglichen. Er schreibt: »Die Sprache ist ein Verkehrsmittel; so wie die Eisenbahn die Güter von Leipzig nach Dresden fährt, so transportiert die Sprache die Gedanken von einem Kopf zum anderen.« Dieser Vergleich erscheint treffend; besonders für die Redesprache, die ja niemals ästhetischer Selbstzweck ist, sondern stets im Dienste der Tatsachen- und Gedankenvermittlung steht.

Der allgemeine Redestil (Wortwahl, Satzbildung) muß nun möglichst klar, übersichtlich, geschmeidig und »flüssig« sein. Er wird in der Regel keinen hohen literarischen Ansprüchen genügen wollen, aber doch ebensowenig ins Vulgärdeutsch abgleiten dürfen. Sprechen Sie nicht geschwollen, aber auch nicht in abgeschabter Alltagsprosa. Die rechte Redesprache entspricht aber auch nicht dem braven, richtigen und doch so »lackierten« Deutsch vieler Schulaufsätze. Sehr beliebt ist heutzutage eine Art *gehobener Plauderstil*, der auch sehr oft angebracht ist, besonders bei volkstümlichen Vorträgen und Reden im kleinen Rahmen.

So wichtig es ist, den »flüssigen« Redestil anzustreben: er muß dem jeweiligen Inhalt angemessen sein. Manchem eleganten Rhetoriker möchte man das gleiche sagen, was Gottfried Keller einem jungen Romanschriftsteller entgegenhielt, als dieser um ein Urteil aus berufenem Munde bat: »Mein Herr, Ihr Stil ist *flüssig*, Ihr Buch aber ist *überflüssig*.«

121

Gerade der allgemeine Sprachstil aber läßt sich auch nicht annähernd vollständig in Regeln fassen. Hier ist vieles Auffassungssache. Und doch gibt es einige Stilmittel, deren Beurteilung (gut, brauchbar, schlecht) wohl als verbindlich gelten darf und von denen im folgenden gehandelt werden soll. Im übrigen läßt gerade der allgemeine Sprachstil dem Redner weiten Spielraum. Üben wir immer wieder die verschiedene Wortausgestaltung von Stichsätzen (Sprechdenken!), und eines Tages werden wir einen ganz persönlichen Redestil entwickelt haben. Nichts wäre greulicher, als wenn alle Redeschüler schließlich einen Einheitsstil sprechen würden. Jeder Redner muß seine persönliche Note gewinnen. »Der Stil ist die Physiognomie des Geistes. Sie ist untrüglicher als die des Leibes«, schreibt Schopenhauer, und er fährt fort: »Fremden Stil nachahmen heißt eine Maske tragen.«

2. Zum Wortstil

122

»Am Anfang schuf Gott Himmel und Erde. Und die Erde war wüst und leer, und es war finster auf der Tiefe; und der Geist Gottes schwebte auf dem Wasser.« So plastisch übersetzt Luther den Anfang der Bibel. Was würden wir sagen, hätte er die Schaffung der Erde etwa folgendermaßen geschildert:

»Am Anfang erfolgte seitens Gottes sowohl die Erschaffung des Himmels als auch die auf der Erde. Die letztere war ihrerseits eine Wüste und Leere, und es hat auf derselben Finsternis gewaltet, und über den Flüssigkeiten fand eine Schwebung der Geistigkeit Gottes statt.« Wie umständlich und voll starrer Substantive!

123

Besonders wir Deutschen leiden an Hauptwörterkrankheit und Verbenarmut. Das Hauptwort bringt oft Erstarrung, das Zeitwort dagegen Bewegung und Geschmeidigkeit. Lösen wir verbal auf, wo es möglich ist.

Das Amts- und Paragraphendeutsch ist auch heute noch schwülstig und überladen. Ludwig Reiners hat spaßeshalber den berühmten Cäsar-Ausspruch »Ich kam, sah und siegte« in waschechtes Bürokratendeutsch übertragen: »Nach Erreichung der hiesigen Örtlichkeiten und Besichtigung derselben war mir die Erringung des Sieges möglich.« Im Urtext finden wir: drei Verben, kein Hauptwort – anschaulich, treffend, prägnant! Im Amtsdeutsch dagegen stehen: ein totes Verb, fünf Hauptwörter – abstrakt, verwaschen, langatmig.

124

Heute wird kaum noch etwas »bewiesen«, sondern alles »unter Beweis gestellt«. Wir sagen besser »durchführen« statt »zur Durchführung kommen«, »wegfallen« statt »in Wegfall kommen«, »vorschlagen« statt »in Vorschlag bringen«. Warum muß es immer wieder heißen: »Von seiten der Regierung ist die Anordnung getroffen worden . . . statt: »Die Regierung hat angeordnet . . .«? Das ist doch kürzer, klarer, verständlicher.

Die »Substantivitis« ist eine deutsche Sprachseuche. Zuerst bläst man ein Zeitwort substantivisch auf, man macht aus »angreifen« »in Angriff nehmen«, und dann kleistern wir kraft der schier unbegrenzten Klebe- und Bindefähigkeit deutscher Wörter die »Inangriffnahme« zusammen. So wird aus »in Augenschein nehmen« das Ungetüm »Inaugenscheinnahme«.

Krebsartig wuchern solche Gebilde. Weshalb muß es heißen: »Bei Unterbleiben der sofortigen Inangriffnahme des Schulbaus wird der Stadt großer Schaden erwachsen«? Warum nicht statt dessen: »Beginnt die Stadt nicht sofort mit dem Schulbau, so wird ihr das schaden.«

Ich habe es einmal erlebt, wie auf einer Sitzung ein Referent die Stellungnahme eines Verwaltungsbeamten vorlas, der sich besonders gewählt hatte ausdrücken wollen: »Das Schreiben der jungen Dame hat folgende Beinhaltung . . .« (Be-Inhaltung!) Das wäre nicht passiert, hätte dort schlicht und klar gestanden: »Das Schreiben enthält folgendes . . .«

Es gibt z. B. eine »Bekanntmachung betreffs Schwerentflammbarmachung von Bühnendekorationen«.

125

Die ständige »Verungung« ist grausam. Besser als »in Beantwortung der Frage« ist »die Antwort auf die Frage«. Ich habe nur ein paar Beispiele genommen, um deutlich zu machen, daß die gespreizte Ausdrucksweise im Geschäfts- und Juristendeutsch kein Vorbild für den Redner sein kann. Voller Ironie schreibt Reiners: »Bringe möglichst viele Hauptwörter auf -ung, -heit, -keit in Anwendung. Der Stil gewinnt so eine prachtvolle Klangformung und ist plumper Verständlichkeit nicht so ausgesetzt. ›Der Fall ist verwickelt‹ – so ein Satz ist ein gemeines Umgangsdeutsch. ›Der Fall liegt in hohem Maße verwickelt‹ ist etwas besser. Ganz richtig muß es aber heißen: ›Die Lagerung des Falles ist eine hochgradig verwickelte‹.«

Der Redner meide das Vulgärdeutsch. Kein Prediger wird sagen, Jesus habe »enorm viel geleistet«.

Meiden wir auch abgenutzte Wörter oder Bilder. Gerade der Redner neigt gerne zu feststehenden Formeln wie »den Standpunkt vertreten«, »in Erwägung ziehen«, »die brennende Frage« usw.

126

Die ehemalige Alterspräsidentin des Bundestages, Elisabeth Lüders, schickte ihren Kollegen einmal als Neujahrsgruß folgende Mahnung: »Ein ›Team‹ von politischen ›Managern‹ saß beim ›Round-table‹-Gespräch zusammen, um durch ihren ›Einsatz‹ aus der ›Sicht echter Verantwortung‹ einen ›globalen‹ Plan zu ›aktivieren‹, durch den ihre ›zutiefst‹ empfundenen Interessen keine ›Verschlechterung erfahren‹, sondern so ›verankert‹ – wenn nötig ›geistig zementiert‹, noch besser ›betoniert‹ – würden, daß sie ›letzten Endes‹, auf allen ›Ebenen‹ durch neufassende ›Integration‹ zur ›Lösung gebracht‹ werden, und alle das überwältigende ›Erlebnis‹ supranationaler ›Verbundenheit‹ im Zeichen allseitiger ›Betreuung‹ erfahren können, die allein wirklich ›konstruktive Konzeptionen‹ zur ›Erfüllung bringen‹ kann, die also nicht mehr auf dem nationalen ›Sektor‹ vereinzelt ›im Raum stehen‹, sondern auch ›aus der Optik‹ eines geordneten ›time management‹ in ›einmaliger Gesamtschau‹ allen ›zur Verdeutlichung bringen‹, daß es höchste Zeit ist, im neuen Jahr wieder Deutsch zu lernen. – Guten Erfolg ›in betreff‹ Deutsch wünsche ich allen Fraktions-, Partei-, Parlaments- und Ressortdeutschen.«

127

Eine besondere Bewandtnis hat es mit dem *Schlagwort*. Erich Drach meint: »Das Schlagwort ist notwendiges Werkzeug des rednerischen Handwerks. Die Tatsache, daß es unbegründet mißbraucht werden kann, hebt seine Notwendigkeit nicht auf.« Ein Schlagwort kann, wie so oft, eine Phrase sein: ein Schlagwort kann aber auch ein rhetorischer *Knüller* sein, dem in prägnanter, zündender Form ein unvergleichlich treffender Gedanke zugrunde liegt. Viele Schlagworte von guter oder böser Wirkung sind in die Geschichte eingegangen. Bismarcks Schlagwort vom »ehrlichen Makler« zwischen den Mächten ebenso wie Bethmann-Hollwegs Ausspruch vom »Fetzen Papier«, womit er 1914 den Neutralitätsvertrag mit Belgien bezeichnete. Dieser Ausspruch wurde von Lloyd George (in einer Rede) zum wirkungsvollsten Schlagwort des ersten Weltkrieges gemünzt; es hat Deutschland ungezählte Feinde gemacht. Auch der deutsche Kaiser Wilhelm II. (ein begabter, aber unbeherrschter Redner) hatte durch seine säbelrasselnd im Affekt dahergeredeten Schlagwörter im Ausland viel böses Blut gestiftet (»Unsere Zukunft liegt auf dem Wasser« usw.). Ich will mit diesen wenigen Beispielen nur sagen, wie leicht Schlagworte zu verhängnisvollen Parolen werden können. So ist es nicht nur in der großen Politik, sondern auch in jedem kleinen Wirkungsbereich.

128

Leider werden oft viele unbestimmte Schwammwörter gebraucht wie »prima«, »nett« oder »Sache«, »Ding«. Suchen Sie sinnverwandte Wörter (Synonyma), die klarer und auch abwechslungsreicher sind. Man hüte sich vor allzu vielen schmückenden Beiwörtern. Andererseits wirken viele Hauptwörter ohne attributive Zusätze kahl und trocken. Bedenken wir, daß es viele Worte mit tendenziösem Gefühlswert gibt. Es ist ein Unterschied, ob man eine »Weisheit ausspricht« oder eine »Weisheit verzapft«; ob man Frau, Dame oder Frauenzimmer sagt. (Die Einladung zu einem Militär-Festabend lautete: »Herzlich eingeladen sind die Offiziere mit ihren Gemahlinnen, die Unteroffiziere mit ihren Gattinnen, die Mannschaften mit ihren Frauen.«) »Antlitz«, »Gesicht«, »Visage« bezeichnen den gleichen Körperteil. Doch welch ein Unterschied in der Bedeutung! Keiner wird vom »Antlitz des Verbrechers« und von »Schillers Visage« sprechen. Das sind ausgefallene Beispiele, sicherlich; aber *auf die rechte Zuordnung der Worte muß man bei der Wortauswahl immer achten.*

Mark Twain sagt einmal: »Der Unterschied zwischen dem richtigen Wort und dem beinah richtigen Wort ist der gleiche wie der zwischen dem Blitz und dem Glühwürmchen.«

129

(Statt der Formulierung: »Auf sämtlichen Bergen weht kein Wind mehr« wählte Goethe doch lieber »Über allen Gipfeln ist Ruh.«

Ein ausländischer Gesandter stöhnte seinem Chef gegenüber, die deutsche Sprache sei reichlich schwierig; oft bedeuteten zwei verschiedene Wörter das gleiche: speisen – essen, schlagen – hauen, springen – hüpfen, senden – schicken. Der Minister antwortete, das Deutsche sei noch viel komplizierter, als der Herr Gesandte annehme: »Die Volksmenge ißt – aber sie speist nicht; die Uhr schlägt – aber sie haut nicht; die Tasse springt, aber sie hüpft nicht – und Sie sind ein Gesandter, aber kein geschickter!«)

130

Wählt man seine Worte nicht sorgfältig, so verursacht man unwillkürlich Mißverständnisse und Streitereien. Kriege sind schon geführt worden wegen *eines* mißverstandenen Wortes. Es gibt so viele mehrdeutige Wörter; »auf manchen, wie Form, Idealismus ... lagert der Staub jahrhundertealter Theorien und Irrtümer, sie sind verschleimt und verfilzt, und es ist kaum möglich, all den wirren Bedeutungsverästelungen ... nachzuspüren. Hier blüht der Weizen nicht nur für alle unklaren Geister, die gern im dicksten Gedankennebel herumtappen, sondern ebenso für alle Sophisten und Rabulisten, die im Trüben fischen möchten« (Erdmann).

131

Der Gebrauch von Superlativen nutzt sich sehr schnell ab. (Übrigens fordert er leicht zum Widerspruch heraus, wie auch Bismarck bemerkt.)

132

Vorsicht mit Wort-Abkürzungen! Im Dschungel des heutigen Abkürzungswesens finden sich viele Hörer nur schwer zurecht. Der Aküfi (Abkürzungsfimmel) treibt überall Blüten. Wer versteht denn schon ein Kauderwelsch wie das folgende (Zitat aus einem Vortrag): »In der MEGA finden wir die Grundlagen des Histomat und des Diamat.« (MEGA = Marx-Engels-Gesamtausgabe; Histomat = historischer Materialismus; Diamat = dialektischer Materialismus.)

(Vor einigen Jahren stellten Meinungsforscher bei einer Umfrage fest, daß 98% der Erwachsenen in der Bundesrepublik die Abkürzung DIAMAT nicht identifizieren konnten. Einzelne hielten Diamat für ein Gerät zur Bearbeitung von Edelsteinen, wie man in H. Ingensands »Die Ideologie des Sowjetkommunismus« nachlesen kann.)

133

Flickwörter und Verlegenheitslaute (a, öh, ne) sind beim Redner immer startbereit. Mitunter schleichen sich ganze Legionen davon ein: »nicht wahr?«, »natürlich«, »nich«, »tja« usw. Kein Redner kann sie ganz unterdrücken, aber jeder sollte sich daraufhin doch kontrollieren lassen.

Wortwiederholungen in unmittelbarer Folge wirken ungelenk. Wie oft hören wir Sätze wie den folgenden: »Als Beispiel möchte ich einmal folgendes Beispiel bringen: zum Beispiel das Beispiel England ...«

Wir besitzen einen großen passiven Wortschatz, den wir verstehen, doch einen weit kleineren aktiven, den wir benutzen.

134

Fremdwörter. Philipp von Zesen, ein berühmter Sprachgelehr-
ter des 17. Jahrhunderts, wollte alle Fremdwörter ausmerzen und
durch Neuwörter ersetzen. Für »Vater« sagte er »Pflanzherr«, für
»Fenster«: »Tageleuchter«, für »Schornstein«: »Dachschnauber«, für
»Kloster«: »Jungfernzwinger«. Besonders wirklichkeitsnahe gelang
ihm die Eindeutschung des Wortes »Pistole« mit »Meuchelpuffer«.
Kein Mensch sagt heute, wie es Campe so gern hat haben wollen:
»Ich will mich mal bemorgenländern« statt »Ich will mich mal
orientieren«. Auch sein Ausdruck »Dörrleiche« für »Mumie« hat sich
nicht durchgesetzt. Manche Fremdwörter sind eben nur sehr umständlich zu verdeutschen.

135

Das meint auch Schopenhauer, wenn er schreibt: »Für einige Begriffe findet sich bloß in *einer* Sprache ein Wort, welches alsdann in
die andere übergeht: so das lateinische Affekt, das französische naiv,
das englische gentleman und viele andere. Bisweilen auch drückt eine
fremde Sprache einen Begriff mit einer Nuance aus, welche unsere
eigene ihm nicht gibt und mit der wir ihn gerade jetzt denken. Dann
wird jeder, dem es um einen genauen Ausdruck seiner Gedanken zu
tun ist, das Fremdwort gebrauchen, ohne sich um das Gebilde pe-
dantischer Puristen zu kehren.«

136

Mit viel Temperament äußert sich auch Jakob Grimm. »Über das
Pedantische in der deutschen Sprache« (Kleine Schriften 1):
»Deutschland pflegt einen Schwarm von Puristen zu erzeugen, die
sich gleich Fliegen an den Rand unserer Sprache setzen und mit
dünnen Fühlhörnern sie betasten. Ginge es nach ihnen, . . . so würde
unsere Rede bald von schauderhaften Zusammensetzungen für einfache und natürliche fremde Wörter wimmeln; das wohllautende
Omnibus muß ihnen jetzt unerträglich scheinen, und statt auf die
naheliegende Verdeutschung durch den Dativ Pluralis »allen« zu
geraten, wird ein steifstelliges *Allwagen, Gemeinwagen, Allheit-
fuhrwerk* oder was weiß ich sonst für ein geradebrechtes Wort vor-
gefahren.«

Wir lächeln heute über die verunglückten Bemühungen ver-
krampfter Deutschwortverfechter. Und doch verdanken wir einem
Manne wie Zesen u. a. die folgenden Wörter, die sich bewährt haben, Gewissensfreiheit, Leidenschaft, Vertrag, Verfasser, Trauer-
spiel, Lehrling.

137

Wir stellen fest, daß sich von den Vorschlägen des Allgemeinen Deutschen Sprachvereins Ende des 19. Jahrhunderts viele Verdeutschungen durchgesetzt haben bzw. daß die Begriffe heute nebeneinander bestehen: z. B. Dialekt – Mundart; Billet – Fahrkarte; Aeroplan – Flugzeug; Defizit – Fehlbetrag; Dekret – Verfügung; Kapazität – Fassungsvermögen; absolut – unbedingt. Andererseits gibt es Beispiele für Übertragungen, die heute nur Heiterkeit auslösen können, auch wenn sie noch so trefflich gelungen sind wie im Falle »Beamtenherrlichkeit« für »Bürokratie«. Ferner z. B.: Taille – Mittelleibschnüre; Sauce – Mehlfleischsaftdicke; Klavierfuge – Tastenhackbrettonfluchtwerk.

138

Der Grundsatz für moderne Redner lautet: Verzichte auf Fremdwörter, wenn diese *leicht* durch ein deutsches Wort zu ersetzen sind. Für »Prinzip« z. B. gibt es eine Fülle von Übersetzungsmöglichkeiten, die viel besser das bezeichnen, was jeweils gemeint ist: Grundgedanke – Grundlage – Grundsatz – Regel – Kern – Inbegriff – Leitsatz z. B. Für »momentan« bieten sich an: augenblicklich – zur Zeit – gerade – jetzt – vorläufig – flüchtig u. a. Könnte man nicht auch für »suggerieren« »einbannen«, für »intensiv« »eindringlich« und für »degradieren« »abwürdigen« sagen?

Zu Recht sagt man: Fremdwörter sind Glückssache. Sogar in doppelter Hinsicht. Glückssache ist es einmal, ob man sie richtig gebraucht, zum anderen, ob sie der Hörer versteht. Es gibt viele Fremdwörter, die längst eingebaut sind in unser Sprachgefüge. Besonders als Fachausdrücke haben sie eine Art Hausrecht bei uns erworben. Der Redner muß sich stets fragen, ob der Hörer die benutzten Fachausdrücke auch versteht. Man wird lieber einen Begriff zuviel erläutern als einen zu wenig, die Zuhörer schalten sonst ab.

139

Also: Fremdwörter lassen sich nicht vermeiden, sie dürfen aber nicht die Sprache durchwuchern.

In einer kulturkritischen Betrachtung stellte Rudolf Ibel zwei Dutzend Modewörter zusammen, und das ergab dann folgendes Kauderwelsch (»Welt am Sonntag«, 24. 9. 61). »Der Trend zur Managerkrankheit ist mehr als ein Slogan. Die Sucht nach Prosperity ohne Fair-play, der Run nach Publicity und Public Relations, der Turn von Parties zu Festivals, last not least die Round-table-Gespräche, um immer up to date zu sein – dieser dauernde Stress macht uns zuletzt k. o. und groggy. Kein Hobby, kein Gag und kein Swimming-pool macht uns arme Teufel wieder fit, ermöglicht unser Comeback . . .«

140
Der Redner mache nicht zu viele Worte. Wortschwall ist noch kein Wortschatz. Es kommen wohl viele Menschen im ganzen Leben mit rund 1000 Wörtern und ein paar hundert Phrasen aus. Die Hauptregel bei der Wortwahl lautet: schlicht, treffend, anschaulich und abwechslungsreich.

»Sorgt dafür, daß ihr für den Wagen eurer Gedanken auch ein gutes Gespann von Worten habt« (Spurgeon).

Das Geheimnis des guten Redners: »Man brauche gewöhnliche Worte – und sage ungewöhnliche Dinge« (Tucholsky).

3. Zum Satzstil

141
Was ist eigentlich ein Satz? In der Sprachwissenschaft finden wir Hunderte von Definitionen (s. Lit. J. Ries, E. Seidel). »Satz ist die sprachliche Bezeichnung für einen durch Stellungnahme, d. h. Fixierung gekennzeichneten ein- oder mehrgliedrigen Denkinhalt« (Moritz Regula).

Der Sprachwissenschaftler Richard Meyer gibt folgende interessante Erklärung: »Unter *Satz* verstehen wir ein ohne alle weitere Beihilfe verdeutlichender Mittel vollkommen verständliches Stück menschlicher Rede. Wir stellen an den Satz keinerlei spezielle syntaktische Forderungen: ein bloßer Ausruf wie ›Feuer!‹, ein eingliedriger Fragesatz wie ›tot?‹, eine unvollständige Androhung wie ›Euch werde ich –‹ genügt vollkommen den Ansprüchen an Gemeinverständlichkeit.«

Für den Redner ist neben dem Denkinhalt seiner Sätze zunächst einmal die Satzlänge von Bedeutung.

142
Bilden wir unsere Sätze weder im Telegramm- noch im langen Güterzugstil. Insgesamt sollen mehr kürzere Sätze als längere vorkommen. Sprechen wir nicht in Schachtelsätzen. Sie sind nicht überhörbar. Viele Nebensätze werden zu Nebelsätzen, d. h. sie

haben durch ihre Länge die Wirkung einer Art geistigen Sperr-nebels. Ein Satz wie der folgende ist auch gedruckt schwer über-schaubar. Würde er gesprochen, so wäre er fast unverständlich: »Derjenige, der denjenigen, der den Wegweiser, der an der Brücke, die auf dem Weg, der nach Soltau führt, liegt, steht, umgeworfen, anzeigt, erhält eine Belohnung.« (Amtliche Bekanntmachung aus einer Tageszeitung.)

Schachtelsätze erfordern vom Hörer eine Art Hindernisrennen. Jeder Satzteil wird zur Hürde, die mühselig genommen werden muß.

Mit Recht verspottet Mark Twain die vielen deutschen Satz-ungeheuer, in denen die Nebensätze sich umeinanderwinden »wie frischausgegrabene Regenwürmer im Angeleimer«.

143

Was eine Eisenbahn ist, weiß jeder. Die Definition aber, die das Reichsgericht in einer Entscheidung vom 17. März 1879 gab, ist wert, für alle Zeiten festgehalten zu werden: »Eine Eisenbahn«, so heißt es da, »ist ein Unternehmen, gerichtet auf wiederholte Fortbewe-gung von Personen oder Sachen über nicht ganz unbedeutende Raumstrecken auf metallener Grundlage, welche durch ihre Konsi-stenz, Konstruktion und Glätte den Transport größerer Gewichts-massen bzw. die Erzielung einer verhältnismäßig bedeutenden Schnelligkeit der Transportbewegung zu ermöglichen bestimmt ist und durch diese Eigenart in Verbindung mit den außerdem zur Erzeugung der Transportbewegung benützten Naturkräften – Dampf, Elektrizität, menschlicher oder tierischer Muskeltätigkeit, bei geneigter Ebene der Bahn auch schon durch die eigene Schwere der Transportgefäße und der Ladung und so fort – bei dem Be-trieb des Unternehmens auch derselben eine verhältnismäßig ge-waltige, je nach den Umständen nur bezweckterweise nützliche oder auch ein Menschenleben vernichtende und menschliche Gesundheit verletzende Wirkung zu erzeugen fähig ist.«

»Welch ein Gedankendrang in den Perioden!« würde Mörike sagen. Die Eisenbahn revanchierte sich folgendermaßen: »Ein Reichsgericht ist eine Einrichtung, welche dem allgemeinen Ver-ständnis entgegenkommen sollende, aber bisweilen durch sich nicht ganz haben vermeiden lassende, nicht ganz unbedeutende bzw. verhältnismäßig gewaltige Fehler im Satzbau auf der schiefen Ebene des durch verschnörkelnde Personen ungenießbar gemachten Kanzleistils herangerollte Definition fur das menschliche Sprachgefühl verletzende Wirkung zu erzeugen, fähig sind, liefert.«

Adolf Damaschke bringt in seiner »Volkstümlichen Redekunst« folgendes Beispiel aus dem Vortrag eines Geschichtsprofessors: »Denken Sie, wie schön der Krieger, der die Botschaft, die den Sieg, den die Athener bei Marathon, obwohl sie in der Minderheit waren, erfochten hatten, verkündete, nach Athen brachte, starb.« – Das kann man ein rhetorisches Schlinggewächs nennen. Es wäre schon eine Qual für die Hörer, auch nur halb so lange Sätze anhören zu müssen.

144
Eine alte Schulregel gilt auch für die Rede:

Neuer Gedanke – neuer Satz! Und möglichst viele Aktiv-Sätze; sie sind packender als Passiv-Sätze (Einfachster Fall: »Ich erkannte ihn sofort« statt »Er wurde sofort von mir erkannt.«)

Bilden wir statt ständiger Nebensätze in der Rede mehr beiordnende Sätze. (Ludwig Reiners bemerkt schon, daß es im alten Volkslied von den Königskindern auch nicht heißt: »Zwei Königskinder konnten, obwohl sie einander so lieb hatten, nicht zusammenkommen, weil das Wasser viel zu tief war«, sondern: »Es waren zwei Königskinder, die hatten einander so lieb; sie konnten zusammen nicht kommen, das Wasser war viel zu tief.«)

145
Das alles soll nun keineswegs heißen, daß der Redner einen rhetorischen Asthma-Stil pflegen und lange Sätze strikt vermeiden soll. Bei vielen Rednern finden wir an Höhepunkten *gelegentlich* den *Großsatz;* einen weit ausgesponnenen, doch *mit Zäsuren durchsetzten* Denkzusammenhang, der eine wichtige Aussage enthält. Z. B. »Wir Deutsche können – auch im Interesse unserer Verhandlungsposition – von unseren Verbündeten nicht verlangen, daß sie in einer Frage, in der unser Schicksal so auf dem Spiele steht wie das ihre, für uns Mehrleistungen auf dem Gebiet der Verteidigung erbringen, während wir mit den Händen in der Hosentasche danebenstehen. Das ist ausgeschlossen!« (Fritz Erler vor dem Bundestag, Dezember 1961.) Der Großsatz besteht hier aus sieben Abschnitten. Die rhetorischen Finessen aber sind nun 1., daß der Sinngipfel des Satzes am Schluß nicht farblos und abstrakt bleibt (etwa: »während wir uns an einer Mehrleistung nicht beteiligen«), sondern den plastischen, bildkräftigen Vergleich mit den »Händen in der

Hosentasche« bringt. Die 2. Finesse besteht darin, daß als Bekräftigung der Aussage *ein Kurzsatz* folgt. Man soll nie Großsätze häufen.

146

Romain Rolland notiert in seinen Mémoires über den Redner Jaurès: »Sobald er sich entzündete oder eregte, da nahmen die Perioden eine gewaltige Größe an; sie rollten dahin wie eine rote Kugel; ein Wort sprang hervor, flammend, unerwartet und nagelte seinen Gedankeninhalt in die feindseligsten Geister ein.«

Der bedeutende Redner Briand beschreibt die mögliche Wirkung selbst grammatisch schlechter Sätze (In »Frankreich und Deutschland«):

»Oft liegt weit mehr Eindringlichkeit und Durchschlagskraft in einem Satze, in dem unter der Einwirkung der Erregung, die sich von der Umgebung auf den Redner überträgt, Subjekt, Verbum oder Attribut gegen die Regeln der Grammatik verstoßen, als in manchen formal weit besser ausgearbeiteten und besser abgetönten rhetorischen Satzgebilden.«

147

Oft kommen bei Großsätzen Satzbrüche (= Anakoluthe) vor. Es ist leichter, Großsätze zu beginnen als sie abzuschließen. Wenn man sich nicht sehr konzentriert, verliert man leicht den Faden der Satzplanung und schließt anders, als es grammatisch richtig ist. Ein Satzbruch kann auch aus unvollständigen Sätzen bestehen.

Ein interessantes Beispiel für den Satzbruch im Großsatz bietet der englische Staatsmann MacDonald 1924 vor der Übernahme des Regierungsamtes nach dem Wahlsieg der Labour-Party. MacDonald spielt darauf an, daß noch nicht ganz feststeht, ob die Koalition Labour/Liberale zustande kommen wird. MacDonald ruft seinen jubelnden Anhängern zu: »Wenn wir nun das Amt ausüben – ich bin der letzte, der seine Küken zählt, ehe sie ausgebrütet sind; und die Küken sind noch nicht ausgebrütet, wenn auch die Eier sich normal und den natürlichen Gesetzen der Schöpfung entsprechend zu entwickeln scheinen – wenn sich uns also die Möglichkeit bietet, so werden wir das Amt übernehmen, um zu versuchen, die mannigfachen und erdrückenden Schwierigkeiten zu überwinden, die zum jetzigen Zeitpunkt unsere Nation, Europa und die ganze übrige Welt bedrängen.«

Der Satzanfang »wenn wir nun das Amt übernehmen« wird

gar nicht weiter ausgeführt, auch nicht nach dem Einschub des humorvollen Vergleichs mit den Küken. MacDonald hat die Übersicht über den Satz verloren, aber das Merkwürdige ist, daß dieser trotz des grammatischen Bruches von einer eindringlichen Wirkung ist, die wesentlich auf den Gegensatz von heiterem Vergleich und folgenden ernsten Zielgedanken zurückzuführen ist (Küken ausbrüten – erdrückende Schwierigkeiten der ganzen Welt überwinden!).

148
Wir halten fest: Der Redner gewöhne sich einen Stil an, in dem *längere und kürzere Sätze wechseln* und in dem der *Großsatz die Ausnahme* bildet. Er hüte sich vor allem davor, zuviel in *einen* Satz hineinstopfen zu wollen.

»Beim Bandwurmstil sind die Sätze zu lang, man muß sie zerschneiden«, sagt Reiners. Schwer verständlich sind lange Satzgefüge, in denen die wichtigsten Wörter erst am Schluß stehen. Kurze Sätze in griffiger, prägnanter Formulierung haben besonders in der Überzeugungsrede ihren Platz.

149
Es gibt zwei kleine Kunstgriffe, den Satzstil flüssiger und gradliniger zu machen:

a) Mehr Hauptsätze – weniger Nebensätze!
(Beispiel: »Dieses Ergebnis, das weitgehend übereinstimmt mit früheren, zeigt uns sehr deutlich . . .«
Besser: »Dieses Ergebnis stimmt weitgehend mit früheren überein. Es zeigt uns sehr deutlich . . .«)
b) Zeitsätze mit »dann« statt »nachdem«!
(Beispiel: »Nachdem wir zwei Stunden diskutiert hatten, erzielten wir Einigkeit.«
Besser: »Wir diskutierten zwei Stunden lang; dann waren wir uns einig.« Das Semikolon ist die Taille des Sprechsatzes!)

150
Wir sind heute empfindlich gegen jede Übersteigerung, gegen Pathos und Schwulst.

Ein Naturforscher brachte in einem Vortrag einmal folgenden Satz: »Diese Weltpotenz besitzt an sich die plastische Expansionsfähigkeit einer endlosen evolutionistischen Diversifikation im Detail ihrer Erscheinungen.« Hätte er nicht einfach sagen sollen: »Die Natur bringt endlos viele und verschiedenartige Erscheinungen hervor«?

Der Redner sollte nicht auf Stelzen einherschreiten. Die geschraubte Sprechweise führt zum *Bläh-Stil.*

(Der schlichte Matthias Claudius schätzte Klopstock sehr, aber er sagte einmal: »Wir beide sind völlig verschieden. Wenn Klopstock seinen Hausknecht ruft, klingt das so: ›Du, der du weniger scheinest als ich und dennoch mir gleich bist, nahe dich mir und befreie mich hurtig, dich beugend zum Grunde unserer Mutter Erde, von der bedrängenden Plage des staubüberschütteten Kalbfells.‹ – Ich würde dann nur sagen: ›Jehann, treck mi de Stiewel ut‹!« [= Johann, zieh mir die Stiefel aus!])

151
Der Redner vermeide alle Unbestimmtheit. Redner, die sich nie festlegen, sondern immer übervorsichtig mit »könnte« und »möchte«, »vielleicht« und »in etwa« operieren, sind ein Greuel. Wilhelm Busch entlarvt diese Art von Rednern mit der ironischen Aufforderung:

> »Sage nie: *dann* soll's geschehen!
> Öffne dir ein Hinterpförtchen
> durch ›vielleicht‹, das nette Wörtchen,
> oder sag: ich will mal sehen . . .«

Sagen Sie auch nie (wie man es so oft hört): »Aufgrund gewisser Erfahrungen (oder Annahmen) entschloß ich mich, . . .« Nennen Sie diese Erfahrungen oder Annahmen. Unklarheit entsteht oft, wenn man nicht weiß, auf welches der voraufgegangenen Hauptwörter sich die nachfolgenden persönlichen Fürwörter beziehen. (Wegen einer Tollwutepidemie gab ein Bürgermeister folgendes bekannt: »Wer seinen Hund frei herumlaufen läßt, der wird erschossen.« Der Gemeinderat kritisierte bei der nächsten Sitzung diese mißverständliche Formulierung, ohne allerdings eine bessere vorzuschlagen. Am Tage darauf brütete der Bürgermeister eine Korrektur aus. Alle Unklarheit ward beseitigt. Der Satz heißt nunmehr: »Wer seinen Hund frei herumlaufen läßt, der wird erschossen, der Hund.«)

152
So gut und elegant oft zugespitzte Formulierungen wirken mö-

gen: ständige Überpointierung stimmt den Zuhörer schließlich skeptisch; sie führt zu reserviertem Verhalten. (Geistreich, aber überspitzt und zynisch war die Formulierung eines Literaten: »Politik, das ist die Kunst, Geld von den Reichen und Stimmzettel von den Armen zu ergattern – unter dem Vorwande, jeden der beiden vor dem anderen zu schützen.«)

Lassen Sie von Freunden immer wieder Formulierung und Satzbau überprüfen. Es gibt viele Eigenarten, die den Zuhörer stören könnten (z. B. Überpointierung; schwülstigen Satzbau; überflüssige Wiederholung der Satzteile).

153

Fehler, die man bei anderen feststellt, begeht man oft selbst und merkt es nicht. (Bismarck erzählt, wie er mit seinem Studienfreund einem Göttinger Tabakhändler die ständigen Wiederholungen austreiben wollte. Die beiden ahmten den Kaufmann eines Tages nach: »Wir hätten gern, wir hätten gern, Tabak, Tabak, hundert Gramm, hundert Gramm, zu zwanzig Kreuzer, zu zwanzig Kreuzer . . .«

Und sie unterhielten sich nach dem Kauf, nach dem Kauf noch eine Zeitlang, eine Zeitlang mit dem Kaufmann, mit dem Kaufmann. Als sie den Laden verlassen hatten, meinte der Händler kopfschüttelnd zu seiner Frau: »Na so was, na so was. Komische Leute, komische Leute, sagen jedes Wort zweimal, sagen jedes Wort zweimal!« –)

154

Formulieren wir sorgfältig. »Ein guter Ausdruck ist fast so viel wert vie ein guter Gedanke« (Lichtenberg).

Fassen wir das Wichtigste zusammen: Reden wir in Sätzen, die *überhörbar* und dadurch verständlich sind. Längere und kürzere wechseln ab. Bevorzugen wir die Aktiv-Sätze. Seien wir auch im Satzstil schlicht, klar und ohne Pathos. Nietzsche sagt: »Den Stil verbessern – das heißt den Gedanken verbessern und nichts weiter.«

D. Rhetorische Darstellungsmittel

155

Wurden in den letzten Kapiteln die allgemeinen Grundlagen der Rede erörtert, so bringt der folgende Abschnitt eine Auswahl besonderer rhetorischer Darstellungsmittel, die für das Gefüge der Rede wichtig sind.

(Rhetorische Mittel beim Vollzug der Rede, z. B. die »Zäsur«.)

Diese Zusammenstellung ist das Ergebnis vieler Analysen von Reden aus verschiedenen Epochen unter dem Gesichtspunkt: Welche Mittel sind in der *modernen* Rhetorik von Bedeutung? Im Altertum gab es Tausende von rhetorischen Darstellungsmitteln, die man »Redefiguren« nannte. Die alten Theoretiker konnten sich gar nicht genug damit tun, alle nur denkbaren Figuren in höchst gelehrten Kompendien zusammenzustellen. (Heinrich Lausberg hat den riesigen Irrgarten der antiken Rhetorik systematisch durchforstet und das Ergebnis übersichtlich vorgelegt, in seinem »Handbuch der literarischen Rhetorik«.)

156

Rhetorische Mittel dienen vor allem dem Zweck, den Zuhörern den Redeinhalt anschaulich, spannend und eindringlich darzubieten und somit die Wirkung der Aussage zu steigern.

»Redefiguren heißen Sätze und Satzformationen, die, zu typischer Gestalt geworden, sich identisch wiederholen. Es sind die schlagenden Sätze, die sich aufzwingen. Sie sind unumgänglich, um die Mitteilung zu verkürzen, schnell zu erinnern« (Karl Jaspers). Bedenken Sie:

a) Die angeführten Mittel sind sehr unterschiedlich im Wert und daher in verschieden starkem Grade anzuwenden (z. B. *Vergleich* häufiger als *Übertreibung*).

b) Diese Mittel stellen Möglichkeiten dar, die keineswegs alle in jeder Rede vorkommen müssen.

c) Viele Mittel sind eng miteinander verwandt, auch wenn sie der Systematik wegen getrennt angeführt werden (z. B. bewirkt die *Kette* eine *Steigerung*; das *Bild* ist im Grunde eine Sonderform des *Vergleichs*).

Übersicht

Rhetorische Mittel	Wirkungsakzent
1. Beispiel, Einzelheit	
2. Vergleich	
3. Bild (Metapher), Bildreihe	anschaulich
4. Erzählung (Narratio)	
5. Wiederholung	
6. Verdeutlichung	
7. Raffung	
8. Ausruf	eindringlich
9. Zitat	
10. Kreuzstellung (Chiasmus)	
11. Steigerung (Klimax)	
12. Gegensatz (Antithese)	
13. Kette	
14. Vorhalt	spannend
15. Überraschung (Sustentio)	
16. Ankündigung	
17. Wortspiel	
18. Anspielung (Allusion)	
19. Umschreibung (Periphrase)	ästhetisch,
20. Übertreibung (Hyperbel)	anschaulich
21. Scheinwiderspruch (Paradox)	
22. Einschub	
23. Vorgriff oder Einwand-	kommunikativ
vorausnahme (Prolepsis)	(= Zuhörer
24. Scheinfrage (rhet. Frage)	einbeziehend)
25. Mitverstehen (Synekdoche)	

158

Die wichtigste Regel lautet:

Machen wir alles Abstrakte anschaulich durch treffende Vergleiche und Beispiele, durch Bilder und eingefügte Kurzerzählungen. Ist das Bildungsniveau des Zuhörerkreises niedrig, so muß die Rede ganz besonders anschaulich sein.

»Gleichnisse sind von großem Wert, sofern sie ein unbekanntes Verhältnis auf ein bekanntes zurückführen« (Schopenhauer).

Die gute Rede wird spannungserzeugende Wechsel bringen: vorwärtsdrängend – verweilend, ernst – heiter, logisch aufbauend – gemüthaft bilderreich.

159

Wir fahnden immer wieder nach guten V e r g l e i c h e n und B e i s p i e l e n : sie schaffen Klarheit, da sie an Bekanntes anknüpfen, und eben dieses Bekannte dient als Brücke der Verständigung. Machen Sie stets Begriffe und Zahlen anschaulich.

Zu den eindringlichsten Stellen der Bibel zählen diejenigen, in denen Gleichnisse erzählt werden. Wir behalten alles leichter, sobald es durch gut gewählte, prägnante Gleichnisse und Vergleiche verdeutlicht wird.

160

Einige Beispiele mögen die Bedeutung des Vergleichs belegen.

a) Es wird die Mitteilung, daß das riesige Südwestafrika nur rd. 500 000 Einwohner hat, durch den Vergleich: »Das ist noch nicht einmal die Einwohnerzahl Bremens oder Hannovers« dem Hörer anschaulich.

b) Daß der Kongo 2,3 Millionen qkm groß ist und 14 Millionen Einwohner hat, besagt wenig. Aber ein Vergleich mit der Bundesrepublik macht die Proportionen deutlich: der Kongo ist zehnmal größer als Westdeutschland und hat doch nur weniger als $^1/_4$ der westdeutschen Bevölkerung.

c) Der Verkehrsrichter einer Kleinstadt machte einem Angeklagten die Tatsache, daß es im letzten Jahre 16 000 Verkehrstote gegeben hat, dadurch eindringlich, daß er zu ihm sagte: »Machen Sie sich einmal klar: in jedem Jahre wird in Deutschland eine Stadt wie die unsere ausgerottet, nur weil eben viele Menschen genauso leichtsinnig handeln wie Sie!«

d) Auf dem Lehrerkongreß in Wiesbaden 1962 prangerte Professor Heinrich Rodenstein die deutsche Kulturpolitik an, die es nicht fertigbringe, den Bedarf an Lehrernachwuchs zu decken. Im Schnellverfahren ausgebildete Hilfslehrkräfte einzustellen sei keine Lösung. Rodenstein griff zu drastischen Vergleichen: Die Notmaßnahmen »zeugen von bestürzender Hilflosigkeit und Kurzsichtigkeit. In keinem anderen ernstgenommenen Berufe wäre so etwas möglich. Können Sie sich etwa vorstellen, daß die Bundeswehr eine unvollständige Panzerdivision durch einige Dorffeuerwehren auffüllt? Oder daß sie fehlende Waffen auch nur vorübergehend durch die Vorderlader aus dem Heimatmuseum ersetzt? (Steigerung durch Vergleichskette; rhetorische Fragen.) Für die Bundeswehr tut man wie selbstverständlich das Richtige: (Doppelpunkt!) man legt die Milliarden auf den Tisch. Sind denn im Lande des Wirtschaftswunders die Milliarden etwa nicht da, um dem unsere Gegenwart und unsere Zukunft würgenden Lehrermangel ein Ende zu machen?«

Es gibt neben solchen weit ausholenden Vergleichen auch die kurz in einen Satz eingestreuten Vergleiche. Eindringlicher als der Satz: »Sie sagen es einmal so und dann wieder anders« ist doch z. B.: »Sie schwanken ja wie ein Rohr im Winde.«

161

Weitere Beispiele:

Der englische Politiker Attlee verglich die Wahlen im Osten mit einem »Rennen mit nur *einem* Pferd. Der Sieger steht von vornherein fest.«

»Wie verwelkte Blätter liegen unsere wirtschaftlichen Unternehmungen am Boden« (Franklin Roosevelt, Radiorede 4. März 1933).

Als ein deutscher Ministerpräsident einen unbequemen Politiker zum Minister berufen hatte, erklärte er schmunzelnd: »In das Regierungsgespann ist ein schwieriges Pferd eingereiht worden. Mit dem neuen Gespann werde ich vorsichtig fahren müssen.«

162

Immer wieder kann man feststellen: gerade der heitere Vergleich bleibt besonders haften. Molotow hatte geäußert, die Deutschen hätten zu wählen zwischen europäischer Verteidigungsgemeinschaft und Friedensvertrag. Dazu der Berliner Abgeordnete Ernst Lemmer im Bundestag: »Diese Entscheidung mutet mich an wie die Aufforderung, zu wählen zwischen Hose und Jacke, wobei die Sicherheit die Hose, der Friedensvertrag die Jacke wäre. Nun, ich kann zur Not ohne Jacke, nicht aber ohne Hose herumlaufen!«

Ein Verkehrsexperte wollte deutlich machen, daß der Straßenbau mit der zunehmenden Motorisierung nicht Schritt halten könne, und wählte folgenden Vergleich: »Es ist wie der Wettlauf zwischen Hasen (Straßenbau) und Igel (Motorisierung). Der Igel ruft immer: Ich bin schon da!«

Drastisch formulierte Rudolf Augstein in einer Rede vor dem Rhein-Ruhr-Klub: »Jeder weiß, daß ein wirtschaftlicher Boykott noch nie in Friedenszeiten funktioniert hat, weil der Geschäftspartner sich *wie ein Maulwurf* durch jedes Embargo ans Ziel wühlt.«

163

Lloyd George war einer der großen Redner unseres Jahrhunderts. Er war humorvoll, schlagfertig und vor allem – instinktsicher. Im September 1914 trat er in einer großen Versammlung vor die Hörer und fragte sie, ob Papierfetzen im Britischen Weltreich etwas zu bedeuten hätten, oder ob man jedes Papier ohne weiteres zerreißen dürfe? Die Spannung im Saale stieg, weil keiner wußte, worauf der Redner hinaus wollte. Von einem Zuhörer der ersten Reihe ließ er sich eine schmutzige Pfundnote geben, hielt diese hoch und rief: »Der deutsche Kanzler hat den Neutralitätsvertrag mit Belgien einen ›Fetzen Papier‹ (Scrap of paper) genannt. Was ist diese Pfundnote hier? Papier – nichts mehr! Verbrennt es, zerreißt es. Was ist es schon wert? Ein Fetzen Papier! Und doch – was steht dahinter? Der Kredit des ganzen Britischen Weltreichs!« Dieser Vergleich entfachte im Saale einen Sturm der Entrüstung gegen Deutschland. Das Schlagwort vom »Scrap of paper« ging wie ein Lauffeuer um die Welt.

164

Zum Beschluß dieses Abschnitts sei ein Pressebericht gebracht, der einen Vortrag des Heidelberger Astronomie-Professors Kienle wiedergibt. Der Forscher veranschaulicht in einem umfassenden Vergleichs-Modell das Ausmaß des Universums. Die Dimensionen eines schwer vorstellbaren Zusammenhanges werden auf diese Weise transparent:

165

Um die nächste Umgebung der Sonne bis zu einer Entfernung von 16 Lichtjahren veranschaulichen zu können, benötigt man laut Prof. Kienle einen Kuppelraum von 155 Kilometern Radius. Würde man als Mittelpunkt der Kuppel zum Beispiel Bonn annehmen, so lägen ihre Grenzen etwa bei Nimwegen und Münster im Norden, Kassel im Osten, Worms im Süden und Namur im Westen.

In dieser riesigen Kuppel müßten 60 Stecknadelköpfe verteilt werden. Die Entfernung von einem Stecknadelkopf zum anderen würde rund 50 Kilometer betragen. Wollte man von einem Stern zum anderen einen Boten losschicken, der so schnell wäre wie das Licht, also in der Sekunde 300 000 Kilometer zurücklegte, so könnte das in Kienles Modell nur eine extrem langsame Schnecke sein. Sie würde sich von dem einen Stecknadelkopf zum anderen, der 50 Kilometer entfernt wäre, mit einem »Tempo« von zwölf Millimetern in der Stunde oder knapp einem Meter in drei Tagen auf die Reise machen.

Angenommen, die Schnecke wäre in der Tat so vermessen, sich auf eine 50 Kilometer lange Reise im Modell zu begeben; die nächste Nadel würde sie nie erreichen. Wenn sie in einem Jahr mühsam knapp 120 Meter zurückgelegt hätte, wäre der Stecknadelkopf schon rund 60 Zentimeter von seinem ursprünglichen Standpunkt abgewichen. Das entspricht – relativ – der den Sternen eigenen Bewegung.

Vorausgesetzt, die Superschnecke würde über 400 Jahre alt und legte in diesem Zeitraum die 50 Kilometer tatsächlich zurück, so hätte sich der angestrebte Stecknadelkopf schon wieder um fast 300 Meter entfernt – eine Strecke, für die die Schnecke wiederum zweieinhalb Jahre benötigen würde.

Was sich in Prof. Kienles Modell so extrem langsam fortbewegt, müßte im Weltraum mit der unvorstellbaren Geschwindigkeit des Lichtes daherrasen, also mit 300 000 Kilometern in der Sekunde. In der Stunde wären das über 1 000 000 000 Kilometer. Die Raumschiffe legen aber noch nicht einmal den 33tausendsten Teil dieser Strecke in der Stunde zurück. Bei dem heutigen Stand der Kenntnisse und Möglichkeiten erscheint es daher ausgeschlossen, daß die Menschheit jemals den Weltraum erobern wird. Doch ist schon vieles, was lange Zeit für völlig unmöglich gehalten wurde, eines Tages Wirklichkeit geworden.

166

B i l d (M e t a p h e r), B i l d r e i h e. »Jede Sprache ist Bildersprache« (Busch).

Das Bild ist eine Sonderform des Vergleichs. Wieder wird das Unbekannte mit dem Bekannten verknüpft. Die »zwei Dinge sind in irgendeiner Beziehung ähnlich« (Kilian), wenn ich für »Leidenschaft« »Glut« sage, für »Zuflucht« »Hafen« oder von einem »Herz aus Stein« spreche. Bilder aus der Sportwelt z. B. sind heute sehr beliebt: »Der Minister schoß ein Selbsttor«, sagt man, um hiermit auszudrücken: er setzte alle Energie bei seinem Vorhaben ein und erreichte doch das Gegenteil von dem, was er wollte. – »Der bildhafte Ausdruck ist ein Lieblingsmittel von Churchills Rhetorik, das er immer dann walten läßt, wenn er *zum Gefühl* seiner Hörer spricht« (Hildegard Gauger).

Immer wieder suchen wir nach guten Bildern, die das Wesen einer Aussage verdeutlichen sollen. Fragen Sie sich bei der Vorbereitung einer Rede immer: Womit kann ich das, was ich mitteilen will, vergleichen? Welche bildhafte Umschreibung ist möglich? Sicherlich kann man Bilder nicht künstlich züchten. Sie fließen uns nur dann zu, wenn wir uns angewöhnen, alles im Leben, Menschen und Gegenstände, scharf zu beobachten und anschaulich zu überdenken. Packende Bilder bleiben beim Zuhörer haften – abstrakte Denkaussagen meistens nicht.

167

Nehmen wir ein letztes Beispiel dafür:

Die Anhänger des General de Gaulle betrachteten während und nach der deutschen Besetzung Frankreichs Marschall Pétain als Verräter, weil er angeblich vor Hitler in die Knie gegangen sei; weil er angeblich völlig versagt habe. Als François-Poncet der Nachfolger Pétains in der Académie Française wurde, hielt er eine meisterhafte Rede, um die Anhänger de Gaulles mit denen Pétains zu versöhnen. Poncet meinte, *beide* Politiker seien nötig gewesen, um Frankreich zu helfen. De Gaulle habe von außen weiter gekämpft, derweil Pétain durch das taktische Geschick des scheinbaren Einlenkens Frankreich vor dem Ruin bewahren konnte. Wie eine Leitlinie zogen sich zwei Bilder durch die Rede: De Gaulle – das Schwert, Pétain – der Schild Frankreichs. Wer ohne Vorurteil denke, sagte Poncet, müsse feststellen, daß »der Schild Frankreichs geholfen hat, das zu erreichen, was der strahlende Blitz des Schwertes entschied«.

»Die Massen können nur in Bildern denken und lassen sich nur durch Bilder beeinflussen«, schrieb schon 1895 der französische Psychologe Le Bon.

168

Bismarck schloß eine (berühmt gewordene) Reichstagsrede mit der Aufforderung: »Meine Herren! Arbeiten wir rasch. Setzen wir Deutschland sozusagen in den Sattel. Reiten wird es schon können!« – Wirkungsvoller als die Aussage: »Herr Schulze wird doch nicht seine Konkurrenz fördern wollen!« ist doch die bildhafte Umschreibung: »Mir ist noch kein Metzger begegnet, der für vegetarische Kost plädierte.«

Mit Bildern kann man vieles anschaulich machen, *beweisen* aber kann man damit nichts. Da hat Erdmann völlig recht, wenn er schreibt: »Niemals wird mit einem Bilde etwas bewiesen, und es ist unsinnig zu glauben, daß, wenn zwei Dinge sich in *einer* Hinsicht gleichen, sie sich auch in einer anderen oder gar in jeder Hinsicht gleichen müßten. Aber das wird gerade willig geglaubt, und darum ist es so leicht, durch schlagkräftige Analogien das Falscheste einleuchtend zu machen.«

169

B i l d b r u c h. Gute, treffende Bilder sind immer wirkungsvoll. Vermeiden Sie aber die *schiefen*. So mancher Redner möchte bildkräftig sein und stolpert dabei dann von einem Bild in ein anderes, das auch nicht die geringste Beziehung zum vorhergehenden hat. Ein paar Beispiele aus dieser Bildbruch-Praxis mögen das deutlich machen.

»Der Zahn der Zeit hat schon manche Träne getrocknet«, so endeten die trostreichen Worte eines Grabredners. In einem Reisebericht über Asien hieß es: »In der Stadt Hongkong findet sich ein Schmutz, der sich gewaschen hat.« Artistische Fähigkeiten muß man vermuten bei jemandem, von dem behauptet wird, daß er »sein krankes Bein auf die leichte Schulter nimmt«.

Eine Charakterisierung Dantes gipfelte in dem Satz: »Dante war ein Mann, der mit *einem* Fuß noch im Mittelalter stand, während er mit dem *anderen* die Morgenröte einer neuen Zeit begrüßte.« Man stelle sich das einmal plastisch vor!

170

Den folgenden Bilder-Cocktail entnahm Fritz Gerathewohl einer Predigt: »Das bescheidene Veilchen blüht am glänzendsten, wenn die Hammerschläge des Schicksals es auf dem Amboß des Herzens zu leuchtenden Strahlen erwecken.« Diese Sentenz wurde nun auch noch mit markiger Stimme herausgedonnert!

In den Reden Wilhelms II. findet man nicht selten Stellen wie diese: »Eines Ozeans von Druckerschwärze bedient er sich, um die Wege zu verschleiern, die klar zutage liegen.« Das Zürcher Parlament staunte nicht schlecht über die Erfindung einer neuen Mehrzweckwaffe, als ein Abgeordneter einen Ratsbeschluß folgendermaßen kritisierte:

»Meine Herren, hier handelt es sich um ein zweischneidiges Schwert, bei dem der Schuß hinten hinausgeht«; und das Protokoll einer deutschen Landtagssitzung verzeichnet folgenden Diskussionsbeitrag: »In diese Zustände werde ich mit dem scharfen Messer der Kritik hineinleuchten.« – Einst forderte der Abgeordnete Graf Bethusy den deutschen Reichstag auf, »den Strom der Zeit bei der Stirnlocke zu fassen«. Zweifellos ein schwieriger Handgriff, nicht wahr? Keiner ist gegen einen Bildbruch völlig gefeit. Das Schlimme ist, daß sehr ernst Gemeintes sofort ins Lächerliche gezogen wird. Der Schaden ist kaum zu beheben.

171

Amüsant, daß selbst einem so hervorragenden Meister der Sprache wie Herder ein Bildbruch unterläuft; ausgerechnet in einer Rede »Von den Ursachen des gesunkenen Geschmacks«. Herder schildert den Verfall der Redekunst bei den Griechen mit den Worten: »Als die Freiheit der Griechen sank, war auch ihr (= der Redekunst) *Feuer* dahin; in Demosthenes war es, wie in der letzten Not, eine *auflodernde Flamme* gewesen. Die Redekunst *kroch* in Schulen oder enge Gerichtsschranken. Sie *krümmte* sich im Staube und *verstummte.*« Hoppla – eben noch war die Redekunst »Feuer« und »Flamme«, dann kommt die staunenerregende Verwandlung der Flamme in ein Kriechtier; dieses »krümmt sich« – und »verstummt«.

172

K u r z e r z ä h l u n g e n, kleine Erlebnisberichte, eine eingeflochtene Anekdote: alles dies bietet Abwechslung und Anschaulichkeit. Bringen Sie Einzelheiten und wörtliche Rede. »Zuweilen ziehen reiche Leute wenig Glück aus ihrem hohen Einkommen.« Der Satz bleibt abstrakt, wenn er nicht eingekleidet wird. Zum Beispiel: »Der alte Rockefeller verdiente in der Woche mehr als 1 Million Dollar, konnte aber für sein Essen nur 5 Dollar ausgeben, da er krank war und von Gemüsebrei und Kartoffelpüree leben mußte.«

Jede wirklich gute Rede enthält etwas Handlung. Es braucht nicht immer eine Erlebnisschilderung zu sein, man kann z. B. auch einen Gedankengang in ein Zwiegespräch kleiden. Direkte Rede wirkt immer lebendig. Nehmen wir den Satz: »Er sagte, daß er vorher mit Herrn Meyer sprechen wolle.« – Besser ist: »Er sagte: ›Ich werde vorher mit Herrn Meyer sprechen.‹« Lebendig klingt auch alles, was Sie aus der Vergangenheit herausnehmen und im Präsens schildern. Nicht sagen: »Vor drei Jahren passierte folgendes: Ich kam aus dem Rathaus und traf Herrn Schulze ...«, sondern zum Beispiel: »Es liegt drei Jahre zurück. Ich komme aus dem Rathaus und treffe Herrn Schulze ...« Situationen, die in der Gegenwart geschildert werden, wirken plastischer und unmittelbarer.

173

Oftmals bleibt von einer Rede die packende Schilderung einer Begebenheit am längsten im Gedächtnis.

Lloyd George z. B. wußte wie wenige um die Wirkung personi-
fizierender dialogischer Gestaltung, als er in seiner berühmten
Queen's-Hall-Rede 1914 auf eindrucksvoll vereinfachende Weise
die internationale Lage beschrieb. (Dieser Abschnitt sei einmal im
Original wiedergegeben): »Poor little Belgium said: ›I do not re-
quire the French army corps, I have the word of the Kaiser‹ ...
Serbia said to Austria: ›If any officers of mine have been guilty, I
will dismiss them‹ ... Then came Russia's turn. She has a special
interest in Serbia. Germany knew it, and she turned round to
Russia and said: ›I insist that you shall stand by with your arms
folded whilst Austria is strangling your little brother to death!‹
What answer did the Russian slav give? He gave only answer that
becomes a man. He turned to Austria and said: ›You lay hands
on that little fellow, and I will tear your ramshackle Empire limb
from limb! And he is doing it.‹«

174

Auch gut gewählte Anekdoten und andere heitere Einschübe sind
immer wirkungssicher. Eine Anekdote ist eine unbeglaubigte Erzählung, in der eine hübsche Pointe und ein Körnchen Wahrheit
stecken. Die gute Anekdote muß man hören oder erzählen, gelesen
oder geschrieben wirkt sie nur halb so gut. Sigismund von Radecki
hat einen treffenden Vergleich: »Die erzählte Anekdote unterscheidet sich von der geschriebenen wie ein schaukelnder Falter vom
aufgespießten unter Glas.«

175

W i e d e r h o l u n g. Besondere Bedeutung kommt der Wiederholung
zu: sie ruft in Erinnerung, sie verankert die Kernaussage tiefer, sie
sorgt für Eindringlichkeit. Der Hörer muß ja immer wieder neue
Gedanken aufnehmen und ist dabei auf die gliedernde Funktion
der Wiederholung angewiesen. »Die Wiederholung dient der Ver-
eindringlichung, die meist affektbetont ist« (Lausberg).

176

Es gibt vier Hauptarten:

a) Wörtliche Wiederholung (besonders bei Ausrufen und Kern-
sätzen angebracht). Nehmen wir ein Beispiel: Churchill sagte in

einer Ansprache während des Krieges (19. Mai 1940) nicht einfach: »we shall win this war«, wir werden diesen Krieg gewinnen, sondern er wiederholte mehrfach das gewichtigere Wort »conquer«. Er ist der Meinung, daß die Barbarei über die ganze Welt kommt, wenn England den Krieg nicht gewinnen sollte: »... unless we *conquer, as conquer* we must, as *conquer* we shall!«

Die alte rhetorische Figur der Geminatio, der *Wortverdoppelung,* spielt in der Meinungsrede eine besondere Rolle. Wortverdoppelung bedeutet hier Wortverstärkung: »*Keiner, keiner* hat das Recht dazu!«; oder mit zwischengefügten Worten: »*Keiner,* aber auch *keiner* hat das Recht dazu!« Von häufigem Gebrauch der wörtlichen Wiederholung ist abzuraten: es besteht die Gefahr des formelhaften Einpeitschens, dessen sich nur Demagogen bedienen. Le Bon stellt fest: »Wiederholtes wirkt oft wie bewiesene Wahrheit.«

177
b) Variierte Wiederholung (denselben Inhalt in neuer Wortausgestaltung. Je anspruchsvoller die Hörerschaft, desto mehr variieren!)

c) Teilwiederholung (s. auch Raffung)

(Z. B. »Ich werfe den Gegnern erstens vor, ... ich werfe ihnen zweitens vor, ...«). Oft werden, wie hier, die Anfangsworte eines Satzes oder Satzteiles wiederholt (Figur: Anaphora).

Ein typisches Beispiel für die Anaphora finden wir in der Rede des Senators Edward Kennedy bei der Trauerfeier für seinen ermordeten Bruder Robert Kennedy (8. Juni 1968): »*Er sah* Unrecht und versuchte es zu beseitigen. *Er sah* Leiden und versuchte sie zu lindern. *Er sah* Krieg und versuchte, ihn zu beenden.«

Gelegentlich werden auch die Schlußworte eines Satzes wiederholt (Figur: Epiphora).

d) Erweiternde Wiederholung. (Sie bedeutet eine besondere Steigerung, z. B. bei Satzwiederholung mit Einflechtung eines neuen Wortes: »Wir Jüngeren, die wir diese Zeit nicht miterlebt haben, nicht *bewußt* miterlebt haben, sind doch der Meinung, daß« usw.)

178
Cicero begnügt sich nicht damit, zu sagen: »Alle hassen Dich, Piso.« Er erweitert, untergliedert: »Der Senat haßt Dich, ... die römischen Ritter ertragen Deinen Anblick nicht, ... das römische Volk wünscht Deinen Untergang, ... ganz Italien flucht Dir ...« (s. auch Verdeutlichung).

Ein Beispiel auch aus unserer Zeit: »Nehmen Sie bitte diese unsere Haltung in dieser Sache ernst.

Dann, nur *dann, dann* aber auch gewiß wird es möglich sein, gemeinsame Lösungen zu finden, die unser Volk und unser Staat für den Fall der Not braucht.«

(Georg Leber zur Notstandsgesetzgebung, Bundestag 24. Januar 1963.)

Eine kleine Dosis Wiederholung wirkt aufmunternd, eine zu große aber einschläfernd oder enttäuschend.

»Kunst ist es, die Wiederholung so zu gestalten, als ob sie eine Erstgeburt wäre« (Naumann).

(Die Wiederholung darf nicht so sein, wie wenn einem der schier endlose Zug des Volkes beim Krönungsmarsch in Schillers »Jungfrau von Orleans« imponiert, bis man enttäuscht feststellt: Ach, das sind ja immer wieder die gleichen Leute, die da über die Bühne schweifen –.)

179

V e r d e u t l i c h u n g . Die Verdeutlichung ist eine besondere Form der Wiederholung, und zwar der erweiternden Wiederholung. Der Ausdruck, den man ursprünglich gewählt hat, erscheint zu schwach. Man nimmt den Ausdruck u. U. zurück, man verbessert ihn, man verdeutlicht ihn, weswegen die alten Rhetoriker diese Figur auch Correctio nannten. Zum Beispiel: »Ich habe Herrn Meyer gebeten, die Akten zu suchen; nein, ich habe ihn nicht nur gebeten: ich habe es ihm dringend ans Herz gelegt, ich habe ihn aufgefordert, die Akten endlich herbeizuschaffen . . .«

180

R a f f u n g . Darunter verstehen wir eine zusammenfassende Wiederholung in wenigen prägnanten Sätzen. Sie bietet dem Hörer kurze Orientierung über das bisher Gesagte, z. B. ehe man zu einem neuen Teil übergeht.

181

A u s r u f . Er ist besonders in der Meinungsrede angebracht. Er wendet sich eindringlich an die Zuhörer und ist meistens kurz und prägnant: »Denken wir daran!«; »Das dürfen wir nicht dulden!« Verwenden Sie Ausrufe nicht zu häufig. Die Wirkung nutzt sich ab. Ausrufe seien eindringlich und nicht aufdringlich.

182

Z i t a t. Manche Redner pflegen ihre Reden mit vielen Zitaten auszuschmücken. Sie können unmöglich schließen, ehe sie nicht ihren »Schiller« an den Mann gebracht haben. Man kann zitieren vom Dichterwort bis zum Quellenbeleg. Was das Dichterwort angeht: verwenden wir es sparsam; oft genug wird es aus dem Zusammenhang gerissen. Der gute Redner ist selten ein Zitaterich.

Vor sechzig Jahren war es der Politiker Fürst Bülow, der bei seinen Reden mit (allen möglichen und unmöglichen!) Zitaten en gros handelte und deswegen in Witzblättern nur mit Büchmanns »Geflügelten Worten« in der Hand karikiert wurde. Heute reiht Professor Carlo Schmid in seinen Reden oftmals Zitat an Zitat; er tut es aber in geistvoller Weise. Zitate, besonders Quellenbelege, dienen meistens der Bestätigung des Gesagten. Quellenbelege, d. h. Angabe der Herkunft des Zitats, sind in wissenschaftlichen Vorlesungen notwendig; in öffentlichen Vorträgen soll man sie nur sparsam bringen. Sie zerreißen den Fluß der Rede und ermüden den Hörer. George B. Shaw hörte sich eines Tages den langatmigen Vortrag eines Geschichtsprofessors an. Der Gelehrte zitierte ununterbrochen und führte einen Quellenbeleg nach dem anderen an, ohne zu bemerken, daß die Hörer ob solcher Behandlungsweise des historischen Stoffes Gähnkrämpfe bekamen. Als Shaw nach seiner Meinung über den Vortrag befragt wurde, sagte er mit beißendem Spott: »Sonderbar, sehr sonderbar – so viele Quellen! Und dennoch so trocken . . .«

183

Zweischneidig ist die Anwendung von Sprichwörtern. Das Sprichwort ist eine Wahrheit aus Kautschuk. Es gibt da sehr viele gegensätzliche Aussagen, die ein Gegner vielleicht später ins Feld führt. (»Wer wagt, gewinnt« – »Eile mit Weile«; »Wer einmal lügt, dem glaubt man nicht, und wenn er auch die Wahrheit spricht« – »Einmal ist keinmal«.)

184

K r e u z s t e l l u n g (Chiasmus) heißt eine kreuzweise Stellung in der Anordnung von vier Satzgliedern: »Diese Pläne zu machen ist leicht, aber schwer sind sie durchzuführen.«

Die Kreuzstellung wirkt eindringlich und abwechslungsreich. Der Redner sollte sie häufiger anwenden.

185

Steigerung (Klimax). Es gibt verschiedene Möglichkeiten der Steigerung: im großen gesehen müssen sich die Aussagen zum Schluß hin steigern. Im kleinen ist eine Steigerung auch schon in einem Satz möglich: »Gut wäre es, wenn Sie sich bald entschließen könnten; besser wäre es, dies würde schon heute geschehen; am besten ist es, Sie geben mir sogleich Vollmacht zum Handeln.«

186

Gegensatz (Antithese). Wie bei Bild und Vergleich kommt es hier darauf an, einen Gedankengang zu verdeutlichen. Der Gegensatz muß *einleuchten*, aber für den Zuhörer etwas Überraschendes haben.

Wie der Schatten im Gemälde, so hebt der Gegensatz in der Rede das Beabsichtigte deutlich hervor, z. B.:

a) zählen Sie Vor- und Nachteile auf; wie war es damals; wie ist es heute?; was ist »der langen Rede kurzer Sinn«?

b) »Pläne zu machen ist leicht, sie durchzuführen ist schwer.«

c) der amerikanische Politiker Nixon erhielt den größten Beifall, als er in einer Rede erklärte: »Chruschtschow hat uns Amerikanern zugerufen: ›Eure Enkel werden Kommunisten sein!‹ Wir antworten darauf: ›Im Gegenteil, Mr. Chruschtschow, wir hoffen: Ihre Enkel werden in Freiheit leben!‹«

d) »Wir müssen einen *kühlen* Kopf und ein *heißes* Herz haben« (Adenauer).

e) Der Ankläger Hausner gebrauchte im Jerusalemer Prozeß gegen den SS-Schergen Eichmann die folgende eindringliche Antithese: »Die anderen Völker zählten im Krieg ihre Verluste. Wir zählten die Überlebenden.«

187

»Begriffspaare wie Vorteil – Nachteil, Schein – Wirklichkeit, Absicht – Ergebnis, Theorie – Praxis, Einzelner – Gemeinschaft, Mehrheit – Minderheit, Wort – Tat, Positiv – Negativ, Naturrecht – Gesetz, Wunschziel – Erreichbarkeit, Sache – Mensch, Innenpolitik – Außenpolitik ermöglichen schlechthin, jeden Stoffhaufen zu gliedern« (Drach).

Zu vermeiden ist aber die Überspitzung: sie wirkt leicht abstoßend.

Man wird am besten jede alternative Aufgliederung durch eine Vor- und Nachzäsur (s. Zäsur) herausheben:

»... – *oder aber:* ...«

»... – *andererseits:* ...«

Ein paar Beispiele für Antithesen aus jüngster Zeit: »Eine Koalition ist weniger als eine gemeinsame Partei, aber mehr als eine Interessengemeinschaft zur Erwerbung von Ämtern« (F. J. Strauß).

»Soweit es in unserer Macht liegt, soll alles geschehen, damit Spannungen nicht verschärft, sondern abgebaut werden, damit zwischen den Völkern in Ost und West nicht Mißtrauen, sondern Vertrauen wächst.« Ebenso wie dieser Abschnitt einer Rede Brandts (Bundestag, 30. 5. 1968) kann auch der folgende als Musterbeispiel für eine Kette von Antithesen gelten.

188

Aus der Rede Präsident Johnsons vor dem demokratischen Parteikonvent in Atlantic City, der ihn und Senator Hubert H. Humphrey zu Spitzenkandidaten für die Präsidentschaftswahlen 1964 nominierte:

»Ich verspreche keine leichten Antworten, aber ich gelobe Festigkeit, die Freiheit zu verteidigen, Stärke, um diese Festigkeit zu stützen, und ein beständiges, geduldiges Bemühen, die Welt zum Frieden zu bewegen. Der wahre Mut im nuklearen Zeitalter zeigt sich in der Suche nach dem Frieden.

Unsere Nation ist stärker als die vereinte Macht aller Nationen in allen Kriegen in der Geschichte dieses Planeten zusammen, und unsere Überlegenheit ist noch im Wachsen! In der Welt von heute ist kein Platz für Schwächen, aber ebensowenig für Tollkühnheit. Wir dürfen nicht vorschnell die Kernwaffen einsetzen, da sie uns alle vernichten würden. Als einziger Weg bleibt uns nur, uns mit unserem ganzen Verstand und unserem ganzen Willen die Sicherheit, doppelte Sicherheit zu schaffen, daß diese Waffen niemals angewendet werden. Nicht Waffen schaffen den Frieden, sondern Menschen. Der Friede kommt nicht durch die Stärke allein, sondern durch Weisheit, Geduld und Mäßigung.

Jeder Amerikaner hat das Recht auf seine Persönlichkeit. Jedermann sollte imstande sein, seinen Beruf zu finden, seine Kinder zu erziehen, bei Wahlen mitzustimmen, und jeder sollte nach seinen persönlichen Verdiensten beurteilt werden. Das ist der feste Wille unserer Partei und unseres Volkes. Solange ich Präsident bin, werden alle vor dem Gesetz gleich sein.«

189

Kette. Die Kette ist ein häufig angewandtes Wirkungsmittel. Hierbei greift ein Gedankenglied in das andere, bis das letzte Glied der Gedankenkette erst den vollen Sinn klärt. (Einfachster Fall: »Wir folgen dir, weil wir dir glauben; wir glauben dir, weil wir dich kennen.« Oder »Wer Berlin hat, hat Deutschland; wer Deutschland hat, hat Europa!« Oder: »Es geht an die Arbeit! Arbeit im Dienst der Mitbürger.«

190

Vorhalt (= Verzögerung). Erwecken Sie gelegentlich die Neugier des Hörers, indem Sie nicht sofort alle Trümpfe ausspielen; indem Sie nicht sofort die Lösung des Knotens vornehmen, sondern ein *retardierendes Moment* einfügen (z. B. nur eine erste Andeutung der Lösung oder Begründung). So spannt der Redner die Hörer auf die Folter. Man ist gespannt im Saal: was wird nun wohl kommen?

191

Überraschung (Sustentio). Der Redner bringe gelegentlich(!) auch einmal überraschende Wendungen. Sie erzeugen Spannung. (In einer Diskussion sagte ein Sprecher: »Wir haben es gehört: Herr X, dieser brave Mann, denkt an sich selbst *bis* zuletzt.« Bismarck überraschte seine Gegner mit dem Halbsatz: »Auch ich bin für Abschaffung der Todesstrafe –«; um dann fortzufahren: »aber ich bin dafür, daß die Mörder damit den Anfang machen!«)

Überraschung in Serienherstellung aber wird zu billiger Effekthascherei.

Nicht selten kommt es vor, daß die Redefigur »Überraschung« auf ironische Weise aufgelöst wird. Im Reichstag hatte Goebbels (23. 2. 1932) die SPD eine »Partei der Deserteure« genannt. Darauf antwortete Kurt Schumacher: »Und wenn wir irgend etwas beim Nationalsozialismus anerkennen, dann ist es die Anerkennung, daß ihm zum ersten Mal in der deutschen Politik – die restlose Mobilisierung der menschlichen Dummheit gelungen ist.«

192

Ankündigung. Sie schafft beim Zuhörer erhöhte Erwartung. Etwa: »Ich will es Ihnen genau erklären.« – »Ich möchte das an einem Beispiel deutlich machen: . . .« – »Sie werden staunen, welche Gründe es dafür gibt: . . .«

193

Wortspiel. Viele Wortspiele sind witzig und spritzig. Sie können aber schnell zum ästhetischen Selbstzweck werden. Einem Conférencier steht das gut an, dem Redner nicht immer. Ein Wortspiel mit Tiefgang wird vom Zuhörer gern aufgenommen. Heuss bietet ein gutes Beispiel (1954 in Berlin): »Wir wollen nicht den Menschen verstaatlichen, sondern den Staat vermenschlichen.« Der amerikanische Präsident Kennedy schloß eine Rede mit den Worten: »Wir fürchten keine Verhandlungen, aber wir werden niemals aus Furcht verhandeln.« Solche Sätze gehen durch die Weltpresse. Solche Sätze bleiben auch im Gedächtnis haften.

Churchill bedankte sich im Kriege bei seinen Jagdfliegern für die Abwehr der deutschen Bomber mit den Worten: »Never in the field of human conflict was *so much* owed by *so many* to *so few*« (= niemals in der Geschichte menschlicher Auseinandersetzungen haben *so viele so wenigen so viel* zu danken gehabt). Jedes Wortspiel lebt von dem Beziehungsreichtum der Sprache.

Lessings Urteil war scharf: »Was ist pöbelhafter als Wortspiele?«, rief er aus. Folglich muß dieser Sprachmeister sich selbst zum Pöbel gezählt haben, denn gerade er hat so manches schöne Wortspiel geprägt.

194

Anspielung (Allusion) ist oftmals eine prägnante Art, etwas anschaulich zu machen. »De Gaulle ist kein Hitler.« Jeder weiß, was gemeint ist. Eine andere Form der Anspielung ist es, wenn Sie die Hörer wissen lassen, daß Sie bestimmte (unwesentliche oder allgemein bekannte) Tatbestände nur erwähnen, nicht aber ausführlich besprechen wollen. (Figur der Präterition = Übergehung.) »Ich brauche Ihnen nicht näher zu erläutern, welches die Folgen dieser Vorgänge sein werden . . .«; »Auf die sonstigen Gründe, z. B. . . ., will ich gar nicht mehr näher eingehen.«

Bei der Anspielung ist der »Mitdenkreiz« beim Zuhörer wichtig. Es erfolgt eine indirekte Aussage, z. B.: »Sie wissen schon, worauf ich hinaus will.« Der Redner bezieht den Hörer mit ein, indem er z. B. ein allseitiges »Augurenlächeln« zeigt.

195

Umschreibung (Periphrase). Wir meinen hiermit die indirekte Mitteilung, die oft ein ästhetisches Moment enthält. Wir sagen z. B.: »Im Land, wo die Zitronen blühen« und meinen: »In Italien«.

196

Übertreibung (Hyperbel). Sie muß erkennbar sein, sonst ist es
unredlich, sie zu gebrauchen. Übertreibung macht anschaulich, sagt
man. »Kann ich Armeen aus der Erde stampfen?« Das wird kaum
jemand erwarten, und doch legt diese Frage sehr anschaulich eine
Situation dar. »Da war die Hölle los!« Zweifellos übertrieben. »Wir
haben in der Bundesrepublik beinahe für jedes Kanonenboot einen
Admiral, aber wir haben noch nicht einmal für jede Botschaft einen
Kulturattaché!« (Bundestag, Juni 1960). Im letzten Satz sind die
rhetorischen Mittel gehäuft: Vergleich, Gegensatz, Übertreibung.

197

Durch Pointierung wird mancher Redner das Wesentliche noch einmal zusammenfassen. Den Zwiespalt der Franzosen in ihrer Stellung zur deutschen Wiederaufrüstung machte Friedrich Sieburg in
einer Diskussion durch folgende Formulierung deutlich: »Die Franzosen wären mit einer deutschen Bundeswehr schon einverstanden.
Aber sie möchten am liebsten eine deutsche Armee, die kleiner ist
als ihre eigene, jedoch größer als die der Sowjetunion.«

Lloyd George verscherzte sich die Sympathien immer mehr, je
älter er wurde, da er den Bogen allzuoft überspannte, überspitzt
und maßlos wurde – und damit schließlich instinktlos! Schließlich
war er nach vier Jahrzehnten politischer Arbeit fast ohne Gefolgschaft.

198

Scheinwiderspruch (Paradox) ist eine besondere Art des
Wortspiels: »Weniger wäre mehr.« »Dieser Politiker war schon ein
toter Mann, als er noch lebte.« Die Gegensätze widersprechen sich
nur scheinbar, da die Wörter auf verschiedenartige Grundlagen be-
zogen sind. Der Scheinwiderspruch stellt eine bewußt zugespitzte
Formulierung dar. Beispiele: »Wo nicht mehr kritisiert wird, ist etwas nicht in Ordnung.« »Ein beredtes Schweigen.« »Die einsame
Masse.« »Keine Antwort ist auch eine Antwort.«

199

Einschub (oder Einflechtung) nennen wir eine Bemerkung, die
nur ganz nebenher gemacht wird und oft die Zuhörer einbezieht
(». . . aber vielleicht teilen Sie meine Ansicht noch immer nicht; dann
will ich Ihnen weitere Belege bringen . . .«). Der Einschub ist oftmals
eine spannungerregende Ankündigung. »Überlegen wir uns doch,

welches die Folgerung ist: . . .« »Wenn ich Ihnen meine Meinung dazu sagen soll: . . .«

Ein wichtiges Wirkungsmittel ist das *»Nebenhersagen«:* eine kleine Zwischenbemerkung, ein kurzer Kommentar, ein witziger Seitenhieb, nur so hingeworfen.

200

Vorgriff (= Einwandvorausnahme; Prolepsis). Bei polemischer Rede überlegen wir: Was werden die Gegner gegen unsere Ausführungen einwenden können?

»Es ist nicht schwer, sich eine allgemeine Vorstellung von den Argumenten der Gegner zu bilden. Überlege, welche Argumente die Gegner benutzen werden, und prüfe sie« (Hamilton).

Ist eine Diskussion vorgesehen, so behalten wir besser noch einiges Beweismaterial usw. in Reserve. In diesem Falle ist es nicht gut, schon alle Pfeile zu verschießen. Man behält lieber noch ein paar im Köcher, um sie erst im Schlußwort zu gebrauchen.

201

Findet eine Diskussion statt, so ist es gut, naheliegende Einwände vorwegzunehmen und überzeugend zu entkräften (anthithetisches Verfahren). Man muß den Gegnern möglichst wenig Angriffsfläche bieten. Man muß den Gegnern darüber hinaus den Wind aus den Segeln nehmen. Der Redner suche stets dem Einwand zu entgehen, er sei in seiner Darstellung des Themas *einseitig.* Solchen Einwand nehmen wir voraus (und greifen dem Gegner somit vor!), indem wir das Für und Wider sorgfältig abwägen, ehe wir Schlüsse ziehen.

Zum Beispiel in dieser Weise:

»Mancher von Ihnen ist vielleicht der Ansicht, daß . . .; aber ich halte dem entgegen . . .«

»Hier wird manchmal der Einwand gemacht . . .«

»Es gibt Leute, die behaupten . . .« usw.

Wir hüten uns davor, einen unterlegenen Gegner effektvoll »in der Luft zu zerreißen«. Nehmen wir auch seine Einwände ernst, wenn sie ernst gemeint sind. Eine Abfuhr erteilen wir oberflächlichen Gegnern. (»Wer die Angelegenheit nur flüchtig betrachtet, kommt hier zu falschen Urteilen, da . . .«)

202

Scheinfrage (rhetorische Frage). Auf eine rhetorische Frage wird keine Antwort erwartet. Die Scheinfrage soll nur anregen; oder meine Aussage soll vom Hörer stumm bestätigt werden. »Dürfen wir so etwas gutheißen?« »Sind wir uns darin nicht alle einig?« (Man muß schon recht naiv sein, um solche Fragen nicht richtig zu verstehen, wie es kürzlich geschah. Wie aus einem Munde antwortete ein Brautpaar auf die rhetorische Frage in der Trauungsrede: »Kann man in der heutigen Zeit noch fröhlich sein?« ganz frohgemut: »Aber sicher doch, Herr Pfarrer.« –) Man hüte sich übrigens vor fragendem Füllsel wie: »nicht?«, »nicht wahr?« usw.

203

Mitverstehen (Synekdoche). Darunter verstehen wir eine ver-kürzende Ausdrucksweise, bei der man bei den Hörern voraussetzt, daß sie verstehen, was gemeint ist.

Zum Beispiel »in Bonn hat man beschlossen«, statt »die Mehrheit des Bundestages hat beschlossen« – »Karlsruhe greift scharf durch« statt »der Bundesgerichtshof ...« »Das Weiße Haus ist da anderer Meinung als der Kreml.« – Das sind einfache Fälle. Es gibt auch eine höhere Ebene des Mitverstehens. Die Anwendung dieser Rede-figur gehört dann in den Bereich »Hohe Schule der Rhetorik«.

204

Der Redner muß einplanen, was die Hörer wissen und mitdenken. Die Zuhörer müssen selbständig den Zielgedanken finden. Zum Beispiel: Vor sechzig Jahren gebrauchte die linksradi-kale Rosa Luxemburg dieses Darstellungsmittel, als sie sich über die angebliche Rechtsabweichung des Sozialdemokraten August Bebel empörte. Sie rief in den Saal: »Der Genosse Bebel hört nur noch auf dem *rechten* Ohr!« Die Hörer verstanden, was gemeint war. Stalin bringt in einer Kriegsrede (6. November 1941) in geschickter Weise eine Synekdoche: »Die deutschen Landräuber wollen den Vernich-tungskrieg gegen die Völker der Sowjetunion. Nun wohl, wenn die Deutschen einen Vernichtungskrieg wollen, so werden sie ihn be-kommen.« (Stürmischer, lang anhaltender Beifall.) Es wird nichts direkt gesagt, sondern hier wird nur der Gegensatz zur deutschen Vorstellung von der Vernichtung angedeutet – der Hörer denkt weiter und findet selbst den Zielgedanken: Nicht die Sowjetunion – Deutschland wird vernichtet werden. Hätte Stalin statt dessen ein-fach gesagt: »Wir werden die Deutschen vernichten«, so wäre die Wirkung dieser Aussage längst nicht so groß gewesen.

Bedenken Sie, daß alle hier aufgezählten rhetorischen Mittel viel-fältig miteinander verknüpft und ineinander gefügt sind. Verwenden Sie sie einzeln nicht zu häufig; sie könnten sich abnutzen. Das Wichtigste bleibt: achten wir bei der Aufstellung des Gefüges darauf, *anschaulich, spannend* und *eindringlich* zu sein.

Die angeführten Darstellungsmittel können dabei gute Dienste leisten. Manche dieser Figuren wendet man unbewußt schon an; man kann aber bei der Vorbereitung nicht umhin, dieses Mittel *auch bewußt* in das Gefüge der Rede einzubauen, soll die Rede gut und wirksam sein. Üben Sie sich immer wieder in der Anwendung dieser Techniken. Sie steigern unbedingt die Wirkungskraft Ihrer Rede.

205
Dieser oder jener unter den Lesern mag vielleicht einwenden, daß man das »Formale« und das »Technische« bei der Rede doch nicht *über*betonen solle. Ganz recht: überbetonen wollen wir es auch nicht. Wir sollten die Techniken aber auch nicht unterschätzen und eine Rede nur mit »Gefühl und Wellenschlag« konzipieren. Rednerische Mittel müssen ganz im Dienste der Aussage stehen und dürfen kein Selbstzweck sein.

E. Einleitung – Schluß

1. Einleitung

206
Einleitung ist zugleich Einstimmung. Naumann spricht vergleichsweise vom »Stimmen der Instrumente«. Wie es einen Blickfang gibt, so gibt es auch einen *Hörfang*, sagt Weller. Es kommt vor allem darauf an, ein gutes Verhältnis zu den Hörern zu gewinnen. Der Redner muß Kontakt aufnehmen und Aufmerksamkeit erzeugen. Die Einleitung ist ein erster Brückenschlag vom Redner zum Hörer. »Die Einleitung hat zwei Aufgaben: die Denkgemeinschaft von Redner und Hörer herzustellen und, wie der Name sagt, in die Sache einzuleiten« (Winkler). Soweit das Grundsätzliche.

Es gibt nun eine Fülle von Möglichkeiten, diese Gedankengänge in die Praxis umzusetzen. Vier Techniken für eine gute und wirkungsvolle Einleitung möchte ich empfehlen, wobei der zweiten (auch möglich in Verbindung mit der ersten) wohl die größte Bedeutung zukommt. Diese Einleitungs-Techniken bezeichne ich als

1. Vorspann-Technik
2. Aufhänger-Technik
3. Denkreiz-Technik
4. Direkt-Technik

207

Die *Vorspann-Technik* ist ganz darauf abgestellt, ein sehr persönliches Verhältnis zu den Hörern zu gewinnen; mit ihnen *warm* zu werden. Ein paar wirklich herzliche Worte erleichtern das. Man fragt sich: Was empfinden wohl diese Hörer? Wie kann ich eine Denkgemeinschaft, mehr noch: eine Fühlgemeinschaft herstellen und Vertrauen erwecken? Der römische Redelehrer Quintilian nennt dieses Bemühen captatio benevolentiae: Erlangen des Wohlwollens. Diese captatio benevolentiae sei schlicht, klar und für jedermann verständlich; sie sei persönlich und versöhnlich gehalten.

Das Musterbeispiel einer geschickten, aber hier zwielichtigen Captatio finden wir in Shakespeares »Julius Cäsar«: die Rede des Marcus Antonius. – Schiller läßt in Wallensteins Lager den Kapuziner ausrufen: »Heissa, juchei, dudeldumdei; da geht's ja hoch her, bin auch dabei.« So täuscht dieser vor, auch so ein fröhlicher Leichtfuß zu sein, denn nur dann wird man ihm zuhören wollen. Ganz langsam geht der Kapuziner dann im Verlaufe seiner Rede zum Angriff über: er wettert gegen das liederliche Leben der Soldateska.

208

Der Hörer will sich persönlich angesprochen fühlen. Der Diplomat Paul Schmidt berichtet über den französischen Politiker Briand: »Als Redner war Briand ein vollendeter Meister. Er sprach völlig ungekünstelt, er kannte keine Rednerpose, *jeder im Saal hatte zunächst das Gefühl, als wenn sich Briand mit ihm persönlich unterhielte* . . . Allmählich verließ Briand seinen *Konversationston*, er erwärmte sich, seine Stimme nahm immer mehr jenen volltönenden, dunklen Klang an, der seine Zuhörer oft veranlaßte, sie mit einem Cello zu vergleichen.«

Sehr beliebt ist auch der heitere Vorspann, sogar bei ernsten Vorträgen. Wie Luther es ausdrückt: »Die Zuhörer lustig machen, daß sie gern mit Willen hernach hören, was gepredigt wird.«

Ein paar persönliche Bemerkungen – das Schildern einer kleinen Begebenheit auf der Fahrt zur Versammlung – kurzes Eingehen auf Hörerkreis, Ort oder Begrüßungsredner: das alles kann dazu beitragen, daß das Eis schmilzt. Und dann sollte der Redner nicht vergessen, was Abraham Lincoln schon festgestellt hat: »Wir sind allesamt für Komplimente empfänglich.« Ein kleines Kompliment wirkt Wunder. Nur nicht zu dick auftragen!

Eugen Roth begann eine Dichterlesung in Wien mit einer gereimten Entschuldigung für seine Erkältung. Er sagte:

> »Was ich noch ganz gesund gereimt
> das klingt, fürcht' ich, jetzt sehr verschleimt.«

Die Folge war, daß die Hörer schmunzelten und die verschleimte Darbietung gern in Kauf nahmen. Wenn alle einmal gelacht haben, so hat man jene ungezwungene Annäherung geschaffen, die so wichtig ist. Die Steifheit ist verflogen, ein freundliches Klima eingezogen – und Herz und Hirn des Hörers, so skeptisch sie vorher sein mochten, telegraphieren nun an den Gehörgang im Ohr: »Grünes Licht bitte – Durchgang öffnen für die Worte des Redners!«

209
»Lloyd George liebt die einleitenden Anknüpfungen an äußere Umstände des Versammlungsorts. Seine Freude über den Anblick großer Kundgebungen behält er nicht gern für sich« (Hugo Fischer).

Auch z. B. Helmut Schmidt beginnt, wo es nur irgend möglich ist, mit einem persönlichen Erlebnis, das an Ort und bekannte Personen anknüpft.

Eines kurzen Vorspanns bediente sich auch der französische Ministerpräsident Mendès-France in seiner Rundfunkrede vom 7. 8. 1954: »In dieser ersten Augustwoche sind viele von Ihnen in den Ferien. Sie werden es mir nicht verübeln, wenn ich für wenige Augenblicke diese Erholungszeit unterbreche, um zu Ihnen über schwerwiegende Probleme zu sprechen, die tatsächlich Sie alle angehen.« (S. U. F. Müller: Discours Français, Ebenhausen 1957).

210
Nach dem im Plauderstil gehaltenen Vorspann findet der Politiker hier eine geschickte Überleitung zum Thema, in Form einer Ankündigung.

Günter Grass hielt 1965 einige viel beachtete Wahlreden (vgl. G. Grass, Über das Selbstverständliche, Neuwied 1968). Das folgende Beispiel zeigt, wie Grass nach einem bilderreichen Vorspann (bestehend aus rhetorischen Fragen und Einwandvorausnahmen!) zur Überleitung zum Hauptthema kommt: »Bürger der Stadt Lübeck. Ich klage an! Mit welchem Recht? Worauf fußend? Welch windschiefe Planke ist meine Basis?

Es kommt jemand daher und hat einen verdächtigen Beruf: Er schreibt erfundene und dennoch verdächtig wahre Geschichten. Also jemand, der mit der Phantasie Arm in Arm geht, kurzum ein Schriftsteller, Poet, Dichter, Erzähler – was immer Sie wollen, denn nicht einmal seinen Beruf vermag er genau anzugeben –, er also, der Querulant, Intellektuelle und Pinscher – so reich ist unsere Sprache an Schimpfworten –, er kommt daher, klagt einerseits an und rät andererseits, die SPD zu wählen.

Er empfiehlt eine Partei, die seinem beruflichen Klima, seinem Hang zu Überspitzungen und Wortspielen wenig bietet; denn sie, die von mir geschätzte SPD, ist zwar bildungsbeflissen, aber ziemlich amusisch. Gründlich plant sie, doch Spontaneität ist ihr fremd. Immens fleißig und solide, wie wir sie kennen, ist die SPD der politischen Phantasie nüchtern geratenes Kind.«

211

Vorspann heißt also: vor die Sachaussage ist eine captatio benevolentiae gespannt. Das folgende Beispiel eines solchen Vorspanns enthält wesentliche Merkmale einer guten Einstimmung. Zu Anfang steht ein *Schmunzelerreger*, es folgen Anrede und Dank; die Freude, sprechen zu dürfen, wird kundgetan. Es schließen sich an: Bezugnahme auf den Ort der Rede, Hinwendung zu einzelnem, Kompliment für alle, persönliche Erinnerung.

Es handelt sich um den Anfang der Rede, die André François-Poncet 1950 (2. Juni) vor deutschen und französischen Bürgermeistern hielt.

»Also, programmäßig komme ich nach den Pastetchen an die Reihe, und solange Sie mich nicht angehört haben, bekommen Sie keinen zweiten Gang. Sie sind so gewissermaßen in meiner Macht...« (Schmunzelerreger im Plauderton!) »Herr Bundespräsident, meine Herren Oberbürgermeister, Messieurs les Maires de France!« (Anrede in Rangordnung; Oberbürgermeister und Maires sind zwar ranggleich, aber als Franzose zitiert er die Deutschen natürlich zuerst, ehe er sich seinen Landsleuten zuwendet.) »Mit Dank und Freude habe ich die an mich gerichtete Einladung angenommen, dem Abschluß Ihrer Tagung deutscher Oberbürgermeister und französischer Maires beizuwohnen und bei dieser Gelegenheit Stuttgart wiederzusehen« (Dank; Freude, sprechen zu dürfen). »Offen gesagt, kann ich mich einer gewissen Rührung nicht erwehren, wenn ich

meines ersten Aufenthaltes in den Mauern Ihrer Stadt gedenke«
(Bezugnahme auf den Ort). »Herr Bundespräsident weiß, daß ich
etwas sentimental veranlagt bin« (Hinwendung zu einzelnem).
»Aber wo könnte man es besser verstehen als in Schwaben!« (Kompliment). »Nahezu ein halbes Jahrhundert ist seitdem verflossen.
1902 war ich hierhergekommen, als junger Pennäler ...« (persönliche Erinnerung folgt). So geht François-Poncet langsam über zum
eigentlichen Gegenstand seiner Rede: die deutsch-französische Verständigung, die ihm am Herzen liegt und für die er in vielen Reden
warb. Charakteristisch für den guten Redner ist, daß er hier einen
Sektor der Verständigung ausgewählt und ausführt, der eben dieses
Gremium besonders interessiert: die deutsch-französische Zusammenarbeit in Verwaltungsfragen.

212

Ein Meister des heiteren Vorspanns war auch der ehemalige Bundespräsident Theodor Heuss. »Über die Bewertung der modernen
Technik« ist der Titel der Festrede, die Professor Heuss anläßlich
des 100. Geburtstages des bedeutenden Ingenieurs (und Begründers
des Deutschen Museums) Oskar von Miller hielt (7. Mai 1955 in
München). Der Vorspann hier besteht aus einer »Atmosphäre«
schaffenden Kette von Schmunzelerregern. Er enthält gleiche Elemente wie der Vorspann von François-Poncet: den leisen Humor,
Bezugnahme auf die Situation, Hinwendung zum Einladenden
usw. Anschaulich und plastisch wirkt der Redner besonders dadurch,
daß er ein kleines Zwiegespräch einstreut. Heuss begann so (wobei
sich seine sonore Stimme wie immer scharf an der unteren Schallgrenze bewegte): »Eine der großartigsten Begabungen des Oskar
von Miller war: er verstand es, über Menschen zu verfügen. (Hier
finden wir ein gutes Beispiel für das von mir empfohlene Doppelpunkt-Sprechen.) Otto Meyer, sein Adept und guter Folger, verfügt über den Bundespräsidenten. (Heiterkeit im Saal.) Vor zwei
Jahren ist es ihm mißlungen: da sollte ich das 50-Jahr-Jubiläum
des Deutschen Museums bestreiten, weil ich kurz zuvor dem Germanischen National-Museum zum 100jährigen Jubiläum die Festrede gehalten. Und die beiden gehörten doch zusammen!

213

Otto Meyer beruhigte sich und stellte seine Fallen: Der Heuss entwischt mir doch nicht! Er äugte auf den nahenden, drohenden 100.
Geburtstag, und den mitzufeiern war ich bei meiner Liebe für den

herrlichen Mann sehr gern bereit. – ›Wer wird denn reden?‹ ›Natürlich Sie.‹ Dieses ›natürlich‹ konnte der Gewinn-Technik von Miller entliehen sein. ›Aber ich habe doch 1950 schon mich bemüht, den Miller darzustellen.‹ ›Ach, reden Sie, was Sie wollen – es wird Ihnen schon etwas einfallen.‹ Die Zuversicht hatte etwas Rührendes, befreit mich aber nicht aus der prekären Situation: die Rede auf und über Miller, die heute sozusagen ›fällig‹ ist, wurde vor fünf Jahren an der gleichen Stelle gehalten . . .« Und jetzt leitet der Redner langsam zum Thema über, das er ganz klar präzisiert und das zeigt, daß er sich in der besagten ersten Miller-Rede keineswegs verausgabt hat: Heuss bringt Miller unter einem neuen Blickwinkel. »Randbemerkungen . . . zu dem unsere Gegenwart so bedrängenden Problem der *Bewertung der Technik* schlechthin, mit dem Versuch, Millers vermutliche Haltung zu diesem Komplex auszuleuchten oder, wie man so schön sagt, einzublenden . . .«

Und es sei nun auch hier eingeblendet: das Geheimnis guter Redner, denselben Stoff immer wieder neu und packend darzustellen, besteht darin, daß sie immer wieder neue Blickwinkel aufspüren, daß sie immer wieder neue Zusammenhänge entdecken.

214

Die Aufhänger-Technik. Der Vorspann ist nur eine Art atmosphärischer Eisbrecher; er ist mit dem eigentlichen Redeinhalt nur sehr lose verknüpft. Der *Aufhänger* dagegen soll schlaglichtartig eine Situation darstellen oder das zu behandelnde Problem beleuchten, er soll in wesentlicher Beziehung zum Redeinhalt stehen. Die kleine Begebenheit, der Vergleich, das persönliche Erlebnis, die Anekdote, die überraschende Fragestellung: das sind Möglichkeiten, die weitere Rede daran aufzuhängen.

215

a) Kleine Begebenheit. Schon der große Prediger Berthold von Regensburg (13. Jh.) wandte diese Technik an. »Diese besondere Rede-Eröffnung wirkt bei einer Zuhörerschaft, die weniger Übung im abstrakten Denken als Erfahrung im lebendigen Mitfühlen besitzt: die Rede-Eröffnung durch das Erzählen einer kleinen Geschichte, die ihrerseits gleichnishaft zu dem Thema der Predigt führt« (Irmgard Weithase).

Ein Historiker begann seinen Vortrag über das Verhältnis der Alliierten zum geschlagenen Deutschland von 1918 und 1945 mit der Schilderung folgender kleinen aufschlußreichen Episode: »Als

Winston Churchill 1945 auf dem Londoner Flughafen das Flugzeug bestieg, das ihn zur Potsdamer Konferenz bringen sollte, fragte ihn ein prominenter Journalist in großer Sorge: ›Herr Premierminister, werden die Alliierten in Potsdam auch nicht wieder die gleichen Fehler machen wie in Versailles?‹ Da entgegnete Churchill in weiser Voraussicht, schmunzelnd und ohne die Zigarre aus dem Mund zu nehmen: ›Sie können ganz sicher sein: wir werden *die gleichen Fehler* nicht noch einmal machen – *aber dafür andere . . .!*‹« – Der Redner hatte durch diese einleitende Handlungsrede die gespannte Aufmerksamkeit der Hörer gewonnen und zugleich einen guten Anknüpfungspunkt für seine weiteren Ausführungen.

216

b) Vergleich. Dr. Eugen Gerstenmaier hielt 1948 (10. Sept.) in Flensburg eine Rede unter dem Titel: »Christus über die Zäune hinweg.« Er begann folgendermaßen: »In einem Grenzland kennt man die Bedeutung der Grenze. Unvergleichlich viel tiefer als im Binnenland ist im Grenzland das Gefühl dafür ausgebildet, daß die Bewegungsmöglichkeit des Menschen beschränkt ist, daß sich das Leben des einzelnen in einem Zusammenhang vollzieht, der von anderen Zusammenhängen unterschieden ist. Wir nennen einen solchen Lebenszusammenhang ein Volk . . .« Der spätere Bundestagspräsident geht hier aus von einer Situation, in der die Flensburger leben, deren Spannung ihnen vertraut ist: Grenzland. Von diesem Vergleich als Ausgangspunkt entwickelt er nun seine Ansicht von Wesen und Erscheinungsformen der Grenze und stellt einen überzeugenden Sinnbezug zum Redethema her, das er ausführt, und wobei er in klaren, alternativen Zielsätzen mündet, wie z. B. »Die Kirche darf nicht vor Grenzen kapitulieren . . ., denn Jesus Christus ist der Heiland der Welt und nicht nur der Heiland einer bestimmten Menschengruppe, eines Stammes oder einer Bildungsschicht . . .«

Anknüpfen kann man auch an ein aktuelles Ereignis. Der Vergleich dient immer dazu, eine gemeinsame Grundlage für Redner und Hörer herzustellen. Gespannte Aufmerksamkeit ist die Folge.

217

c) Persönliches Erlebnis. Einen guten Aufhänger haben Sie auch, wenn Sie ein kleines persönliches Erlebnis anschaulich erzählen. Sie erwecken stets Neugier und Spannung. Eine Rede über »Aufgabe und Grenze der Toleranz« (»Woche der Brüderlichkeit«, München, 6. März 1955) begann Dr. Gerstenmaier mit einer Erzählung, die ich mit ein paar rhetorischen Erläuterungen (in Klammern) versehe: »Vor einiger Zeit gab es in einer der kleinen Weinstuben Straßburgs eine lange Debatte. (Ausgangspunkt fixiert: wann, wo, was.) Sie wurde mit ruhiger Nachdenklichkeit, zuweilen aber auch leidenschaftlich heftig geführt. (Außer dem Gegensatz »ruhig – leidenschaftlich« noch die rhetorische Figur des Vorhalts, der auch den folgenden Satz bestimmt. Spannung wird erzeugt durch Verzögerung; der Hörer weiß schon, *wie* debattiert wird, aber noch nicht, *worüber.*)

218

Das Gespräch war aus der Tagespolitik heraus unversehens an eine jener Grundsatzfragen geraten, die da und dort in der Welt, besonders aber in Deutschland, immer wieder mit Leidenschaft erörtert werden. Wie weit soll die Toleranz gehen? Wie weit muß sie gehen? Wo sind ihre besonderen Aufgaben und ihre unverrückbaren Grenzen in unserer Zeit? (Kombination der Figuren, Fragekette und Verdeutlichung.) Einer der Punkte, an denen sich das Gespräch entzündet hatte, war die Frage der Konfessionsschule (Beispiel). Sie sei eine Kriegserklärung an die Toleranz (Vergleich) im staatlichen und gesellschaftlichen Zusammenleben, denn (es folgt die Begründung) sie erziehe die Kinder von vornherein zur Intoleranz, mindestens aber zum Unverständnis des anderen. Das war die nachdrücklich vertretene Meinung eines vertriebenen Sudetendeutschen. Nicht weniger nachdrücklich sagte ein westfälischer Katholik dagegen (Gegensatz), daß in jedem freiheitlich geordneten Staat die Eltern das Recht haben müßten, darüber zu entscheiden, wie ihre Kinder erzogen würden, und daß es keiner Staatsinstanz zukomme, aus Gründen staatlicher Zweckmäßigkeit dieses Recht anzutasten oder einzuschränken (Gegenargumentation). Weder der Sudetendeutsche noch der Westfale berührten auch nur mit einem einzigen Wort die Frage der gegenseitigen Toleranz der Konfession. Daß religiöse Toleranz geübt werden müsse, daß insbesondere die großen Konfessionen sich gegenseitig tolerieren, ja respektieren müßten (Verdeutlichung), war beiden so selbstverständlich, daß darüber kein Wort fiel. Ich glaube, daß darin etwas Kennzeichnendes für die geistige und gesellschaftliche Entwicklung zum Ausdruck gekommen ist ...« (In wenigen anschaulichen Sätzen hat der Redner erzählend einen Problemkreis geöffnet, den er im folgenden näher behandelt, wobei er den zitierten Satz als Überleitung benutzt.)

219

d) **Die Anekdote** soll nicht nur ein Schmunzelerreger sein, sondern sie muß gleichzeitig eine treffende Pointe in bezug auf das Thema enthalten, ähnlich der »kleinen Begebenheit«. Wählen Sie eine Anekdote, von der Sie annehmen können, daß sie wenig oder gar nicht bekannt ist. Man kann, von Grabreden abgesehen, auch fast jede ernste Rede mit solch einem geistreichen und witzigen Aufhänger beginnen. Der spätere Ernst des Redners hebt sich dann von seiner heiteren Einleitung oft eindrucksvoll ab. So führte in einem Vortrag über »Das Wesen des Verrats« eine Anekdote auf heitere und doch hintergründige Weise mitten in die Problematik hinein: Beim Wiener Kongreß 1815 empörte sich Zar Alexander über den König von Sachsen. Er tobte: »Der König ist ein erbärmlicher Verräter und nichts weiter!« »Sire«, entgegnete Talleyrand und spielte auf Tilsit an, wo Alexander sich sehr gut mit Napoleon vertragen hatte, »Verrat ist nur eine Frage des Datums.«

220

e) **Überraschende Frage.** Man kann auch einmal mit einer die Hörer überraschenden Frage beginnen. Ein Vortrag über das Fürstentum Liechtenstein begann so: »Meine Damen und Herren, ist Ihnen bekannt, daß die Preußen den längsten Krieg ihrer Geschichte mit dem kleinen Liechtenstein geführt haben? Der Kriegszustand des Jahres 1866 dauert im Grunde genommen heute noch an ...« (Zur Erklärung: Liechtensteins »Heer«, eine halbe Kompanie stark, wollte damals Österreich verstärken, kam aber bis Kriegsende über den nächsten Alpenpaß nicht hinaus und kehrte sogar, wohl als einzige Armee der Welt, mit Verstärkung aus dem Felde zurück, in das heimatliche Vaduz. Unterwegs hatten sich nämlich ein paar Landstreicher der Armee angeschlossen. Die sonst so ordnungsliebenden Preußen vergaßen glatt, mit Liechtenstein einen Friedensvertrag zu schließen ...)

Wenn ich auch Vorspann und Aufhänger als Einleitungstechniken einen bevorzugten Platz einräume, so möchte ich doch davor warnen, sie krampfhaft an den Haaren herbeizuziehen. Wenn mir kein guter Vorspann oder Aufhänger einfällt, dann ist es besser, sich mit weniger kunstvollen Techniken wie den beiden folgenden zu begnügen, die ich kurz streifen will.

221

Denkreiz-Technik. An den Anfang der Rede kann man einen Denkreiz stellen, besonders bei anspruchsvollen Hörern. Das heißt, man wirft ein Problem oder ein Bündel von Problemen auf; man stellt sich und die Hörer vor Fragen, die man dann im Hauptteil näher behandelt. Der spätere Bundeskanzler Kiesinger begann seinen Vortrag über »Die Prognosen des Grafen Alexis de Tocqueville am Beginn des industriellen Zeitalters« (Karlsruhe, 3. Dez. 1960) mit einer Fragenkette und anschließender Behauptung, die sofort die Neugier der Hörer weckte und somit Denkreiz-Spannung erzeugte: »Wo stehen wir? Wohin treibt unsere Welt? Was können und müssen wir tun, um die Entwicklung so zu lenken, wie wir sie um des Menschen, des Menschlichen, der Menschheit willen wünschen müssen? Solche Fragen, unserer Generation fast bis zum Überdruß vertraut, wurden zuerst vor hundertzwanzig Jahren von dem Grafen Alexis de Tocqueville mit leidenschaftlicher Eindringlichkeit gestellt und mit einer für uns verblüffenden Aktualität beantwortet.« Diese Denkreiz-Technik soll den Hörer zur Mitarbeit, zum Mitdenken zwingen. Offen gestellte Fragen zu Anfang oder auch das Vertreten einer Auffassung, die man später dann noch widerlegt: das erregt eine Spannung im Hörer. Dieser geht den Weg mit.

222

Eine vierte Möglichkeit bietet die

Direkt-Technik. Gehen Sie sogleich in medias res: mitten in die Sache, ohne jeden Schnörkel. Sie verzichten auf jede eigentliche Einleitung. Sagen Sie kurz den Anlaß Ihrer Ausführungen, kommen Sie schnell vom Allgemeinen zum Besonderen und beginnen Sie mit dem Thema. Diese Technik ist nüchtern, kühl und direkt und eignet sich vor allem für die tausendfältigen kleinen Sachberichte, die man immer wieder zu geben hat: vor Vorgesetzten wie Mitarbeitern, wenn die Zeit knapp bemessen ist.

Auch in der politischen Kampfrede kann man sofort mit einer offenen Kampfansage aufkreuzen. Eine feste, offenbar durch nichts zu erschütternde Überzeugung wird kundgetan. Sie fahren sofort schweres Geschütz auf, bringen einen »Knüller«, der Freunde und Neutrale mitreißt, während der Gegner immerhin Respekt bekommt.

Es gibt eine Fülle von Möglichkeiten für eine gute Einleitung. Zu welcher Sie sich auch jeweils entschließen werden, bedenken Sie bitte folgendes:

223

a) Die Einleitung darf nicht zu lang sein! Wenn der Tisch gedeckt wird, steigert das den Appetit; dieser vergeht aber, wenn zu umständlich gedeckt wird.

224

b) Mit bewährter Ironie schreibt Kurt Tucholsky in seinen »Ratschlägen für einen schlechten Redner« über die Einleitung: »Fang nie mit dem Anfang an, sondern immer drei Meilen vor dem Anfang!«

Vor allem geschichtliche Einleitungen sind oft zu langatmig. Gerade wir Deutschen neigen dazu, zu Beginn erst einmal jedes Problem bis in die Urgeschichte menschlicher Wesen zurückzuverfolgen. In einem Buche mag das manchmal angebracht sein, in der Rede nicht. Deshalb beginne man einen Vortrag über die heutige Getreideeinfuhr nicht unbedingt mit der Darstellung der Agrarpolitik Karls des Großen. – Wilhelm von Humboldt geißelt einmal die chronische Weitschweifigkeit eines Geschichtslehrers mit den Worten: »Wenn man ihn Geschichte vortragen hört, wünscht man, Adam zu sein, wo die Geschichte noch ganz kurz war.«

Aber diese Rede-Krankheit der »Historitis« findet man offenbar auch nicht nur bei den Deutschen. Z. B. hielt Chamberlain im Völkerbund der zwanziger Jahre dem damaligen litauischen Ministerpräsidenten Woldemaras vor, daß er seine patriotischen Reden stets »mit der Erschaffung der Welt und den ersten Litauern im Paradies« beginnen ließe.

225

c) »Er sagt es klar und angenehm,
   was erstens, zweitens und drittens käm« (Busch).

Thomas Carlyle hat gefordert, alle Schriftsteller, die Bücher ohne Inhaltsverzeichnis schreiben, müßten gehängt werden. Man sollte die gleiche Strafe fordern für Redner, deren Reden sich nicht mit dem angekündigten Titel decken, oder die jede Inhaltsübersicht unterlassen. Irgendwann in der Einleitung sollte der Redner kurz auf seine Gliederung hinweisen. Z. B.: »Ich werde folgende Fragen behandeln . . .«, oder: »Ich werde mein Thema in drei Teilen durchführen, nämlich 1. . . ., 2. . . ., 3. . . .« – Friedrich Naumann rät dringend, zu Beginn zu sagen, was man eigentlich will, »damit die Versammelten sich nicht vorkommen wie Wanderer im Nebel.«

226

d) Bei vielen Rednern ist es geradezu eine Manie, mit einem *Wenn*-Satz zu beginnen. – »Wenn mir heute die Ehre zuteil wird, zu Ihnen über den Ahnenkult bei den Eskimos sprechen zu dürfen, so möchte ich das nicht tun, ohne zuvor . . .« usw. usw.

Jeder Vortragende hüte sich vor dem ewigen *wenn* genauso wie vor Schwulst und stocksteifer Überhöflichkeit.

2. Schluß

227

Wie vor ein paar tausend Jahren, so gilt auch heute noch das, was Sokrates im Gespräch mit Phaidros ausführt. Sokrates: »Über den Schluß der Rede sind sie alle einer Meinung, nur daß ihn einige zusammenfassende Wiederholung, andere wieder anders nennen.« Phaidros: »Daß man zum Schluß die Zuhörer an alles Gesagte in kurzem Überblick erinnern soll, das meinst du?« Sokrates: »Das meine ich.«

228

Eine zusammenfassende Wiederholung ist wichtig, aber der Schluß darf nicht nur eine Wiederholung bringen. Die Hauptgedanken der Rede sollen vielmehr gesteigert und verdichtet werden. Formulieren Sie den Schluß einprägsam: bringen Sie ein knappes Bild, eine leichtverständliche Formel, einen prägnanten Zwecksatz. Besonders die Kernsätze müssen kristallklar sein. Beim Anhören des Schlusses muß auch dem letzten Hörer deutlich werden, was gemeint ist. Meiden Sie jedes überflüssige Wort. Ein Zerflattern ist nicht mehr gestattet. Bei einem Sachbericht muß der Schluß endgültige Klarheit bringen, bei der Überzeugungsrede muß der Schluß ein Tatziel haben. Er ist ein Aufruf an die Hörer, ein Ansporn. Die Überzeugungsrede bezweckt ja, daß die Zuhörer in einer bestimmten Weise handeln sollen. Um diesen Zweck zu erreichen, muß der Schluß besonders eindringlich nachwirken. *Ein* Gedanke soll herrschen, bündig und überzeugend hingesetzt. Alles vorher Gesagte ist nur auf dieses Tatziel hin ausgerichtet. Durch einen matten Schluß kann die Wirkung einer ganzen Rede verpuffen.

Danton setzte die folgende wuchtige Antithese an den Schluß seiner Rede: »Jetzt ist der Augenblick, den großen und letzten Eid zu schwören, daß wir uns alle dem Tode weihen oder die Tyrannen vernichten wollen.«

Nochmals zitiere ich Bismarcks Aufforderung: »Arbeiten wir rasch! Setzen wir Deutschland sozusagen in den Sattel! Reiten wird es schon können!«

229

Viele Redner unserer Zeit bringen wohl gute und auch wirkungsvolle Höhepunkte zum Schluß, sie versäumen es aber, das Wesentliche ihrer Aussagen vorher bündig und unüberhörbar zusammenzufassen.

Ganz allgemein finden wir, daß selbst bei guten Rednern die einzelnen Aussagen viel zu sehr aneinandergereiht statt miteinander verknüpft werden. Das Endergebnis ist dann eine *Summe*, aber kein *Produkt*.

230

Wie die Einleitung, so muß auch der Schluß besonders sorgfältig ausgefeilt werden. Der Schluß bleibt beim Hörer am ehesten haften. »Das einzige, das die Hörer sicher mitnehmen aus der Redewelt ins Leben hinüber, ist der Schluß. Schon weil beim Vorausgehenden immer eines das andere überdeckt: Wort legt sich auf Wort, Bild auf Bild, und ein Gedanke überquert den anderen; der Schluß aber bleibt unbedeckt« (Uve Jens Kruse). Die letzten Worte wirken oft am längsten nach. Legen Sie den Schlußsatz oder auch beim Halten der Rede im Augenblick, aus der Stimmung heraus die letzten Sätze am besten wörtlich fest. Der routinierte Redner wird sich gelegentlich zwei oder drei mögliche Schlußwendungen überlegen. Je nachdem, wie die Rede gelaufen ist, wird er sich für diese oder jene, für die mildere oder die schärfere Wendung entscheiden. Also: der Schluß sollte vorformuliert sein. Wenn Ihnen noch ein besserer Schluß einfällt – gut! Abändern kann man immer noch.

231

Wichtig ist es, den Schluß klar abzusetzen vom Hauptteil, z. B. mit einer einleitenden Wendung wie »Ich fasse zusammen« oder »Ich komme zum Schluß«. – Gut ist es, irgendwie an die Einleitung anzuknüpfen. So kann man den Vortrag gut abrunden. Man denke daran: In der Musik ist es so, daß der Schlußtakt die Ergänzung zum Auftakt bringt.

Der Schlußsatz wird sich oft direkt an die Hörer wenden; er muß richtungweisend sein. Viel benutzt wird der *Mögeschluß*. Er sei dem Anfänger als stehende Redewendung für jeden Notfall empfohlen: »Möge der heutige Abend dazu beitragen . . .«, »Möge die Einsicht wachsen . . .«, »Möge es uns gelingen . . .«

Ein freundlicher Dank an die Hörer kann folgen.

232

Die folgenden Beispiele mögen zeigen, wie bedeutende Redner unserer Zeit einen Schluß gestalten. Der österreichische Außenminister Kreisky schloß seine bekannte Rede vor dem polnischen Institut für Internationale Angelegenheiten (Warschau, 2. 3. 1960) mit den Sätzen: »Und so möchte ich meine Betrachtungen mit der Hoffnung schließen *(Ankündigung),* daß es den für das Schicksal der Völker Verantwortlichen gelingen wird, auf die bange Frage Einsteins, ›ob wir der Menschheit ein Ende bereiten oder den Krieg verhindern sollen‹ *(Zitat mit Antithese),* die richtige Antwort zu finden. Ich glaube, daß es Wege gibt, dieser Generation den Krieg zu ersparen. Wenn das durch unsere gemeinsamen Anstrengungen möglich wird *(Willensappell),* warum sollte es dann nicht einer späteren Generation gelingen, den Frieden zu verwirklichen? *(Antithese Krieg – Frieden; rhetorische Frage).* Ihr wird es dann überlassen sein zu entscheiden, welche von den Werken, die wir heute mit den Mitteln der Koexistenz verwahren und entwickeln, über die Schwelle eines neuen Zeitalters getragen werden *(Bild).* (Jetzt folgt der Kernsatz; er enthält in der zugespitzten Alternative die Zusammenfassung der vorherigen Ausführungen mit klarer Stellungnahme.) Die einen glauben, daß es vor allem die Verteilung der Güterfülle sein wird, die neue Formen des menschlichen Zusammenlebens vorbereiten wird, die anderen – an deren Seite ich mich stelle – glauben, daß es letzten Endes die Verwirklichung der Idee der Freiheit in allen Bereichen des gesellschaftlichen Lebens sein wird. Sie werden daher verstehen *(Hinwendung zum Hörer),* daß auf mich eine Antwort großen Eindruck gemacht hat, die Benedetto Croce auf die Frage gab, ob denn der Freiheit die Zukunft gehöre. Er erwiderte: »Etwas viel Besseres – die Ewigkeit« *(Schlußzitat).*

233

Als zweites Beispiel führe ich die Schlußsätze der ergreifenden Rede an, die Theodor Heuss 1952 anläßlich der Weihe des Mahnmals im ehemaligen Konzentrationslager Belsen hielt: »Da steht der Obelisk, da steht die Wand mit den vielsprachigen Inschriften. Sie sind Stein, kalter Stein, saxa loquuntur, Steine können sprechen. Es kommt auf den einzelnen, es kommt auf dich an, daß du ihre Sprache, daß du diese ihre besondere Sprache verstehst, um deinetwillen, um unser aller willen!«

234

Diese Worte sind sehr eindringlich, ohne jeden pathetischen Überschwang. Zu Beginn stehen drei kurze Sätze, gemeißelt wie der Stein, von dem die Rede ist. Der erste und zweite Satz beschreiben nur, was *ist*. Der dritte und vierte: was *bedeutet* das. Der ausgeweitete Schlußsatz bringt den Übergang vom Objekt Mahnmal zum Hörer; er schafft die Beziehung Mahnmal – Verpflichtung des Menschen in der Zukunft. Besonders eindringlich wirkt hier die indirekte Aussage, das Mitverstehen: es wird nicht direkt gesagt, was die Steine hier dem Menschen sagen. Nach allen Worten, die dem Schluß vorangegangen sind, ist jedem Hörer deutlich, was Heuss meint mit ihrer »besonderen Sprache«. Das Ergebnis der Rede wird dem Hörer nicht aufgedrängt; ihm wird in würdiger Weise nahegelegt, die Schlüsse selbst zu ziehen. Jeder einzelne fühlt sich angesprochen. – Im übrigen finden wir in den wenigen Sätzen ein vielfältiges Ineinanderhaken rhetorischer Mittel:

1. Satz: Anaphora (»da steht – da steht«); Verdeutlichung (Obelisk – Wand mit den vielsprachigen Inschriften).

2. Satz: Erweiternde Wiederholung. Geminatio nannten das die antiken Rhetoriker: Stein – kalter Stein.

3. Satz: Zitat mit Übersetzung.

4. Satz: Anaphora (»Es kommt ... es kommt ...«, »daß du ... daß du...«), Verdeutlichung durch Individualisierung (»auf den einzelnen – auf *dich*«), Verdeutlichung durch erweiternde Wiederholung (»ihre Sprache – *diese* ihre *besondere Sprache*«), Epiphora (zweimal »um ... willen«).

Festhalten möchte ich: auch dieses Beispiel zeigt, daß an Höhepunkten der Rede die rhetorischen Mittel geballt werden müssen.

235

Die nachstehenden Sätze bilden den Schluß einer Rede, die François-Poncet vor einigen Jahren in Münster hielt (27. 4. 1954). Dieser Schluß bringt eine eindringliche Zusammenfassung vorausge-
hender Gedankengänge. Das Wesen der Demokratie wird noch
einmal anschaulich und prägnant geschildert. Viele rhetorische
Figuren kommen vor: Vergleich (»Wenn ich mich betrachte . . .«),
Bild (»Schlüssel zum Glück«), Verdeutlichung (»Bürgersinn – Gefühl für Verantwortung . . .«), Zitat, Ausruf, Wiederholung u. a.
Der Gipfelpunkt liegt in den Ausrufen: »Nichts Überschwengliches! Keine Extreme! Maß halten!« Der Schlußsatz bringt noch
einen tieflotenden und alles überhöhenden Gedanken, der sich un-
weigerlich in das Gedächtnis der Hörer eingräbt: »Die Geduld . . .
ist eine besondere Form der Kraft.« – Der ganze Schluß lautet:

»Geben wir uns keinen Illusionen hin! Es ist sehr schwer, eine
Demokratie in die richtige Bahn zu lenken und gegen die Gefahren
zu sichern, die aus ihr selbst entstammen. Sie stellt die schwierigste
aller Regierungsformen dar. An den einzelnen richtet sie die
höchsten Anforderungen im staatlichen Zusammenleben. Sie verlangt sehr viel Bürgersinn, sehr viel Gefühl für Verantwortung
von jedem Individuum. Aber immerhin, wenn man die Demokratie mit anderen Regierungsformen vergleichen will, dann
kommt man zu den Worten, die ein kluger Mann von sich selbst
sagte: ›Wenn ich mich aber mit anderen vergleiche, fange ich an,
Achtung vor mir selbst zu haben!‹ Von den Alten ist uns über das
Christentum eine Lehre überkommen. Ich habe sie in lateinischer
Sprache auf den Knauf des Degens, den ich als Mitglied der Académie Française zu tragen habe, eingravieren lassen: ›Ne quid
nimis‹.

Nichts Überschwengliches! Keine Extreme! Maß halten! In dieser
Formel, so glaube ich, liegt eine tiefe Weisheit, vielleicht sogar ein
Schlüssel zum Glück.

Patientia, die Geduld, ist zwar keine Kardinaltugend, aber nur
deshalb nicht, weil sie nichts anderes ist als eine besondere Form
der Kraft« (s. Poncet »Zu Deutschen gesprochen«, S. 21).

236

Wirkungsvoll ist es immer, am Schluß der Rede einen allgemeinen
Ausblick zu geben und das besondere Redethema in einen überge-
ordneten Zusammenhang einzubetten.

Vom besonderen Thema der Rede wird man oft z. B. zu allgemeineren Auswirkungen auf die Zukunft kommen.

237

In einer Meinungsrede ist es ein guter Schluß, wenn die Zuhörer sich mit dem Redner identifizieren können. Der umgekehrte Fall, genau so gut, liegt in der Rede des Präsidenten Kennedy in Berlin vor (1963). *Er* identifizierte sich mit ihnen, mit Anspielung auf die klassische Wendung »ich bin ein Römer«: »Alle freien Menschen, wo immer sie leben mögen, sind Bürger dieser Stadt Westberlin, und deshalb bin ich als freier Mann stolz darauf, sagen zu können: Ich bin ein Berliner!« Daß er den (von seinem Berater Sorensen ausgedachten) Schlußsatz auch noch auf Deutsch ausrief, verstärkte noch den Eindruck.

238

Möchten Sie zum Schluß ein Zitat bringen, so prüfen Sie sorgfältig, ob es wirklich dahin paßt. Zitate müssen sehr treffend sein. Allzuoft wirken sie, aus dem ursprünglichen Zusammenhang gerissen, in der neuen Umgebung und als Schlußwirkung recht kümmerlich und aufgepropft.

Ein gut gewähltes und nicht abgegriffenes Zitat kann einen feierlichen Höhepunkt bilden.

239

Manche Redner empfehlen, am Ende der Meinungsrede Wärme zu Glut werden zu lassen. Man hüte sich aber, hier wie an jeder anderen Stelle der Rede, mit antiquiertem Pathos aufzuwarten, wie wir es manchmal erleben.

Die Zeiten sind (glücklicherweise!) vorbei, da Redner die Massen mit einem flammenden Appell auf die Barrikaden hetzten. Pathetisches Getue steht heute nur noch jenen Demagogen an, die einen nationalistischen Nachholbedarf befriedigen oder einer utopischen Zwangsbeglückung der Menschheit das Wort reden.

240

Geradezu belustigend wirkt es heute, wenn z. B. selbstverherrlichende Gebrauchslyrik aus der Zeit um 1900 zelebriert wird, wie es noch jüngst am Schluß einer Vereinsversammlung geschah. Der Redner spielte, in bester Absicht freilich, auf die Vielseitigkeit der Vereinsarbeit an, indem er in ekstatischem Tonfall ausrief: »Und

so stehen wir denn auch heute noch zu dem Leitspruch unserer Alt-
vorderen, der da hieß:

>Turner, Sänger und die Schützen
sind des Deutschen Reiches Stützen.
Am besten aber dient dem Reich,
wer turnt und singt und schießt zugleich!<«

241

Der Redner sollte nicht mit der Rede aufhören, sondern sie mit
einem Höhepunkt abschließen. Er sollte nicht weggehen, sondern
einen *Abgang machen*. Gelegentlich erlebt man es, daß eine Rede-
stelle unerwartet gut zündet. Man wollte eigentlich noch einiges
mehr sagen, unterläßt das aber und schließt mit diesem unvermute-
ten Höhepunkt.

Zwei Fehler werden leicht gemacht:

Einmal hört der Redner plötzlich auf, quasi ohne Lebewohl zu
sagen; ein andermal nimmt er eine halbe Stunde lang Abschied. Er
kann einfach nicht zu Ende kommen, denn manche Menschen können nur schwer aufhören, wenn sie fertig sind. Der geistige Hände-
druck schmerzt schließlich. Nicht sagen: »Ich komme zum Schluß«,
und dann nicht danach handeln. »Ein Ende ohne Schluß ist nicht gut,
aber ein Schluß ohne Ende ist entsetzlich« (Patocka). Die vorgese-
hene Zeit ist längst überschritten; die Rede wird lang und länger,
mit ihr werden es die Gesichter der Zuhörer, und man kann die
stumme Frage hören: »Na, wann ist endlich Schluß?« Mit ironischem
Augenzwinkern empfiehlt Tucholsky: »Kündige den Schluß deiner
Rede lange vorher an, damit die Hörer vor Freude nicht einen
Schlaganfall bekommen. Kündige den Schluß an, und dann beginne
deine Rede von vorn und rede noch eine halbe Stunde. Dies kann
man mehrere Male wiederholen.«

242

Das Goethe-Wort: »Daß du nicht enden kannst, das macht dich groß«
ist nicht auf den Redner gemünzt! Er bringe nicht statt Schlußwendungen Schlußwindungen. Er schließe, wenn das Publikum noch
mehr hören möchte. (Es darf einem nicht ergehen wie dem Sänger,
von dem es in der Kritik hieß: »Er wollte noch gern eine Zugabe
bringen, aber das Publikum zog es vor, den Saal zu verlassen.« Und
man kann es ja in der Rede auch nicht so machen wie der rheinische
Pfarrer Johannes Harff, der sich nicht scheute, während der Predigt persönlichen Kontakt mit seinen Hörern aufzunehmen und

dabei im schönsten Dialekt kundtat: »Herr Schmitz, wenn Se de Uhr jetzt noch emal erausziehn, dann predije isch jarantiert noch zehn Minuten länger!« . . .)

243

In der Bremer Bürgerschaft tritt ein Abgeordneter, von dem man lange Reden gewöhnt ist und der soeben eine lange Rede gehalten hatte, erneut ans Rednerpult. Es gibt verzweifelte Gesichter. Doch der Abgeordnete erklärt: »Herr Präsident, meine Damen und Herren! Wenn ich jetzt noch einmal das Rednerpult betrete, so geschieht es nicht, weil ich eine weitere Rede zu halten gedenke. Ich habe hier vorhin meine Brille liegenlassen.« Die Spannung des Hauses löst sich in schallende Heiterkeit auf.

Es ist ein schlechtes Zeichen, wenn die Zuhörer während des Vortrages auf die Uhr sehen. Peinlich aber wird es für Sie, wenn jemand die Uhr ans Ohr hält, weil er vermutet, sie sei stehengeblieben.

Als höchstes Lob ist anzusehen, wenn uns nach der Rede jemand sagt: »Ich hätte noch stundenlang zuhören können.«

F. Redebeispiele mit Analysen

244

Die folgenden Ausschnitte aus bedeutenden Reden sollen zeigen, daß die in den vorigen Kapiteln beschriebenen Grundlagen und Darstellungsmittel der Rede vielfältig miteinander verflochten werden. Die Beispiele sind verschiedenen Bereichen der Rede entnommen. Wir könnten sie beliebig vermehren. Jeder Ausschnitt hat ein eigenes Gepräge, und doch sind es immer wieder dieselben Stilmittel, die die gute Rhetorik unserer Tage bestimmen. Lesen Sie öfter auch vollständige Reden, auf die hier aus Raumgründen verzichtet werden muß. Man kann vieles aus ihnen lernen, was Gliederung, Steigerung, Einleitung, Schluß usw. betrifft. Vergessen wir auch nicht, daß es sich hier nur um das *Gefüge* der Rede handelt. Die Wirkung der Rede hängt aber wesentlich davon ab, in welcher Weise der Wortlaut vorgetragen wird.

245

1. Aus Philipp Scheidemanns Rede gegen den Versailler Vertrag (Nationalversammlung 1919)

(Quelle: Sonderband des Deutschen Geschichtskalenders: Vom Waffenstillstand zum Frieden, Leipzig 1920, S. 497 ff.)

Der deutsche Reichsministerpräsident Philipp Scheidemann (SPD) schließt seine flammende Protestrede gegen den Versailler Vertrag mit folgenden eindringlichen Worten: »Wir wissen es und wollen es ehrlich sagen (*Verdeutlichung:* wissen – ehrlich sagen), daß dieser kommende Friede für uns eine Marter (*Gegensatz*) sein wird. Wir weichen nicht um Fadenbreite (*Bild*) von dem zurück, was unsere Pflicht ist, was wir zugesagt haben, was wir (*Anaphora*) ertragen müssen (*Verdeutlichung:* Pflicht – zugesagt – ertragen. Argumentationsmäßig wird im folgenden die *Einschränkungstechnik* gebraucht: ja – aber!). Aber nur ein Vertrag, der gehalten werden kann, der uns am Leben hält, der uns (*Anaphora*) das Leben als einziges Kapital zur Arbeit und Wiedergutmachung läßt (*Verdeutlichung*), nur ein solcher Vertrag (*erweiternde Wiederholung*) kann Deutschland wieder aufbauen. Nicht der Krieg, sondern der verhaßte, kasteiende Arbeitsfriede (*Gegensatz*) wird das Stahlbad (Bild) für unser aufs tiefste geschwächtes Volk sein. Der Arbeitsfriede (*Wiederholung*) ist unser Ziel und unsere Hoffnung! (*Ausruf*). Durch ihn können wir den berechtigten Forderungen unserer Gegner (*Einwandvorausnahme*) gerecht werden, durch ihn allein aber auch können wir unser Volk wieder zur völligen Gesundung führen.

Wir müssen von unseren Niederlagen und Krankheiten (*Bild*) gesunden, ebenso wie unsere Gegner von den Krankheiten des Sieges. (*Gegensatz:* Der vorstehende Satz ist der Höhepunkt des Ganzen: alles, was vorher gesagt wurde, wird hier in einem plastischen Gegensatz zusammengefaßt.) Heute sieht es fast so aus, als sei das blutige Schlachtfeld von der Nordsee bis zur schweizerischen Grenze (*anschauliche Einzelheit*) noch einmal in Versailles lebendig geworden. Wir kämpfen nicht mehr, wir wollen den Frieden! (*Gegensatz, Ausruf*). Wir wenden uns schaudernd von jenem Mord: wir wissen, wehe denen, die den Krieg heraufbeschworen haben! (*Ausruf.*) Aber dreimal wehe denen, welche heute den wahrhaftigen Frieden verzögern um nur einen Tag!« (*Steigerung*)

246

2. *Aus Hermann Ehlers' Vortrag »Die Demokratie im neuen Deutsch-land«.*

(Quelle: H. Ehlers, Um dem Vaterland zu dienen, 1955, S. 19 ff.)

Der 1954 verstorbene Präsident des Deutschen Bundestages, Ehlers (CDU), hält am 25. 11. 1952 einen Vortrag vor der Schwedisch-Deutschen Gesellschaft in Stockholm, in dem er in tiefgründiger Weise die politische Situation Deutschlands beleuchtet. Ein kleiner Ausschnitt soll die rhetorischen Mittel aufzeigen, deren sich der Redner bediente, um wirksam zu werden:

Nach 1945 »hat niemand, der die Dinge vernünftig sah und der mit offenen Augen und Ohren die politische Entwicklung der Welt verfolgte *(Verdeutlichung:* Dinge sehen – mit offenen Augen usw. Entwicklung verfolgen), leugnen können, daß gegenüber dem Hitler-System die westliche Demokratie *(Gegensatz)* ein ganz außergewöhnlich großes Maß an Vorzügen hat. Aber es hat sich doch gezeigt (jetzt folgt, wie bei Scheidemann, die *Einschränkung:* ja – aber . . .), daß man die Demokratie bei allen ihren guten Eigenschaften nicht ohne weiteres als eine Exportware *(Vergleich)* betrachten kann. Es ist nicht ganz zweckmäßig zu meinen, daß man bestimmte, in anderen Ländern unter anderen Verhältnissen *(Verdeutlichung)* gewachsene Formen einem Volke, das aus einer ganz anderen Geschichte herauskommt, einfach überstülpen *(Vergleich)* kann. Die schwedische, die englische und die amerikanische Demokratie haben ihre sehr beachtlichen und in die Augen fallenden *(Bild)* Unterschiede; und ich glaube, daß auch die deutsche Demokratie ihre eigene Prägung wird haben müssen, wenn sie eine echte und im Volk verwurzelte Demokratie sein soll *(Folgerung).* Wir haben auf diesem Gebiet einem gewissen Sendungsbewußtsein gegenübergestanden; und ein politisches Sendungsbewußtsein ist eine gefährliche Angelegenheit« *(Mitverstehen,* denn die Hörer wissen, was gemeint ist: Hitlers Diktatur nebst seinem Anspruch, die Herrenrasse zu verkörpern).

247

*3. Aus Franz Böhms Bundestagsrede zum Tag der deutschen Einheit,
16. 6. 1954.*

(Quelle: Franz Böhm, Reden und Schriften, 1960, S. 301)

Der CDU-Abgeordnete Prof. Böhm sagt u. a.:

»Die deutsche Einheit ist, so wie die Dinge heute liegen, nur auf
zwei Wegen *(Bild)* zu erreichen: entweder kommt die Sowjetzone
zu uns, oder die Bundesrepublik tritt zum Osten über *(Gegensatz).*
Die Bevölkerung der Sowjetzone hat am 17. Juni deutlich genug
bekundet, wie sie sich selbst die Lösung denkt *(Mitverstehen).* Würde
sie das getan haben, wenn sie der Ansicht gewesen wäre, daß Freiheit, Menschenwürde, Schaffenslust, Wohlstand *(Beispiele)* unter den
Formen des Ostens *(Umschreibung)* eine bessere Heimat *(Bild)* hätten als unter den Formen, für die wir uns entschieden haben? *(Rhetorische Frage).* Haben sie freie, geheime Wahlen gefordert, weil sie
uns für besser gerüstet hielten oder geglaubt haben, daß wir die besseren Diplomaten besitzen? *(Rhetorische Frage).* Die Menschen in
der Zone wissen so gut wie wir, daß auch wir im Westen *(Umschreibung)* mit Wasser kochen *(Vergleich),* daß die freie und soziale Welt
für uns ein Ziel, noch keineswegs eine vollendete Wirklichkeit ist
(Gegensatz; das Ganze: Einwandvorausnahme). (Es folgt als Höhepunkt ein Großsatz:) Aber sie haben gesehen, was wir auf diesem
Wege *(Bild)* während der vergangenen fünf Jahre getan haben, und
sie haben gesehen *(Wiederholung),* was bei ihnen drüben in den vergangenen fünf Jahren geschehen ist *(Gegensatz),* und sie haben erklärt *(Kette: gesehen – Folgerung: erklärt),* daß sie unseren Weg
(Bildwiederholung) zu gehen beabsichtigen, und *nur* unseren Weg«
(Erweiternde Wiederholung).

Der ganze Abschnitt ist auf Steigerung bedacht. Alle Aussagen
steuern auf den Höhepunkt, auf den Zielsatz zu.

248

4. Aus Gustav Heinemanns Rede »Deutschland und die Weltpolitik«.
(Quelle: G. Heinemann, Im Schnittpunkt der Zeit, 1957, S. 177)

Der Ausschnitt einer Rede (Stuttgart-Cannstatt, 28. 10. 1954) aus
der Zeit der Auseinandersetzung um die westdeutsche Wiederbe-
waffnung kann als Beispiel für deduktive Beweisführung auf eng-
stem Raum gelten. Zu Anfang steht eine These, dann folgen Tatsachen samt Folgerung:

»Wir müssen aufhören, Westeuropa-Armee *und* Wiedervereinigung zu fordern! *(These, Ausruf)*. Westeuropa-Armee heißt Atlantikpakt, Atlantikpakt heißt Aufmarsch gegen die Sowjetunion *(Kette)*. Die Sowjetunion ist aber nicht dumm genug *(ironische Wendung)*, auch nur einen Quadratmeter von Deutschland *(anschaulich durch Übertreibung)* zu räumen, um ihn dem atlantischen Aufmarsch zur Verfügung zu stellen. Der Westen *(Umschreibung)* ist ja auch nicht dumm genug, das Entgegengesetzte zu tun *(Gegensatz);* auch die Franzosen, Engländer und Amerikaner räumen nichts von Deutschland, um es einer sowjetischen Aufrüstung gegen den Westen zur Verfügung zu stellen *(Verdeutlichung)*. Die Folgerung muß sein, daß wir nach *beiden* Seiten hin eine Gewähr für die Nachbarn bieten, daß wir ihnen keine *neue* (folgt *Mitverstehen,* Anspielung auf deutsche Angriffe in den Weltkriegen!) militärische Gefahr bereiten, wenn sie uns wieder zusammenkommen lassen.«

249
5. *Aus Aristide Briands Rede vor dem Völkerbund.*
   (Quelle: Paul Schmidt, Statist auf diplomatischer Bühne, 1950, S. 118/119)

1926 wurde Deutschland in den Völkerbund aufgenommen. An diesem ehrwürdigen Tag voller (trügerischer!) Hoffnung führt der Franzose Briand in einer ebenso tiefgründigen wie brillanten Rede u. a. aus:
   »Was bedeutet nun dieser heutige Tag für Deutschland und für Frankreich? *(Rhetorische Frage)*. Das will ich Ihnen sagen *(Einschub):* Es ist jetzt Schluß mit jener langen Reihe schmerzlicher und blutiger Auseinandersetzungen, die die Seiten unserer Geschichte beflecken *(Bild);* es ist Schluß *(Anaphora)* mit dem Krieg zwischen uns, Schluß mit den langen Trauerschleiern *(Bild)*. Keine Kriege, keine brutalen Gewaltlösungen *(Verdeutlichung)* soll es von jetzt ab mehr geben! *(Ausruf)*. Ich weiß, daß Meinungsverschiedenheiten zwischen unseren Ländern auch heute noch bestehen *(Vorgriff =* *Einwandvorausnahme)*, aber in Zukunft *(Gegensatz)* werden wir sie genauso wie die Einzelpersonen vor dem Richterstuhl *(Vergleich)* in Ordnung bringen. Deshalb sage ich *(Folgerung):* fort mit den Gewehren, den Maschinengewehren, den Kanonen! *(Beispiel; Ausruf)*. Freie Bahn *(Bild)* für die Versöhnung, die Schiedsgerichtsbarkeit und den Frieden!« *(Verdeutlichung; Ausruf)*.
   Schon diese wenigen Sätze weisen mehr als ein Dutzend verschie-

dene rhetorische Figuren auf und zeigen die anschauliche und eindringliche Ausdrucksweise Briands. Dieses Beispiel bringt den Höhepunkt in den beiden packenden Kurzsätzen des Schlusses. Allgemein stellen wir immer wieder fest: Bei Höhepunkten bedienen sich gute Redner entweder des unvollständigen, ausrufartigen Kurzsatzes (Briand, Scheidemann u. a.) oder aber des weit ausgesponnenen Großsatzes (siehe z. B. Heuss' Schlußsatz; Böhms Schlußsatz).

250
6. *Aus Victor Adlers Rede »Kriegsgefahr und Pressefreiheit«.*
   (Quelle: Hans Patocha, Die Kunst der Rede, 1955, S. 159 ff.)

Der österreichische Sozialdemokrat Victor Adler warnte schon Jahre vor dem 1. Weltkrieg vor der Kriegshetze. Der folgende Ausschnitt ist der Rede entnommen, die er in Favoriten vor der Wiener Arbeiterschaft hielt (28. 11. 1912). In dieser Rede wendet er sich gegen alle diejenigen, die jede wirkliche oder auch nur angebliche Provokation Serbiens ausnutzen, um Österreich zum Krieg aufzuputschen. Alle möglichen Mittel der Rhetorik und Dialektik werden aufgeboten, um die von tiefer Verantwortung getragene eigene Überzeugung zu übermitteln. Diese Hetzer »wollen uns (Sozialdemokraten) als Verräter des Vaterlandes brandmarken, die ›Patrioten‹! *(Ironische Wendung).* Wenn Patriotismus überhaupt etwas heißt, dann heißt es Liebe zum Volk. Diejenigen, die dafür arbeiten, daß das Volk *nicht* hineingehetzt wird in einen ungeheuerlichen Krieg, sind Patrioten *(Umwertung des Begriffs ›Patriot‹),* und nicht etwa jene (folgt *Gegensatz),* die leichtfertig und frivol mit dem Säbel scheppern *(Bild),* den *sie* niemals führen werden.« An dieser Stelle der Rede kamen Zurufe »Pfui Reichspost«, womit auf die (später widerrufene!) Meldung dieser Zeitung angespielt wurde, ein österreichischer Konsul sei von Serben angegriffen worden. Adler nimmt die Zwischenrufe in geschickter Weise auf: »Ja, die ›Reichspost‹, ja natürlich, die Herren haben Courage *(Überraschung) –* aber nur mit der Tinte *(ironische Wendung in Form der Umschreibung).* Aber sie sollen einmal unter jene gehen, an die der Ruf kommen wird, wenn mobilisiert werden sollte. Das sind nicht feige Menschen, das sind Menschen, die den größten Mut und die größte Ausdauer aufbringen müssen *(Gegensatz),* um ihr Leben mit ihrer Familie durchzuschlagen. Das sind Menschen, die gewohnt sind, für ihre Überzeugung einzutreten, und die bereit sind, ihr Leben einzusetzen, wenn es um die Sache des Volkes geht *(Steigerung)*. Die Herren tun, als ob wir die Friedenswinsler wären, wie sie uns nennen, als ob *(Anaphora)* wir feige wären und sie hätten die Courage *(Gegensatz; Verdeutlichung)*, die Courage, euch Arbeiter ins Feuer *(Umschreibung)* zu schicken!« *(Umwertung des Begriffs Courage)*. – (In den nächsten Sätzen finden wir ein Musterbeispiel für das plötzliche Umschlagen von schneidendem Sarkasmus in tiefen, bitteren Ernst, wobei Adler nicht mehr als einzelner spricht, sondern sich zum Anwalt der Überzeugung seiner Zuhörer macht. »Nicht *ich* will« – »*Wir* wollen . . .« Er nimmt die Versammlungsregungen auf und formuliert das, was die anderen mehr oder weniger klar denken und fühlen. Diese Technik ist ein bestimmendes Merkmal der Agitationsrede!) »Wenn die Herren durchaus Blut sehen wollen, dann mögen sie sich zur Ader lassen, es wird den wohlbeleibten Herren ganz nützlich sein! Wir wollen keinen Krieg! *(Ausruf)*. Darum sind wir nicht gleichgültig gegen das Schicksal unserer Völker und nicht einmal gleichgültig gegen die Ehre dieses Landes *(Einwandvornahme;* Begründung folgt). Aber unterscheiden wir genau. Da soll der Konsul Prochaska angegriffen worden sein. Es ist viel darüber gelogen worden und wird vielleicht in der nächsten Zeit noch mehr gelogen werden. Wenn es aber wahr ist, daß ihm an den Leib gegangen wurde, dann sind wir durchaus dafür, die Serben zur Rechenschaft zu ziehen. (Es folgte der Kernsatz:) Aber wegen einer Ehrenbeleidigung muß nicht das Blut von Hunderttausenden fließen. (Es folgt *Vergleichstechnik*). Und wenn man für den Herrn Prochaska eintritt, dann trete man auch ein für jene Staatsbürger Österreichs, die in Amerika niedergeschossen werden wie tolle Hunde *(Vergleich)*, die in Preußen herumgehetzt werden (zwei *Beispiele*), ohne daß unser Auswärtiges Amt einen Finger rührt *(Bild)*. Aber freilich, das sind nur ›Untertanen‹, während so ein Konsul ein Stück Staat ist *(Gegensatz, ironische Wendung)*. Jedes Haar auf seinem Haupte bedeutet schon die Ehre des Staates *(Übertreibung)*. Über Proletarier, da macht man keine Vorstellungen. Wenn's geht, gut, wenn's nicht geht, auch gut *(Gegensatz)*. Von Proletariern hat man ja genug. Wir sind sehr empfindlich für die Ehre unseres Landes in diesem Punkt, und unzählige Male haben wir unsere Stimme erhoben, aber man hat uns nicht gehört« *(Umschreibung)*.

251

7. *Aus Franklin D. Roosevelts Rede zum Amtsantritt als Präsident der USA.*

(Quelle: Paul Lang, Deutschsprachiges Arbeitsbuch, Band 2, 1952, S. 210 ff.)

Roosevelt übernahm die Präsidentschaft zu einem Zeitpunkt, da die wirtschaftliche Lage der USA katastrophal war. In seiner Radiorede vom 4. März 1933 beschönigte er nichts, er machte vielmehr den Amerikanern den Ernst der Situation deutlich und gab unverblümt die Gründe für das Versagen der Wirtschaft an. Er vergaß aber nicht, neben der Ankündigung der notwendigen Maßnahmen der Nation neuen Mut zu machen. Das alles tat er gründlich, anschaulich und für jeden verständlich. Es lohnt sich, einmal die ganze Rede zu lesen. Der Anfang sei hier mitgeteilt:

»Der heutige Tag ist für unser Land ein weihevoller Tag, und sicherlich erwarten von mir alle Amerikaner, daß ich anläßlich meines Amtsantrittes als Präsident mit der Offenherzigkeit und Entschiedenheit zu Ihnen spreche, welche die gegenwärtige Lage unseres Volkes erfordert.« (Schon dieser erste Satz zeigt, daß sich der Redner ganz in die Lage seiner Hörer versetzt hat. Was wollen diese hören? Eine klare, offene, entschiedene Meinung des Präsidenten. Mit dieser Ankündigung, die im folgenden Satz noch gesteigert ist, erzeugt Roosevelt nicht nur Spannung, sondern auch Wohlwollen: captatio benevolentiae.)

»Jetzt vor allem ist es Zeit, die Wahrheit zu sagen, die *ganze* Wahrheit *(erweiternde Wiederholung)*, unverhohlen und kühn *(Steigerung* gegenüber dem ersten Satz). Auch brauchen wir die Aufrichtigkeit nicht zu scheuen, wenn wir die Verhältnisse in unserm Land betrachten. Diese große Nation wird durchhalten, wie sie durchgehalten hat; sie wird wieder aufleben und aufs neue gedeihen *(Steigerung)*. So laßt mich euch vor allem andern meinen festen Glauben bekräftigen, daß das, was wir zu *befürchten* haben, die *Furcht* ist *(Wortspiel)* – die anonyme, sinnlose, ungerechtfertigte Furcht *(erweiternde Wiederholung)*, welche die so notwendigen Anstrengungen lähmt, durch die wir den Rückzug in einen Triumph *(Gegensatz)* verwandeln können.«

252

8. Aus Winston Churchills Antrittsrede im Unterhaus nach der Ernennung zum Premierminister.

(Quelle: W. Churchill, Reden 1938–1940, 1946, Bd. 1, S. 318 ff.)

Schonungslos offen spricht Churchill (am 13. Mai 1940) davon, wie hart und erbarmungslos der Krieg werden wird. Viele rhetorische Mittel bietet er auf, als er vom englischen Volk fordert, entschlossen Widerstand zu leisten:

»Ich möchte dem Hause dasselbe sagen, was ich den Mitgliedern dieser Regierung gesagt habe (Ankündigung als *Einschub): Ich habe nichts zu bieten als Blut, Mühsal, Tränen und Schweiß. (Drastische Beispiele. Churchill* begnügt sich nicht mit allgemeinen Wendungen wie etwa »es wird hart werden«, sondern er nennt Einzelheiten, deren Bedeutung jedem deutlich ist: Blut, Mühsal, Tränen, Schweiß.) Wir haben eine Prüfung von der allerschwersten Art vor uns. Wir haben *(Anaphora)* viele, viele *(Wiederholung)* lange Monate des Kampfes und des Leidens *(Verdeutlichung)* vor uns. Sie werden fragen: Was ist unsere Politik? *(Rhetorische Frage).* Ich erwidere: Unsere Politik ist, Krieg zu führen, zu Wasser, zu Lande und zur Luft *(Verdeutlichung),* mit all unserer Macht und mit aller Kraft, die Gott uns verleihen kann: *(Gegensatz)* Krieg zu führen *(Wiederholung)* gegen eine ungeheuerliche Tyrannei, die in dem finsteren, trübseligen Katalog des menschlichen Verbrechens unübertroffen bleibt (Charakterisierung des Feindes). Das ist unsere Politik! *(Ausruf* als Bekräftigung, *Kreuzstellung* zum Beginn des vorigen Satzes: Unsere Politik ist ... – das ist unsere Politik.) Sie fragen: Was ist unser Ziel? *(Rhetorische Frage).* Ich kann es mit einem Wort nennen: Sieg – Sieg um jeden Preis, Sieg trotz allem Schrecken, Sieg, wie lang und beschwerlich der Weg dahin auch sein mag *(Erweiternde Wiederholung als Steigerung);* denn ohne Sieg gibt es kein Weiterleben *(Gegensatz).* Möge man darüber im klaren sein *(Einschub):* kein Weiterleben für das britische Weltreich; kein Weiterleben *(Anaphora)* für den jahrhundertealten Drang und Impuls des Menschengeschlechts *(Steigerung),* seinem Ziel zuzustreben. Ich übernehme meine Aufgabe voll Energie und Hoffnung und bin überzeugt, daß es nicht geduldet werden wird, daß unsere Sache Schiffbruch *(Bild)* erleide. (Es folgt der Aufruf zur Tat:) So fühle ich mich in diesem Augenblick berechtigt, die Hilfe aller zu fordern, und ich rufe: (Hier steht zum achten Male in diesem kurzen Abschnitt der Doppelpunkt als Spannungselement!) Kommt denn, laßt uns gemeinsam vorwärtsschreiten mit vereinter Kraft!« In anschaulicher und eindringlicher Weise, mit suggestiver Kraft vermittelt Churchill hier seine Überzeugung und seine Hoffnung.

253
9. *Aus Carl Goerdelers Ansprache an seine Leipziger Mitarbeiter* (31. März 1937).
(Quelle: Das Buch deutscher Reden und Rufe, 1956, S. 492 ff.)

Carl Goerdeler war einer der führenden Widerstandskämpfer gegen die Hitler-Diktatur. Als er 1937 als Oberbürgermeister von Leipzig zurücktritt, hält er seinen Mitarbeitern eine Abschiedsrede, die ein Musterbeispiel ist: schlicht, warmherzig, eindringlich. Man spürt, daß Goerdeler betrübt ist, aber er wird mit keinem Wort sentimental. Der Redner verwendet gar nicht einmal so viele rhetorische Figuren; es sind einfach Grundhaltung und Aufbau, die diese Ansprache so eindringlich machen. Der im folgenden angeführte Schluß enthält wesentliche Elemente der rechten Abschiedsrede. Die Folge hier: Bedeutung der geleisteten Arbeit; Schwere des Abschieds; persönliches Verhalten; Anerkennung der Mitarbeiter ohne Überschwang; Dank; gute Wünsche für Arbeit und persönliches Wohlergehen.

»Die wesentlichen Aufgaben einer großen Stadt liegen doch auf den Gebieten, die es uns gestatten, den Menschen zu helfen, sie zu fördern, ihnen immer mehr Freude an einem geordneten und immer schöner werdenden Gemeinwesen zu ermöglichen *(Steigerung)*. Dieser Teil unserer Arbeit ist der, den unsere Seele sucht und der unsere Seele allein befriedigt *(Verdeutlichung)*. Seien Sie immer gerecht und seien Sie immer *(Anaphora)* hilfsbereit! *(Ausruf)*. Dann dienen Sie dieser Stadt am besten. Dann wird mein Amtsnachfolger ebenso stolz auf die Gefolgschaft der Stadt Leipzig sein, wie ich es sein durfte.

Der Abschied von der Stadt und vom Amte wird mir schwer. Ich habe das den Beigeordneten und Ratsherren schon gesagt; ich brauche es hier nicht wieder zu sagen *(Mitverstehen)*. Aber auch der Abschied von Ihnen geht mir zu Herzen. Manchen habe ich fernergestanden, vielen habe ich nähertreten können *(Gegensatz)*. Darauf kommt es nicht an. Das ist in einer so vielköpfigen Verwaltung unvermeidlich. Aber ich habe mich bemüht, Ihnen in Gerechtigkeit in entscheidenden Fragen Ihres und der Stadt Daseins stets gleich nahezustehen und in den Angelegenheiten des einzelnen gerecht zu wägen und gerecht zu entscheiden. Sie haben mir durch Vertrauen und Pflichterfüllung eine Arbeit, der mein ganzes Herz galt, leicht und schön gemacht. Dafür danke ich Ihnen von Herzen. Ich wünsche Ihnen allen weiter gesegnetes Wirken für diese schöne Stadt, ich wünsche *(Anaphora)* Ihnen Gesundheit und Glück im Frieden Ihrer Familie.«

254
10. Aus der Weihnachtsansprache 1943 von Papst Pius XII.
   (Quelle: Wolfgang Müller, Große Reden aus drei Jahrtausenden, 1952, Seite 381 ff.)

Mit beschwörenden Worten wendet sich der Papst an die kriegführenden Völker. Er verurteilt nicht nur den brutalen Krieg, er analysiert auch kristallklar die Situation der verweltlichten Menschheit, die Gott nicht mehr im Regimente wähnt. In immer neuen Antithesen macht er das deutlich:
   »Jene, die das Heil der Gesellschaft vom Mechanismus des Weltmarktes erwarteten, wurden so enttäuscht, weil sie nicht die Herren und Beherrscher, sondern die Sklaven *(Gegensatz)* der materiellen Reichtümer geworden waren, denen sie gedient hatten; sie lösten sie los vom höheren Ziel des Menschen und machten sie zum Selbstzweck ... Der Abfall vom göttlichen Wort, durch das alle Dinge geschaffen wurden, hat den Menschen zum Abfall vom Geist geführt *(Kette);* so daß es für ihn schwierig wurde, Ideale und hohe geistige und sittliche Ziele zu verfolgen. Während auf diese Weise die vom geistigen Leben abgefallene Wissenschaft sich einbildete, mit der Leugnung Gottes volle Freiheit und Selbständigkeit errungen zu haben, sieht sie sich heute gestraft mit einer Dienstbarkeit, wie sie nie demütigender war *(Gegensatz)* ... Was jener Wissenschaft Freiheit schien, war Bindung in Demütigung und Erniedrigung *(Raffung);* und entthront *(bildhaft)* wie sie ist, wird diese Wissenschaft die ursprüngliche Würde nur wieder gewinnen durch die Rückkehr zum ewigen Wort, dem so töricht verlassenen und vergessenen Quell *(Bild)* der Weisheit *(Verdeutlichung von »ewiges Wort«).*

255

11. *Aus Eugen Gerstenmaiers Rede »Naturschutz ist Pflicht«* (gehalten auf der Jahrestagung der Arbeitsgemeinschaft Deutscher Beauftragter für Naturschutz und Landschaftspflege, 11. Juli 1956).
(Quelle: E. Gerstenmaier, Reden und Aufsätze, Band 2, 1962, S. 190 ff.)

Im Schlußteil seiner Rede faßt Dr. Gerstenmaier das Wesentliche zusammen. Das Ganze ist ein Thema mit Variationen: »Naturschutz ist Pflicht«, dieser Ausspruch kehrt immer wieder und wird nach allen Seiten hin ausgelegt und verdeutlicht.

»Warum soll der kleine Garten, auch der oft belächelte Schrebergarten *(Beispiel)* nicht eine neue, große Bedeutung für Millionen Städter und Industriearbeiter gewinnen? *(Rhetorische Frage)*. Das Leben wird öde, der erstrebte Gewinn an Freizeit und Freiheit geht in leerer Langeweile verloren *(Gegensatz und Verdeutlichung)*, wenn nicht die gewachsene Gemeinschaft, das Reich des Geistes und die Kraft und Schönheit der unverbildeten Natur *(Beispiele)* uns innewerden lassen, was es heißt, Mensch zu sein.

Naturschutz ist Pflicht – in unserer Zeit Pflicht in einem intensiven Sinn, selbst dann, wenn man – was weder sein kann noch darf *(Einschub)* – von allem absähe, was das heraufgezogene Atomzeitalter verlangt.

Naturschutz ist Pflicht *(Wiederholung)* – Pflicht jedes Menschen *(Kette)*, der ein wahrhaft menschliches Leben führen will – Pflicht jedes *(Anapher)* Staates, der das menschenwürdige Leben seines Volkes schützen will. –

Pflicht der ganzen kulturbewußten Menschheit, die vor der gemeinsamen Aufgabe steht, Milliarden Nachgeborenen Boden und Brot zu erhalten! *(Steigerung:* Mensch – Staat – Menschheit)*.

Naturschutz ist Pflicht *(Wiederholung)* – eine strenge, männliche, aber auch eine große und schöne Pflicht!« *(Ausruf)*.

256

12. *Aus Wolf von Niebelschütz' Vortrag über Eduard Mörike, 1947.*
(Quelle: W. v. Niebelschütz, Freies Spiel des Geistes; Reden und Essays, 1961, S. 65 ff.)

Der 1960 verstorbene Wolf von Niebelschütz war nicht nur ein bedeutender Schriftsteller, sondern auch ein vorzüglicher Redner, der in seinen Vorträgen sprachliche Brillanz mit inhaltlicher Tiefe zu verbinden wußte, wie es in so vollkommenem Maße selten ist. In der Einleitung seines Mörike-Vortrages stellt er sich ganz und gar auf die Hörer ein. Geschickt verknüpft er die Vorspann-Technik mit der Denkreiz-Technik. Die Fülle der auftauchenden Bilder, Vergleiche und Antithesen führt den Hörer zu spannungsvoller Erwartung: Wie wird der Vortragende Mörikes Gedichte deuten?

»Ich spreche, wie das Plakat Ihnen lakonisch sagt, über Eduard Mörike. Der Mann ist mehr als siebzig Jahre tot: ein schönes Zeichen also, daß sein bloßer Name Sie bewegen konnte, sich hier zu versammeln! Denn dieser Name gilt wiederum so viel nicht, als daß er die Menge verlockte *(captatio benevolentiae)*. Es muß demnach in Ihnen, die Sie dennoch gekommen sind, ein Begriff Mörike leben, eine geistige Vorstellung dessen, was er bedeutete *(Verdeutlichung)* – und das ist einerseits wohl das Höchste, was man vor der Nachwelt erreichen kann, andererseits *(Gegensatz: einerseits – andererseits)* für die Nachwelt das einzige, wovon zu sprechen sich lohnt: nicht das gewesene Dasein, sondern das bleibende *(Gegensatz)*. Von dem gewesenen sind die Umrisse geläufig, mehr brauchte es nicht, vielleicht nur vage, aber doch bekannt, und so wissen Sie, daß es kaum ein Dichterleben gibt, welches weniger Sensationen aufwiese, keinen Genie-Rausch, keine tragischen Konflikte *(Beispiele)*. Er war alles andere als eine effektvolle Persönlichkeit, ein Mensch wie wir, wenig beachtet, durchaus ein Bürger, ein braver unauffälliger Untertan seines Kgl. Württembergischen Vaterlandes *(Verdeutlichung)*. Soll ich Ihnen also erzählen, wann und wo und unter welchen Auspizien er dieses oder jenes Werk schrieb? *(Rhetorische Frage)*. Jede Literaturgeschichte informiert Sie besser: chronologisch geordnet, systematisch, analytisch, indezent mit allen niederziehenden Einzelheiten, sachlich und unbeteiligt *(Verdeutlichung)*. Sie dagegen sind beteiligt *(Gegensatz: unbeteiligt – beteiligt)*, sonst wären Sie zu Hause geblieben und hätten das Wissenswerte auf kürzerem Wege nachgeschlagen. Sie lieben Mörike, wie ich es tue, Sie wollen Lebendiges hören. (Der Redner versetzt sich immer wieder in die Lage der Hörer. Er fragt für sie. Er nimmt sie mit in die Rede hinein). Ist es nicht so? *(Rhetorische Frage)*. Ich spreche über das, was an Mörike ewig ist: seine Gedichte. Oder, mit anderen Worten: über das Phänomen des Leisen *(Verdeutlichung)*. Und dies in unserer lauten Zeit! *(Gegensatz als Ausruf)*. Unserer zänkischen aufgeregten Gegenwart, voll Hysterie und Brutalität! *(Steigerung: laute Zeit – zänkisch, aufgeregte Gegenwart – Hysterie und Brutalität)*. Sollte man nicht denken, daß sie das Laute als ein ihr Wesensgemäßes empfindet?

(Rhetorische Frage; kommt mehrmals noch), daß sie an Atonalitäten sich freut, an Disharmonien und Diskrepanzen, Schreiendem und Beklemmendem, an Trommeln, Tuba, Posaunen *(Beispiel als Verdeutlichung)* und ähnlich wundervollem Lärm *(Ironie),* von dem man nicht einmal weiß, wohin er noch ferner sich steigern oder ob er gelegentlich aufhören will? Es könnte sein, daß dergleichen Donner *(Bild)* am Eigentlichen ganz bedeutend vorbeigeht. Wie wäre andernfalls ein Mörike möglich gewesen? Man glaube nicht, daß seine Umwelt so idyllisch war, wie seine Verse uns das vorspiegeln! *(Überraschung).* 1804, als er geboren wurde, setzte der General Bonaparte die französische Republik außer Kurs, eines der folgenreichsten Daten der Weltgeschichte, 1805 überfuhr er Österreich, 1806 Preußen, 1808 Spanien, 1809 abermals Österreich, 1812 Rußland, 1813 schlug man sich bei Leipzig, 1815 bei Waterloo, auf dem Wiener Kongreß bereits drohten die Alliierten einander mit Krieg, Serbien erhob sich gegen den Sultan, in Griechenland brach der Aufstand aus, in Italien putschten die Carbonari, in Petersburg die Dekabristen, Rußland überfiel die Türkei (Fülle von *Beispielen* als Belege) – und auf den Fildern oberhalb Stuttgarts schrieb ein schwäbischer Pfarrvikar ›das uralt alte Schlummerlied‹.

Vom Tage.

Vom heute gewesenen Tage *(Gegensatz; Zitat).*

Darf ich Ihnen, nach der Art Hebels im ›Bergwerk zu Falun‹, diese Liste noch fortsetzen? Sie werden staunen, was alles in ein Menschenleben hineingeht an blutrünstigen Ereignissen und wie pervers die Menschheit veranlagt ist, daß sie sich immer an dem vom Blute Triefenden berauschen muß *(Umschreibung).* Was ist bei diesem ganzen Morden herausgekommen? Das Völkerglück? Der Völkerfriede? Eine auch nur halbwegs erträgliche Regierungsform? *(Fragekette).* Und doch gab es einen Frieden, wenn auch auf ganz anderer Basis, einen Frieden *(Wiederholung)* immerhin, den hundert hochgerüstete Staaten in hundert Jahren nicht haben brechen können: Mörikes Gedichte« *(Gegensatz).*

257
13. *Aus Albert Schweitzers Festrede zum 100. Todestag Goethes, gehalten am 22. März 1932 in Frankfurt am Main.*

(Quelle: Edgar Neis, Wie gestaltet man Vorträge und Reden? Hollfeld 1963)

Albert Schweitzer beginnt diese sehr eindrucksvolle Rede mit einem

»Aufhänger«, mit einer im historischen Präsens erzählten Begebenheit, die in medias res führt. In der Überleitung zum Hauptteil seiner Ausführungen zieht er die widrigen Umstände der aktuellen Gegenwart in seine tiefschürfenden Betrachtungen mit ein. Es wird somit schon in der Einleitung deutlich, daß es Schweitzer darauf ankommt, im Hauptteil seiner Rede die Gegenwartsbedeutung des Dichters herauszustellen. Der Zuhörer wird darauf vorbereitet und schon anfangs in eine innere Spannung versetzt.

»Hundert Jahre sind's her, da fragt Goethe, der sich ein Genesender wähnt, als er sich an diesem Tage um neun Uhr morgens in dem Lehnstuhl aufrichtet, in dem er die Nacht verbracht hat, welches Datum man schreibe. Als er vernimmt, daß es der 22. März sei, sagt er: »Also hat der Frühling begonnen, und wir können uns um so eher erholen . . .« Die Freude, daß die Frühlingssonne am Himmel steht, erfüllt ihn, den Sonnenanbeter, ganz.

Wo sich dann seine Gedanken schon zu verwirren beginnen, bittet er, für einen Augenblick wieder bei Besinnung, daß man einen geschlossen gebliebenen Laden öffne, damit mehr Licht hereinkäme. Ehe die neue Frühlingssonne die Mittagshöhe erreicht hat, ist er in das Reich des ewigen Lichts eingegangen. (Man beachte, wie hier das in der Erzählung vorkommende »Licht« symbolisch überhöht wird und in Beziehung steht zum »ewigen Licht«.)

Der hundertsten Wiederkehr des Todestages ihres größten Sohnes *(Umschreibung)* gedenkt die Stadt Frankfurt in herrlichstem Frühlingssonnenschein (Anspielung auf die »Frühlingssonne« in der Erzählung) – und in der größten Not, die sie und Goethes Volk jemals gekannt haben (starke Spannung durch den plötzlichen Gegensatz). Arbeitslosigkeit, Hunger und Verzweiflung sind das Los so vieler Bewohner der Stadt und des Reiches *(Beispiele,* Einzelheiten zur Verdeutlichung des voranstehenden Satzes). Wer wagt die Last von Sorge um die Existenz zu ermessen, die durch uns, die wir uns zu dieser Feier zusammengefunden, in dies Haus hineingetragen worden ist! *(Ausruf).* Mit der materiellen Existenz ist die geistige bedroht! *(Ausruf, Kette).* So groß sind die Not und die Sorge, in die dieser Tag fällt, daß die Frage aufkommen konnte, ob man ihn nicht in der Stille vorübergehen lassen sollte *(Einwandvorausnahme).* Im Faust steht die Antwort *(Ankündigung).* Dort gibt der noch unter dem Eindruck des Schlachtgetümmels stehende Kaiser die Erlaubnis zu dem vom Erzkämmerer erbetenen Feste mit den Worten:

>Zwar fühl’ ich mich zu ernst,
auf Festlichkeit zu sinnen.
Doch sei’s.«

(Vergleich als Begründung) So sei’s.

Doch mit einem eigentümlichen Zwiespalt im Gemüt feiern wir heute Goethe. (Der Redner artikuliert hier und im folgenden, was sicherlich viele seiner Zuhörer im Innern bewegt.) Stolz vergegenwärtigen wir uns das Unverlierbare und Unentwertbare, das uns in ihm und in seinem Werke gegeben ist. Zugleich aber können wir nicht anders als uns fragen, ob er uns nicht ein Fremder *(Bild)* geworden, weil die Zeit, in die sein Leben und Schaffen fiel, die Nöte und Probleme der unseren noch nicht kannte. Geht nicht die Helligkeit, die von ihm ausstrahlt, über das finstere Tal *(bildhafter Gegensatz)*, in dem wir uns befinden, hinaus, in kommende Zeiten hinein, die wieder auf der Höhe der seinigen liegen werden?« *(Rhetorische Frage)*

258
14. Aus Präsident Kennedys Rede bei den Promotionsfeiern der American University in Washington (Juni 1963).
(Quelle: »Die Welt«, 10. 6. 1963)

Kennedy beginnt seine Rede mit einem Zitat, das er zu einem situationsbezogenen Vorspann ausweitet. Nachdem er die Zuhörer zuerst im Plauderton angesprochen hat, kommt er durch eine geschickte Überleitung zum eigentlichen Thema, indem er das Wort »Unwissenheit« aus dem Vorspann wieder aufnimmt und in Beziehung setzt zum Zielbegriff »Frieden«.

Kennedy beginnt:

»›Es gibt wenige irdische Dinge, die schöner sind als eine Universität‹ *(Zitat)*, schrieb John Masefield in seiner Würdigung der englischen Universitäten – und seine Worte haben hier in gleicher Weise Gültigkeit *(Vergleich)*. Er bezog sich damit nicht auf die Türme und Spitzen, nicht auf die *(Anaphora)* Grünanlagen des Universitätsgeländes und auf die efeubewachsenen Wände *(bildhafte Verdeutlichung)*. *(Folgt Gegensatz:)* Er bewunderte die großartige Schönheit der Universität, weil sie, wie er sagte, ein Platz ist, wo diejenigen, die die Unwissenheit hassen, nach Wissen *(Gegensatz)* streben können, wo diejenigen *(Anaphora)*, die die Wahrheit sehen, danach streben können *(Steigerung: nicht nur Wissen, sondern Wahrheit)*, auch andere sehend zu machen. (Der vorstehende Großsatz ist ganz auf Steigerung hin angelegt. Der nun folgende Satz ist der klassische Fall eines rhetorischen Vorhalts, einer Verzögerung des Kernwortes, auf das alles abzielt: Weltfrieden. Die Spannung des Zuhörers wird gesteigert: Worauf will der Redner hinaus? Welches ist sein Thema? Was ist denn das »wichtigste Thema auf Erden«, über das Unwissenheit herrscht?)

Ich habe daher diesen Zeitpunkt und diesen Ort gewählt, um ein Thema zu erörtern, über das zu oft Unwissenheit herrscht und bei dem die Wahrheit (Wiederholung von Unwissenheit und Wahrheit als Anknüpfung) zu selten gesehen wird – und doch (Gegensatz) ist es eines der wichtigsten Themen auf Erden (Ankündigung): der Weltfrieden. Welche Art Frieden meine ich? (Rhet. Frage). Nach welcher Art Frieden streben wir? (Erweiternde Wiederholung). Nicht nach einer Pax Americana (Gegensatz als Vorgriff), die der Welt durch amerikanische Kriegswaffen (Beispiel) aufgezwungen wird. Nicht nach (Anaphora) dem Frieden des Grabes (Bild) oder der Sicherheit des Sklaven (bildhafter Vergleich). Ich spreche hier von dem echten Frieden – jenem Frieden, der das Leben auf Erden lebenswert macht, jenem Frieden (Anaphora), der Menschen und Nationen befähigt, zu wachsen und zu hoffen und ein besseres Leben für ihre Kinder aufzubauen (Steigerung und Verdeutlichung). Nicht nur ein Friede für Amerikaner, sondern ein Friede für alle Menschen (Gegensatz). Nicht nur (Anaphora) Frieden in unserer Generation, sondern Frieden für alle Zeiten!« (Ausruf; erweiternde Wiederholung als Steigerung; Höhepunkt).

Im letzten Abschnitt kommt nicht weniger als 11mal das Wort »Frieden« vor, in immer neue Zusammenhänge eingebettet und daher bewußtseinsprägend für die Zuhörer.

259
15. Aus Willy Brandts Rede »Bewährung der parlamentarischen Demokratie und des mündigen Bürgers« im Bundestag am 30. Mai 1968.
(Quelle: Bulletin des Presse- und Informationsamtes der Bundesregierung, Nr. 68, Bonn 31. 5. 1968)

Im Mittelteil dieser gewichtigen, sehr ernsten und tieflotenden Rede befaßt sich der (damalige) Außenminister u. a. mit der Frage des Mißtrauens in der Jugend. Mit klaren und einfachen Formulierungen leuchtet der Redner den Hintergrund des Problems an. Dabei verbindet er in souveräner Weise kritische Bemerkungen mit selbstkritischen. Nicht eben selten empfindet man Bundestagsreden als bloßes Abspulen aalglatter Deklamationen. Beim Anhören dieser Rede jedoch spürte man das im Augenblick des Vortrags vorhandene bohrende Ringen des Redners um Wahrhaftigkeit und Verständlich-Machen.

»Wir sind, meine sehr verehrten Damen und Herren *(Einschub der Anrede,* dient der neuen Fühlungnahme mit den *Zuhörern),* Zeugen *(Bild)* einer erregenden, manchmal anstrengenden Unruhe der jungen Generation, die inzwischen über alle nationalen Grenzen hinausgewachsen ist. Sie findet in jedem Land andere Anlässe des Protestes. Zum Teil ist sie von dem Aufbegehren gegen das Gefühl getragen, der einzelne Mensch könnte zum manipulierten Rädchen *(Bild)* in einer alles beherrschenden Technisierung unserer Welt werden. Sie lehnt ab, sich von Erfahrung leiten zu lassen, die für sie Geschichte ist. Sie sucht nach Maßstäben und Werten, die über Wohlstandskategorien hinausgehen. Sie möchte Technik in den Dienst ihres noch unformulierten Willens stellen. (Die letzten beiden Sätze bilden einen Gegensatz zu den vorigen. Was will die Jugend nicht – was will sie?)

Ich sympathisiere mit dieser Strömung in der jungen Generation *(die Identifikation des Redners).* Das weiß man *(Anspielung).* Ich wünsche, daß sie ihren Idealen näherkommen möge, als andere imstande waren, im Laufe jüngerer deutscher Geschichte die Ideale ihrer Jugend zu verwirklichen *(Gegensatz).*

Aber jedenfalls können wir doch sicher unbestreitbar feststellen – ich sage auch dies noch besonders nach Osten *(Einschub;* Anspielung auf Unruhen z. B. in Warschau; Mitverstehen der Zuhörer) –, daß die junge Generation in Deutschland mit allem, was in ihr sich rührt, nicht wesentlich anders reagiert als die Jugend anderer Länder auch! *(Ausruf).* In dieser Beziehung gibt es keine Isolierung *(Verdeutlichung),* und das ist dann immerhin noch gut so. Die demokratische Empfindlichkeit vieler in unserem Volk hat sich als leicht ansprechbar erwiesen. Das ist auch gut. *(Es folgt die Einschränkung:)* Doch gehöre ich zu denen, die meinen, daß wir uns fragen müssen, was in unserem Staat nicht stimmt, noch nicht stimmt *(erweiternde Wiederholung als Steigerung),* wenn zuweilen ganze Gruppen von tiefem Mißtrauen erfüllt sind, wenn man dem Wort des anderen nicht mehr glaubt, wenn alle allen alles *(Wortspiel als Satzhöhepunkt!)* – oder auch nur viele vielen vieles *(Wortspielvariante; Einschränkung als Prolepsis)* – zutrauen. (Großsatz, auf Steigerung hin angelegt).

Ich deutete es aus meiner Sicht der Dinge schon an: *(Ankündigung; Doppelpunkt-Sprechen!)* Der Angelpunkt vielen Streites, der um diesen Komplex (gemeint sind die Notstandsgesetze) bis zur Erschöpfung geführt worden ist, heißt Mißtrauen. Das ist gar nicht so verwunderlich. Denn wir Deutschen tragen nun einmal an der Last einer Geschichte *(Bild)*, die uns schwere Prüfungen auferlegt hat, aber im tiefsten Sinne nicht Vergangenheit geworden ist.

Nach zwei Geschichtskatastrophen im Laufe eines halben Jahrhunderts sind wir allzumal gebrannte Kinder *(Bild)*, Erinnerungen verfolgen und quälen uns *(Anspielung als Verdeutlichung)*. Wir sind von den Ereignissen zu tief geprägt, als daß wir Vergangenes ganz vergangen *(Scheinwiderspruch)* sein lassen könnten. So kommt es – auch bei dem, was uns hier bis in die letzten Stunden miteinander beschäftigt hat *(Anspielung als Einschub)* –, daß düstere Schatten *(Bild)* des Schlimmen und Bösen auf uns lasten, daß wir Tabus und Traumata mit uns herumtragen *(Verdeutlichung)*. Wir geben uns redliche Mühe, die Wiederkehr dessen, was so verhängnisvoll war, zu vermeiden, und lassen uns dabei zuweilen den Blick für nüchterne Realitäten trüben *(Bild; Gegensatz)*. Wir sind in unserem Denken und Handeln eingeengt, nicht immer wirklich frei *(Gegensatz)*. Es fehlt oft das rechte Augenmaß *(Bild)*. Wäre es anders, hätten diese Vorsorgegesetze nicht so viele Emotionen auslösen können *(Begründung)*.

Beinahe fragt man sich, wie man noch überzeugen soll, wo nicht mehr, wo längst nicht mehr *(Erweiternde Wiederholung)* zugehört wird. Wie soll denjenigen, die zu ihrer Verantwortung stehen, geglaubt werden, wenn der Buchstabe des Gesetzes *(Bild)* die nachweisbare Verbindlichkeit des Schwarz auf Weiß *(Bild)* verliert? *(Rhet. Frage)*. Wir sollten freilich auch nicht die Frage überhören – sie andern und uns selbst stellen *(Einschub)* –, ob in den zurückliegenden Jahren die Grundsätze der Machtkontrolle und der Wahrhaftigkeit in staatlichen Angelegenheiten *(Beispiele)* hoch genug gehalten worden sind, um Schule machen zu können.«

260
Die hier angeführten Redeausschnitte (die man noch viel genauer analysieren könnte!) geben natürlich keinen Eindruck von der geschlossenen Ganzheit der Rede. Erstaunlich aber ist doch wohl, daß diese wenigen Beispiele zeigen, wie sehr sich, bei aller Eigenart im einzelnen, die rhetorischen Darstellungsmittel gleichen. Es ist kaum ein Abschnitt dabei, der nicht Bild, Wiederholung, Verdeutlichung,

Ausruf und Gegensatz als Figuren enthält. Jeder Redeschüler tut gut daran, immer wieder Reden zu analysieren. Er sollte sogar einzelne Redeabschnitte als Übungsstoff verwenden (Stichwortauszug anfertigen – Rede halten). Die Handhabung der wesentlichen Darstellungsmittel muß dem Lernenden schließlich in Fleisch und Blut übergehen. Es ist gut, bei den Meistern in die Lehre zu gehen. Semper aliquid haeret, sagten die alten Lateiner: Immer bleibt etwas hängen.

G. Die Gelegenheitsrede

261
Bei vielen Gelegenheiten werden Reden gehalten, die ein besonderes Gepräge abseits von Meinungsrede und Sachvortrag haben. Diese Reden wenden sich mehr an das Gefühl als an den Verstand. Die vier Hauptformen der Gelegenheitsrede sind:

      1. Rahmenrede (Begrüßung, Dank u. a.)
      2. Trauerrede
      3. Festrede
      4. Geselligkeitsrede

Es kommt darauf an, die Grundstimmung der versammelten Gemeinschaft aufzuspüren und in Worte zu fassen. Mehr noch als bei allen anderen Reden fragen Sie sich: Was bewegt diese Menschen, die hier zusammenkommen? Machen Sie sich zum Anwalt des allgemeinen Gefühls. Oft sind ernste Ansprachen aber von *weihevoller* Verlogenheit und Übertreibung, wenn es gilt, einen Menschen zu feiern (Fest- und Grabreden!). Auch tiefe Empfindung kann sehr schlicht ausgedrückt werden.

Die Gelegenheitsrede wird leider oft zur Verlegenheitsrede. Man muß den richtigen Augenblick aufspüren. Werden Sie sehr plötzlich aufgefordert, ein paar Worte zu sagen, so erschrecken Sie nicht, sondern fassen Sie sich. Aber kurz!

Es kann einem bei plötzlich anfallenden Reden so ergehen, wie Kierkegaard in »Furcht und Zittern« schreibt, »daß man nicht weiß, was man sagen soll, sondern nur, daß man etwas sagen soll«.

Je kürzer und prägnanter die Rede, desto besser. Jeder Satz muß sitzen. Greifen Sie einen aus vielen möglichen Punkten heraus, den Sie dann näher ausführen.

262

Jeder, der Menschen zu führen hat, steht mit seinen Schülern oder Mitarbeitern im Gespräch. Er wird bei jeder Gelegenheit überzeugend sprechen müssen: er gibt Anweisungen, hält seine Mitarbeiter auf dem laufenden über Ereignisse und Pläne; er regt an, lobt, fragt nach der Meinung der anderen, kritisiert usw. Das sogenannte Betriebsklima hängt weitgehend davon ab, wie der jeweilige Leiter seine rednerischen Alltagsaufgaben im Umgang mit den Menschen bewältigt.

263

Es gibt viele Sammlungen sogenannter Musterreden (s. Lit.-Verz. Birling, Endres, Hartwig, Klütz, Kral, Linden, Walter). Reden, die man sozusagen von der Stange bezieht, wirken aber oft sehr unpersönlich und schablonenhaft. Gerade die Gelegenheitsrede krankt meistens daran, daß sie in Inhalt und Form sehr starr bleibt. In den Mustersammlungen finden wir die Rede für jede Gelegenheit, von der Begrüßung eines Staatsoberhauptes bis zur Eröffnung einer Kaninchenausstellung. Wenn man auch vor jeder Schablonisierung warnen muß: nützlich kann die Durchsicht solcher vorgedruckten Reden sein. In der vielen Spreu findet man Weizenkörner. Diesen oder jenen Gedanken kann man gewiß einmal verwenden. Es sollte aber doch der Ehrgeiz jedes Redners sein, bei der anfallenden Gelegenheit nicht irgendeine, sondern *seine* Rede zu halten.

264

Für die Gelegenheitsreden kann man sich eine besondere Sammlung von gediegenen Gedanken und Zitaten anlegen, damit man sich (bei der erfahrungsgemäß kurzen Zeit der Vorbereitung!) nicht mit abgenutzten Allerweltsgedanken und -zitaten zu begnügen braucht. Schlichte, aber sinnhaltige Zitate sind die besten. Eine Ansprache zur Hauseinweihung man z. B. beschließen mit Manfred Hausmanns Sinnspruch:

> »In der Welt ein Haus,
> im Haus eine Welt,
> und Welt und Haus in gnädiger Hand.«

Eine Totenfeier endet z. B. mit den schlichten Versen von Matthias Claudius:

> »Der Mensch lebt und bestehet nur eine kurze Zeit,
> und alle Welt vergehet mit ihrer Herrlichkeit.

Es ist nur einer ewig und an allen Enden,
und wir in seinen Händen.«

1. Die Rahmenrede

265

Darunter verstehen wir eine Rede, die nicht im Mittelpunkt einer
Veranstaltung steht, sondern die den Rahmen bildet. Dazu zählen
die Eröffnungsansprache, die Begrüßungs- und die Dankrede.

Bei Begrüßungsansprachen sollte der Grundsatz gelten, den Be-
treffenden kurz (und persönlich gehalten!) einzuführen. Das Lob
auf die Vortragenden nicht übertreiben! Nicht jeden als einen der
größten Gelehrten des Jahrhunderts feiern! Den Begrüßten sind
überschwengliche Tiraden von Superlativen peinlich.

266

Eine amüsante Fehlleistung vollbrachte ein süddeutscher Landrat
bei der Begrüßung Ludwig Erhards: »So geben Sie, verehrter Herr
Bundeskanzler, uns heute die Ehre, *sich* sprechen zu hören.«

Die Neigung mancher Honoratioren, bei jeder sich bietenden Gelegenheit die Eröffnungsrede halten zu wollen, wurde vom Wiener
Volksmund unter Anspielung auf einen redseligen Bundespräsidenten wie folgt karikiert: Der betreffende Politiker sei bei Bekannt-
werden eines Großbrandes schleunigst zur Unglücksstätte geeilt und
habe dem Volk und der Feuerwehr feierlich verkündet: »Hiermit
erkläre ich die Feuersbrunst für eröffnet!«

267

Ein häufig vorkommender Fehler ist es, das Thema des Redners in
der Begrüßung schon vorwegzunehmen. Man darf es aber nur
nennen und mit ein paar Sätzen umreißen. Auf keinen Fall dürfen
Sie dem Hauptredner die Pointen stehlen. Manche Begrüßungsredner haben den »Rivalitätskomplex« (Weller). Sie halten einen
Vortrag, um den Hörern zu zeigen: Glaubt nur nicht, daß ich von
der Sache keine Ahnung habe ... Der Hauptreferent ist danach
u. U. in der mißlichen Lage, Teile seiner Rede ändern zu müssen.

In der *Begrüßungsansprache* ist die Beachtung der nachstehenden
Reihenfolge zu empfehlen:

268

a) Versammlung eröffnen und Zuhörer begrüßen.
Meiden Sie die stereotypen Redewendungen wie »Es ist mir eine
besondere Ehre« usw. Überlegen Sie vorher, ob Sie bei der Begrüßung etwa vorhandene Prominenz besonders hervorheben wollen,
den Herrn Minister oder den Herrn Bürgermeister. Ein nicht aus-
zurottender Unsinn ist die Begrüßungsfloskel: »Ich danke Ihnen,
daß Sie so zahlreich erschienen sind« – dabei kann doch jeder nur
als einzelner erscheinen oder wegbleiben.

269

b) Den oder die Referenten begrüßen oder vorstellen.
Es wurde oben schon gesagt, daß man auf das Thema des Referenten nicht näher eingehen darf. Wohl aber sollte der Begrüßungsredner etwas zur Person des Redners sagen, vielleicht in launiger
Weise. In der Kürze liegt die Würze. Eine humorvolle Wendung,
ein hübscher Einfall – das schafft Atmosphäre. In einem ostfriesi-
schen Bauerndorf hielt der niedersächsische Ministerpräsident Kopf
seine wohl kürzeste Wahlrede, als er vor dem Hauptredner Ollen-
hauer zur Einleitung nur meinte (in heimischer Mundart): »Wi stoht
dorvör un möht dordör!« (»Wir stehen davor und müssen da hindurch!«) Heiterkeit und Beifall – das Eis war gebrochen.

270

c) Dem Referenten das Wort erteilen.
Zum Abschluß der Versammlung gilt es auch wieder, drei Punkte
zu bedenken:
a) Dank an den Redner.
Auch hier bringen wir nicht abgegriffene Redewendungen wie »der
Beifall wird Ihnen gezeigt haben . . .« Schlichte, sachliche und doch
herzliche Worte sind das richtige.
b) Den Dank kurz begründen.
In wenigen Sätzen wird das Wesentliche des gehörten Vortrages
gewürdigt.
c) Die Hörerschaft verabschieden.

2. Die Trauerrede

271

Hier ist nicht die Ansprache des Pfarrers gemeint, sondern die des

Freundes am Grabe. Die kirchliche Trauerrede rückt heute immer mehr von einer gewissen Verherrlichung des Verstorbenen ab und stellt das Wort der Bibel mit seinem Anspruch und seinem Trost in den Vordergrund. Auch die Freundesrede am Grabe sei würdig und schlicht. Hier werden aber stärker als in der Pfarrerrede die Fragen beantwortet werden: Was war er uns? Was bedeutet er uns heute? Der alte lateinische Spruch gilt hier: »De mortuis nihil nisi bene« (»Über Tote sagt man nichts, wenn nicht Gutes«). Die schlichte Würdigung des Verstorbenen ohne jede Überschwenglichkeit ist die beste. Hier ist zum Schluß ein Bibelvers oder ein Dichterspruch am Platze.

3. Die Festrede

272

Sie ist kein nüchterner Sachbericht, sondern eine gefühlsbetonte Ansprache, die sich auf die jeweilige festliche Gelegenheit bezieht und die feierliche Stimmung verstärken soll. Die Festrede soll nicht von gefrorener Feierlichkeit sein, sondern die Herzen der Hörer erwärmen. Bei der Vorbereitung fragen Sie sich in besonderem Maße: Was bewegt in dieser Feierstunde die Zuhörer? Die Festrede ist besonders eindringlich, wenn sie einen Hauch von Poesie besitzt.

273

Für die Jubiläumsrede zu Ehren eines verdienten Mitarbeiters sei einmal eine Gliederungsmöglichkeit vorgeschlagen:

Begrüßung; Anlaß der Rede; markante Punkte im Lebenslauf des Jubilars; sein Wesen knapp skizzieren; gute Seiten hervorkehren, ein Beispiel dafür; wenn möglich, persönliches Erlebnis, das charakteristisch ist; seine Bedeutung für die Firma (z.B.) würdigen (evtl. Dank); gute Wünsche für die Zukunft.

4. Die Geselligkeitsrede

274

Die Geselligkeitsrede hat vielfältige Formen. Sie umfaßt ebenso Trinkspruch, Hochzeitsansprache, Damenrede, wie die Rede-Einlage des Chefs bei Betriebsfeiern, für die es (nach Biehle) folgende Punkte zu beachten gilt:

1. Begrüßung und Hinweis auf den Sinn der Veranstaltung.
2. Rückblick auf die geleistete Arbeit, gewürzt durch die Erwähnung irgendeines witzigen Vorkommnisses.
3. Hoffnung auf weitere Zusammenarbeit.
4. Ankündigung des Programms und Wünsche für frohe Stunden.

Das alles kann in wenigen, schwungvollen Sätzen geschehen.

275

Auch Tischreden wollen sorgfältig vorbereitet sein, wenn sie zünden sollen. Hüten Sie sich vor epischer Breite. So manchem gutmeinenden Tischredner gelingt es, die heiße und üppige Hochzeitssuppe in kalte und fade zu verwandeln. Sehr zum Leidwesen der Gäste, die so etwas kaum verzeihen. Der Komponist Humperdinck wurde bei einem Festessen aufgefordert, zwischen zwei Gängen eine Rede zu halten. Er stand auf, blickte freundlich in die Runde, räusperte sich, rieb sich die Hände und – setzte sich wieder. Da sagte einer der Gäste, das sei die beste Rede gewesen, die er je gehört habe.

Was man auch an launigen Worten für gesellige Gelegenheiten finden mag: nie zu lange reden!

276

In irgendeinem Negerparlament soll es Brauch gewesen sein, daß ein Redner nur so lange das Wort behalten durfte, wie er auf einem Bein stehen konnte. (Zur Nachahmung empfohlen bei manchen Feierrednern in unseren Breiten!)

Daß man bei einer Gelegenheitsrede auch einmal das ausdrücken kann, was die Zuhörer *nicht* empfinden, zeigt das folgende Beispiel. Man muß so etwas nur hinreichend geistvoll darbieten:

Der Regisseur Fritz Kortner hatte Gäste. Es wurde sehr spät, aber keiner machte Anstalten zu gehen. Da erhob der müde, verzweifelte Hausherr sein Glas zu einem Trinkspruch: »Nun bitte ich meine lieben Gäste, auf mein Wohl die Wohnung zu leeren ...«

Durchführung der Rede (Der Vortrag)

277

»Allein der Vortrag macht des Redners Glück.«
(Goethe, Faust)

Das Eigenartige der Rede besteht darin, daß sie nicht nur durch das Gefüge ihrer Worte wirkt, sondern auch durch die Art und Weise, wie diese Worte vorgetragen werden (Tonfall, -stärke, -höhe usw.). Entscheidend ist nicht allein, *was* gesagt wird, mitentscheidend ist vielmehr, *wie* etwas gesagt wird. Nehmen wir ein einfaches Beispiel:

Ein »Nein« kann flehentlich, bestimmt, zögernd, gleichgültig oder herrisch gesprochen werden. Jedesmal wirkt es anders. In einem Buche müssen viele Worte die *Gefühlshülle* des Gesprochenen zu umschreiben suchen. Hier fehlt der personale Atem. Es ist aber nicht nur die Gefühlswirkung des gesprochenen Wortes, die das Wesen der Rede mitbestimmt; da spielen noch eine ganze Reihe von Faktoren mit: das Auftreten des Redners; der Raum, in dem die Rede gehalten wird; die Zuhörerschaft selbst und vieles andere, das im folgenden behandelt werden soll.

278

Die Rede wirkt durch *Gefüge und Vortrag.*

Das darf man nie vergessen. Nietzsche stellt fest: »Das Verständlichste an der Sprache ist nicht das Wort selber, sondern Ton, Stärke, Modulation, Tempo, mit denen eine Reihe von Worten gesprochen wird – kurz, die Musik hinter den Worten, die Leidenschaft hinter dieser Musik, die Person hinter dieser Leidenschaft: alles das also, was nicht geschrieben werden kann.« Und zu Recht meint Rochefoucauld: »Es ist oft ebensoviel Beredsamkeit im Ton der Stimme, in den Augen und in der ganzen Atmosphäre, die ein Redner um sich verbreitet, wie in der Wahl seiner Worte.« Schließlich macht Lichtenberg die Wichtigkeit des guten Vortrages in folgender Weise deutlich: »Wieviel in der Welt auf den Vortrag ankommt, kann man schon daraus sehen, daß Kaffee aus Weingläsern getrunken ein sehr elendes Getränk ist; oder Fleisch bei Tische mit der Schere geschnitten, oder gar, wie ich einmal gesehen habe, Butterbrot mit einem alten, wiewohl sehr reinen Schermesser geschmiert – wem wollte das wohl behagen?« Halten wir also fest: Rede-Inhalt und

Rede-Vortrag müssen einander entsprechen. Der gute Redner hat eine Fülle von Einzelheiten zu bedenken.

A. Redner und Raum

1. Raumfrage

279

Wenn irgend möglich, sollte der Redner den Raum, in dem er sprechen will, vorher kennenlernen. Jeder Raum hat seine Eigenart und Atmosphäre, auf die sich der Vortragende einstellen muß. Die vorherige Einstellung auf den Raum versäumte Gustav Stresemann, als er 1926 seine berühmt gewordene Rede zum Eintritt Deutschlands in den Völkerbund hielt. Er hätte seiner Rede noch größere Durchschlagskraft sichern können, wenn er die akustischen Eigenarten des Völkerbundpalastes besser berücksichtigt hätte, bemerkt sein Dolmetscher Paul Schmidt.

Ein kleiner Hinweis noch: Das Erscheinen des Redners vor den Zuhörern soll den *Reiz des Neuen* haben. Deshalb rate ich jedem Redner, sich nicht allzu lange vor seiner Rede im Saale aufzuhalten.

280

Die Raumfrage muß vom Veranstalter sorgfältig erwogen werden. Ist der Raum geeignet? Ist er zu groß, zu klein? Hat er eine ausreichende Akustik? Es ist besser, wenn ein kleiner Raum voll besetzt wird, als wenn ein großer halb leer bleibt. Eine Vielzahl einsam im Raum verstreuter Hörer läßt keine richtige Atmosphäre aufkommen. Besser ist es dann noch, die Hörer sitzen dichtgedrängt wie Hühner auf der Stange. Schaffen Sie die Zuhörerdichte durch eine freundliche Aufforderung an die Hinterbänkler, nach vorn zu kommen. (»Im Theater sind vorn die teuersten Plätze.«) Sind nun aber in einem großen Saal nur ein paar Stuhlreihen besetzt, so darf man nicht seine Enttäuschung über den schlechten Besuch fühlen lassen. »Man darf nie die Erschienenen für die Fernbleibenden strafen« (Naumann). Im Gegenteil, man muß die *kleine* Schar der Hörer besonders freundlich ansprechen.

281

Der Redner ist ein Frischluft-Fanatiker. Der Tabaksqualm liegt oft wie ein Gebirgsmassiv über den Köpfen der Leute. Stickige und verbrauchte Luft wird schnell unerträglich. Man sorge dafür, daß der Raum gut gelüftet ist und eine ausreichende, aber keine grelle Beleuchtung aufweist. Schwer ist es, in einem Raume Begeisterung zu entfachen, in dem es düster ist und triste wie in alten Katakomben.

282

Kontakt mit dem Publikum kann sich nur einstellen, wenn alle Hörer den Redner sehen können. Achten Sie darauf, daß nicht allzuweit entfernt eine Rückwand steht, die Sie akustisch stützt. (Eine offene Bühne z. B. verschlingt zu viel Schall.) Ein erhöhter Holzfußboden stärkt die Resonanz. Besonders, wenn der Redner ungünstig postiert ist, z. B. mitten im Saal, trifft das zu, was Naumann sagt: »Es gibt Versammlungssäle, die geradezu als Kraftausbraucher zu bezeichnen sind.« In großen Vortragsräumen lauern zwei Gefahren: entweder der *Schallschluck* oder der *Nachhall*. Im ersten Falle wird besonders auffällig das dumpfe, auslautende *e* verschluckt: in »dies*e* Silb*e*«. Artikulieren Sie dann besonders deutlich und lassen Sie die Nebensilben nicht fallen.

Im Falle des Nachhalls müssen Sie das Tempo verlangsamen. Den Nachhall finden wir besonders bei hohen oder vielfach aufgegliederten Räumen.

Herbert Biehle macht auf etwas sehr Wichtiges aufmerksam: Im quadratischen Raum spricht der Redner am besten von einer Ecke aus, da sich alle Zuhörer dann innerhalb des Schallkegels befinden.

283

Die Technik bietet heute viele Hilfsmittel, um die Raumakustik zu verbessern. Dennoch gelingt es nur selten, einem Raum die ideale Akustik zu vermitteln.

Auf dem Kongreß des Internationalen PEN-Clubs in London treffen sich Schriftsteller aus aller Welt. Der Saal hat eine derart schlechte Akustik, daß man die Redner schon in der dritten Stuhlreihe nicht mehr verstehen kann. Da macht der Präsident des Deutschen PEN-Zentrums, Erich Kästner, aus der Not eine Tugend und bemerkt hintergründig: »Wirklich ein idealer Raum für Schriftsteller-Zusammenkünfte. Jeder versteht hier nur sich selbst und kein Mensch das, was die anderen sagen.«

2. Die Rede im Freien

284

Das Reden ist heute eine Art Hallensport geworden. Geredet wird im geschlossenen Raum, von Ausnahmen abgesehen. Das war nicht immer so. Die Predigten Jesu, die Volksreden der Athener, die Bekehrungsappelle der mittelalterlichen Mönche: sie fanden fast immer im Freien statt. Auch in den kühleren Zonen war das so. Berthold von Regensburg predigte vor über 60 000 Zuhörern auf einem Feld bei Glatz in Schlesien. Der berühmte englische Kanzelredner Spurgeon (1834–1892) bedauert, daß die Verkündigung des Evangeliums geradezu eingemauert sei. Er schreibt, in der Bibel steht: »Gehet hin in alle Welt und predigt das Evangelium allen, die erschaffen sind« (Markus 16, 15). Statt dessen wird dieses Gebot so wenig befolgt, daß man denken könne, es heiße: »Gehe in deine eigene Kirche und predige das Evangelium den paar Kreaturen, die hereinkommen.«

285

Heute ist die Rede im Freien selten. Bei Missionsfesten, Sänger- und Turnfesten oder bei Feierstunden kommt sie gelegentlich vor, ebenso bei Massenkundgebungen. Zu beachten ist dann folgendes:

1. muß der Platz günstig gelegen sein; die Windrichtung muß einkalkuliert werden. Gegen den Wind zu sprechen ist allzu mühsam;

2. muß aus akustischen Gründen nicht weit vom Rednerpodium eine natürliche (Waldrand z. B.) oder künstliche Rückwand stehen;

3. soll der Redner langsamer sprechen, als er es im Saale tun würde. Nicht schreien, aber mit Resonanz und Nachdruck reden;

4. wird die Rede im Freien kein nüchterner Sachbericht sein, sondern Meinungsrede, die sich stärker an das Gefühl als an den Verstand wendet.

3. Das Rednerpult

286

Oft steht das Pult in zu weitem Abstand von der Hörerschaft, z. B. auf einer Bühne. Herunter von der Bühne – hinein in den Saal! Viele Rednerpulte sind zu klobig. Sie wirken wie eine Absperrung, wie eine Barrikade zwischen Redner und Hörer. Man muß sich oft mit solchen Riesengestellen von Anno 1900 begnügen, rege aber immer wieder an, doch schlichte und zweckmäßige Pulte anzuschaffen.

Der Redner kontrolliere, ob für ausreichende Beleuchtung gesorgt ist. Am besten ist eine Pultlampe, die die Lesefläche erhellt. Jedes Pult soll eine Unterleiste haben, damit die Notizblätter des Redners nicht herunterfallen und im Segelflug durch den Raum gleiten.

Ist kein Pult vorhanden, sollte man sich ein behelfsmäßiges beschaffen, um das Stichwortkonzept in Sichthöhe bringen zu können. Schon ein einfacher Kasten erfüllt diesen Zweck. Es ist mißlich, muß man sich immer wieder zum Konzept hinabbeugen.

4. Gebrauch des Mikrophons

287

Wenn es irgend geht, soll der Redner ohne Mikrophon auskommen. Das ist bei einem Saal mit 300–400 Plätzen durchaus noch möglich! Das Mikrophon verzerrt leicht den Ton und hemmt die Unmittelbarkeit der Redewirkung. Oft gibt es ein unschönes Echo.

Gebrauchen Sie aber doch einen Lautsprecher, so achten Sie darauf, daß Sie einen einigermaßen gleichbleibenden Abstand vom Mikrophon bewahren. 20–30 cm ist in der Regel die beste Entfernung. Gut ist es, wenn mehrere Mikrophone vorhanden sind, in Abständen voneinander aufgestellt. Man braucht dann nicht wie angenagelt dazustehen.

288

Ein Letztes hierzu: Sprechen Sie nicht zu laut ins Mikrophon. Auch dann nicht, wenn Sie einen Donner polemischer Breitseiten entfachen möchten. Den besorgen die Lautsprecher schon. Diese wittern aber Konkurrenz, wenn Sie zu schreien beginnen, und dann sorgen sie dafür, daß Ihre Stimme so lärmt, daß Sie keiner versteht. Lautsprecher sind empfindlich, man soll sie »nicht erzürnen«, meint Paul Schmidt.

5. Handhabung der Unterlagen

289

Kleine Äußerlichkeiten sind immer wieder zu bedenken. Stellen Sie

vor der Rede fest: Sind die Stichworte sorgfältig geordnet? Ist alles
Beweismaterial vorhanden? (Doch sollte man das Material nicht so
pompös ausbreiten, wie wir es so oft praktiziert sehen und wie es
Busch in »Balduin Bählamm« so treffend umschrieben hat: »Und
rauschend öffnen sich die Spalten des Manuskripts, die viel enthalten.«)

290
Handhaben Sie Ihre Unterlagen möglichst unauffällig. Nicht ner-
vös damit spielen! Legen Sie die Uhr zwecks Zeitkontrolle auf das
Pult. Manche Redner legen sich Zettel hin mit Aufschriften wie:
Langsam sprechen! Tief atmen! Deutlich sprechen! Zuhörer ansehen!
Ruhig stehen!

B. Redner und Hörer

1. Grundhaltung

291
»Jede Rede gleicht der Belagerung der Seele des Hörers.«
(Chrysostomos, um 400 n. Chr.).

Jeder gute Redner muß von dem Grundsatz ausgehen, daß er
der Diener seiner Hörer ist, daß er für die Mitmenschen da ist und
nicht diese für ihn. Er wird Überheblichkeit ebenso meiden wie
falsche Bescheidenheit (»Meine Wenigkeit« z. B. ist ein würdeloser
Ausdruck). Von oben herab reden wirkt immer unsympathisch.
Kühle im Verhalten erweckt leicht den Eindruck, als sei »der Betreffende nicht ehrlich und mit dem Herzen bei der Sache« (Rother).

»Für gewöhnlich behandeln die Hörer den Redner sogar besser
als er es verdient, und sie sind schon dankbar und zufrieden, wenn
er nur halbwegs vernünftig redet« (Casson).

292
Ein guter Redner wird nicht mit erhobenem Zeigefinger schulmei-
stern. Er wird vielmehr als freundlicher Ratgeber wirken. Ein guter
Redner wird Fachmann sein auf seinem Gebiet, aber nicht immer
den Fachmann herauskehren.

Immer wieder erleben wir es, daß dem Nur-Fachmann der Blick

für Zusammenhänge fehlt. Er sieht nur sein Spezialgebiet. Es ist aber wesentlich, daß der Hörer über die Einzeldinge hinaus größere Zusammenhänge erkennen kann. (Ein wahrer Kern liegt in der überspitzten Definition des »Experten«: Ein Experte ist ein Mann, der immer mehr über immer weniger weiß, bis er schließlich alles über gar nichts weiß.)

293

Daß der Redner seine Hörer achtet, ist selbstverständlich. Sollte man nicht dankbar sein, wenn Menschen gekommen sind, nur um zuzuhören? Am besten läßt sich *das richtige Auftreten des Redners* umschreiben mit den Worten: *selbstbewußt und doch bescheiden, leidenschaftlich und doch gezügelt.*

294

Überheblich zu sein ist schlechthin dumm. Nichts verärgert die Zuhörer so sehr. (Nur in der Debatte wird man den Arroganten gelegentlich mit seinen eigenen Waffen schlagen müssen!) Sonst aber gilt der Spruch von Wilhelm Busch: »Wie klein ist das, was einer ist, wenn man's an seinem Dünkel mißt.«

Man erinnert sich an das weise Wort Montaignes, welches besagt, daß wir auch auf den höchsten Stelzen noch immer mit unseren Beinen laufen und auf dem höchsten Thron noch immer mit unserem Gesäß sitzen.

295

Jede Rede ist Ausdruck der Gesamtpersönlichkeit. Sie müssen als Redner die Aufmerksamkeit und das Vertrauen der Hörer gewinnen und erhalten. Der Zuhörer hat ein sehr feines Empfinden dafür, ob der Vortragende voll und ganz hinter seinen Aussagen steht. Ehrlichkeit ist die Grundlage für verantwortliches Reden. Sie müssen den Hörer fesseln; die Rede muß unter die Haut gehen. Ob das gelingt, hängt nicht nur davon ab, *was* Sie sagen. Es kommt auch darauf an, *wie* Sie auftreten, *wie* Sie die Hörer ansprechen.

Die äußere (wie innere) Haltung sei frisch, elastisch und gespannt, aber nicht verkrampft. Einem abgespannten, müde wirkenden Redner nimmt man die beste Rede nicht ab.

296

Es heißt »der Ton macht die Musik«.

Den richtigen Tonfall zu haben ist äußerst wichtig. *Der Tonfall ist die Klimaanlage für den Raum der Seele.* Der Tonfall kann die Atmosphäre erwärmen, abkühlen, ja, zu Eis erstarren lassen. Ein kalter oder gereizter Tonfall läßt die menschlichen Beziehungen verdorren. Auch im Vortragssaal. Die Stimmung sinkt unter den Gefrierpunkt. Die Hörer bekommen seelische Frostschäden. Ungünstig wirkt auch die herrische Befehlsstimme. Es begegnen uns auch heute noch zackige Redner, deren Stimme so klingt, als wolle sie knarrende Türen im Spukschloß nachahmen. Aber auch ein salbungsvoller Tonfall gehört zum Rauschebart von Anno dazumal. Vergessen wir nicht: in »Stimmung« steckt das Wort »Stimme«! Sprechen wir stets mit klangvoller Stimme; nicht ausdruckslos – einförmig – ohne Teilnahme. Passen wir die Stimme dem jeweiligen Redegegenstand an. Es gibt Menschen, die im gleichen Tonfall gratulieren und kondolieren.

Humor und Ironie liegen oft weniger im Wortlaut als im Tonfall.

297

Der gleiche Inhalt einer Rede, ja die gleiche Formulierung schon wirkt völlig verschieden, je nachdem, *wie* der Vortrag ausfällt.

Eine einzige Zäsur, eine winzige Betonung kann die Wirkung eindringlich machen oder verpuffen lassen. Wichtig ist, die Pointe »herauszuschälen«, nicht nur in treffender Formulierung, sondern auch im richtigen Tonfall.

3. Redebeginn

298

Fangen Sie nicht sofort an zu sprechen, wenn Sie gerade erst das Podium betreten haben. Gut ist es, die Hörer freundlich, aber bestimmt mit den Augen zu *sammeln.* Dieser *Augengriff* ist die erste Kontaktaufnahme Redner – Hörer. Sie müssen gleich zu Beginn eine gewisse Wärme ausstrahlen. Der erste gute Eindruck, den der Hörer von Ihnen hat, ist oft entscheidend. Manche Redner beginnen betont leise, um die Zuhörer zur Aufmerksamkeit zu zwingen. Redelehrer des Altertums empfehlen sogar, die ersten Sätze zögernd und scheinbar unsicher vorzubringen, um auf diese Art Spannung und dadurch die Sammlung zu erreichen.

Wichtig ist, daß Sie unmittelbar vor Beginn einen starken Redewunsch haben und daß Sie die Freude beherrscht, den Hörern nun endlich Ihre Gedanken mitteilen zu dürfen.

299

Die »Selbsteinstimmung« zu Beginn ist äußerst wichtig. Eine Ausstrahlung auf die Hörer wird nur dem gelingen, der vom Thema buchstäblich ergriffen ist.

Eine genaue Beobachtung heutiger Redepraxis im Parlament bietet Jürgen Sandow in seiner Dissertation über die Bundestagsrhetorik. Über Wehners Bundestagsrede vom 30. 6. 1960 berichtet er: »Wehner beginnt seine Ausführungen mit leiser Stimme, tief über die Pultplatte gebeugt in das Mikrophon sprechend. Die legere Haltung und der leichte, gefällige Plauderton entsprechen sich.

. . . Dabei scheint er keine drei Worte lang sein Publikum – und insbesondere die Abgeordneten der Koalition, an die er sich verbal und körperlich immer wieder wendet! – aus den Augen zu lassen.«

4. Die Anrede

300

Luther begann seine berühmte Rede auf dem Reichstag zu Worms mit den Worten: »Allerdurchlauchtigster Großmächtiger Kaiser, Durchlauchtigste Fürsten, Gnädigste und Gnädige Herren!« In dieser Anrede reiht sich Superlativ an Superlativ, wie es sich damals für Untertanen untertänigst geziemte.

Noch um das Jahr 1800 herum war für die Mitglieder des württembergischen Landtags folgende Anrede vorgeschrieben: »Hochwürdige, achtbare, wohlgeborene, insonderheit großgünstige, hochzuverehrende Herren!« Einen solchen Katalog formeller Schmeicheleien anhören zu müssen, wäre für uns heute unerträglich. Wie die Rede selbst, so ist auch die Anrede in den letzten Jahrzehnten schlichter, schmuckloser, sachlicher geworden.

Die Anrede ist der erste Brückenschlag des Redners zum Hörer hin. Diese Kontaktaufnahme Redner – Hörer wird in jedem Falle höflich und freundlich, aber je nach der Situation vertraulich oder distanziert sein. Die neutrale Allerweltsanrede »Meine Damen und Herren!« wird am meisten benutzt. Das ist immer korrekt, aber doch etwas farblos. Die Anrede sollte möglichst auf den jeweiligen Hörerkreis abgestimmt sein. »Liebe Mitarbeiter«, »verehrte Freunde«, »liebe Heimatfreunde«, »liebe Kollegen«; das sind einige Möglichkeiten, die sich anbieten und die Abwechslung schaffen. »Meine lieben Landsleute«, so begann der vormalige Bundespräsident Lübke viele Ansprachen.

301

Wenn man die Zuhörerschaft nicht kennt, so ist es übertrieben, diese »sehr zu verehren«. Die Anrede soll respektvoll, aber nicht unterwürfig sein. »Hochzuverehrende Anwesende«: das klingt gestelzt und unglaubwürdig. Überhaupt ist das vielgebrauchte »verehrte Anwesende« reichlich blaß. Sind die Zuhörer denn nur »anwesend«? Das von Friedrich Naumann empfohlene »geehrte Versammlung« erscheint mir weit besser zu sein.

302

Herausragende Persönlichkeiten werden in der Rangfolge vorweg angesprochen, z. B. »Herr Minister, Herr Landrat, meine Damen und Herren!« Sind viele Honoratioren da, die Sie einzeln begrüßen wollen, so tun Sie gut daran, die Reihenfolge kurz zu notieren, auf daß Sie niemanden vergessen. Vergessen zu werden: darauf reagieren die meisten hochgradig empfindlich!

Man kann die Anrede auch in den ersten Satz einschieben, wie das Beispiel von Peter Nellen (M. d. B.) zeigt: »Selbst auf die Gefahr hin, Sie zu befremden, meine Damen und Herren, muß ich Sie bitten . . .«

Die Anrede gehört nicht nur an den Anfang. Man sollte sie auch hin und wieder in die Rede einflechten. Besonders an eindringlichen Stellen dient sie der besseren Fühlung mit den Hörern. Im Laufe des Vortrages sollte man die Anrede auch einmal variieren.

303

Merkt man, daß man mit den Hörern warm geworden ist, wird die Anrede nicht mehr so distanziert zu sein brauchen, ohne daß man etwa plump-vertraulich werden sollte. Die Anrede ganz in den Dienst des Kontaktes mit der Hörerschaft zu stellen, dazu gehört einige Erfahrung und etwas Fingerspitzengefühl.

Warnen möchte ich nur noch vor allem leutseligen Getue. »Meine lieben jungen Freunde!« Das ist oft zu hören, wirkt etwas erhaben und hochmütig, von oben herab, und wird vom »lieben jungen

Freund« zu Recht übel vermerkt. Originelle Anreden aber erregen meistens Wohlwollen oder gar Heiterkeit, so als der Abgeordnete Kanka seine wenigen anwesenden Kollegen in der letzten Bundestagssitzung vor den Ferien einmal mit den Worten begrüßte: »Hochgeschätzte Hinterbliebene aus diesem Hohen Haus, die sich noch nicht auf- und davongemacht haben.«

5. Wechselwirkung Redner–Hörer

304

Mit Wechselwirkung bezeichnen wir die *sensorischen Rückwirkungen* der Rede auf den Redner. Sehr treffend umschreibt Friedrich Naumann das Wesen der Rede: »Die Rede ist eine Zwiesprache, bei der einer spricht und die anderen hörend mitreden.«

Eine Art *Versammlungselektrizität* muß da sein. Nicht ohne Grund spricht man von zündenden Reden. Der Funke springt über vom Redner zum Hörer – und umgekehrt! Es muß ein Stromkreis entstehen vom Redner zum Hörer und wieder zurück. Der Redner muß eine Aufnahmefähigkeit für Versammlungsregungen haben; er darf sich aber nicht vom Saal wegspülen lassen.

Anders ausgedrückt: der Redner gleicht einem Streichholz. Er muß sich an der Reibfläche Publikum entzünden können. Wenn die Hörer merken, daß der Vortragende mit dem Herzen bei der Sache ist, werden sie leichter mitgehen. Man spürt es dem Verhalten (Gesichtsausdruck, Körperhaltung, gespannte Stille) der Hörer sehr bald an, ob sie bereit sind, den Redner zu tragen.

305

Ausdruck sensorischer Rückwirkung ist vor allem der *Beifall*. Beifall ermuntert den Redner und macht ihn sicher. Beifall erfrischt die Atmosphäre wie ein Mairegen. Er beschwingt wie ein Rückenwind.

Immer wieder können wir beobachten, wie gute Redner nicht warten, bis der Applaus völlig abgeklungen ist. Sie machen eine Pause – auch mitten im Satz – wenn die Ovation einsetzt und sprechen dann in den *letzten Teil* des Beifalls hinein weiter. So wird den Hörern die Möglichkeit genommen, sich ganz zu verausgaben im Ausdruck ihrer Zustimmung. Sie werden bei nächstpassender Gelegenheit um so leichter geneigt sein zu klatschen, weil sie eben ein Ventil brauchen, um die *aufgestaute Freude* körperlich abzureagieren.

306

Wenn Paul Schmidt die Reden großer Staatsmänner übersetzte, nahm er sich vor, »dafür zu sorgen, daß bei dieser oder jener Stelle der Übersetzung applaudiert würde«.

Er fährt fort: »Ich habe mir dann oft damit geholfen, daß ich hinter solchen Stellen besonders lange Pausen machte und innerlich den Zuhörern zurief: Wollt ihr wohl klatschen! – was auch meistens half!«

307

So wohltuend Beifall wirkt, wir wollen uns hüten, ihn zu überschätzen. Beifallheischende Redner sind manchmal unverantwortlich oberflächlich. Applaus ist nicht immer ein Maßstab, weder für die Güte der Rede noch für die Güte der Hörerschaft. Das wußte auch der Feldherr Phokion (402–318 v. Chr.), denn als ihm die Athener auf einer Volksversammlung einmal mächtig Beifall spendeten, wandte er sich betreten an seine Freunde: »Habe ich etwas Dummes gesagt?« (Der umjubelte Phokion mußte übrigens nach der athenischen Niederlage als Makedonenfreund den Giftbecher nehmen!)

308

Applaus kann verschiedene Gründe haben. Einmal veranstalten die Hörer nur eine Wiederbelebungsübung, um infolge unbequemen Sitzens eingeschlafene Gliedmaßen zu wecken; ein andermal applaudieren sie aus echter Zustimmung, die aus dem Herzen kommt. Zum dritten: Beifall als Geste höflicher Gefälligkeit, so wie es Busch in folgendem Vierzeiler festhält:

> »Die Welt ist höflich und gesellig,
> und eh man dich beleidigt,
> sagt wohl ein jeder leicht, was dir gefällig,
> denn keiner ist beeidigt.«

6. Zusammensetzung der Hörerschaft

309

Von entscheidender Bedeutung für die Redewirkung ist, daß Sie sich bei der Vorbereitung vergewissern, vor welchem Hörerkreis Sie sprechen werden. Sie müssen sich ja auf die Hörer einstellen und dürfen diese weder unter- noch überfordern. »Die Schwierigkeit für den Redner besteht also einmal in der Abschätzung der geistigen Fassungskraft seiner Hörer, sodann darin, daß er auf der Stufe, die ihm der schwächste Hörer vorschreibt, dennoch ein gewisses Höhenmaß innehält« (Christian Winkler). Was mir als Vortragendem klar ist, ist dem Hörer noch lange nicht deutlich. Ich muß es ihm ermöglichen, meinen in oft langwieriger Arbeit gefundenen Weg zum Ergebnis leicht nachzuvollziehen. Vielleicht habe ich mich wochenlang gequält, bis ich den Vortrag fertig hatte – und nun verlange ich vom Hörer, daß er das Ganze in wenigen Minuten richtig aufnimmt und verarbeitet. Ich darf es ihm nicht zu schwer machen.

310
Jedem Mißverständnis muß ich vorbeugen. Es gibt das sarkastische Wort eines erfahrenen Referenten: »Die Zuhörer teilen sich in zwei Gruppen: in eine, die nicht zuhört, und in die andere, die das meiste falsch versteht.« Das ist sicherlich weit übertrieben – aber ein Körnchen Wahrheit steckt darin.

Erwähnenswert ist noch folgendes: Die Erfahrung zeigt, daß der Eindruck einer Rede oft von einem winzigen Detail abhängt. Ein einziger falscher *Zungenschlag,* eine einzige unglückliche Wendung oder ein nebensächliches Beiwort können die günstige Wirkung einschränken oder gar aufheben. Deswegen kann man seine Rede gar nicht sorgfältig genug auf die *Nuancierung hin abhorchen* und durchkontrollieren.

Es ist durchweg leichter, zu einer gleichförmigen (= homogenen) Zuhörerschaft zu sprechen (Laien; Fachleute; Studenten; Kollegen; Menschen gleicher politischer Einstellung u. a.). Ein gleichartiger Hörerkreis bringt eben gleichartige Voraussetzungen mit.

311
Vor ungleichförmiger (= heterogener) Hörerschaft zu sprechen ist schwieriger. Es ist nicht leicht, Laien wie Fachleuten gleichzeitig gerecht zu werden. Das Bildungsgefälle ist zu groß. Wenn so verschiedene Voraussetzungen gegeben sind, muß man möglichst allen Gruppen *etwas* bieten. Denken Sie auch an einzelne, besonders an prominente Zuhörer, von denen Sie wissen, daß sie kommen werden. Was muß diesem und jenem gesagt werden? – Direkt oder indirekt!

Schon bei der Vorbereitung muß man sich ständig »innerlich von den Hörern begleitet« sehen (Gerathewohl). Wenden Sie sich aber eher den Laien zu, besonders wenn diese die Mehrheit bilden. Intellektuelle Feinkost ist nicht jedermanns Sache. Viel zu wenige Redner können sich umstellen auf verschiedenartige Hörerkreise. So manchem, der die akademische Prunkrede beherrscht, fehlt die volkstümliche Sprache, um auch andernorts wirken zu können.

312

Bismarck z. B. war ein glänzender Parlamentsredner. Aber vor Volksversammlungen ist er kaum vorstellbar. Ein Mann wie Lloyd George dagegen war in allen Sätteln gerecht. Er sprach im Parlament brillant und dialektisch, vor Gelehrtengremien gelehrt, vor dem Volke besonders anschaulich, witzig und derb.

Eine wahre Kunst bewundern wir bei manchem Redner, der in allgemeinverständlicher Form auch dem Fachmann etwas Neues und Bemerkenswertes zu sagen hat.

313

Wichtig ist, das voraussichtliche Niveau der Hörer zu bestimmen und sich mit der Rede darauf einzurichten. Fragen Sie also immer: Wer sitzt mir gegenüber? Wie viele werden es wohl sein? Was erwarten sie von mir? Welche Voraussetzungen sind gegeben?

(Naumann weist auf die Unterschiede in der Behandlung einer Versammlung durch den Redner hin, je nachdem, in welcher Gegend er spricht. »Nach Norden nimmt nicht nur die äußere Beweglichkeit der Versammlung ab, sondern auch die Schnelligkeit der Zunge. Man muß aber dort mindestens ebensoviel in wenigen Worten zu sagen wissen.«)

7. Zuhörerposition

314

»Stelle dich auf deine Hörer ein. Überlege, was ihre Aufmerksamkeit am meisten fesselt, was sie am liebsten hören, was ihre angenehmsten Erinnerungen beschwört, und spiele auf Dinge an, die sie kennen« (Hamilton).

Besonders bei der Meinungsrede muß man sich immer in die Lage der Zuhörer hineinversetzen. Das ist die entscheidende Voraussetzung, um bei den Hörern anzukommen. Henry Ford hat den Weg zum Erfolg so beschrieben: »Den Standpunkt des anderen verstehen und die Dinge mit seinen Augen ansehen.« Ich muß mich als Redner nicht nur in die Lage des Gegenübers hinein*denken,* sondern auch hinein*fühlen.* Das ist nicht immer einfach. Wo stehen diese Menschen, die mir zuhören werden? Wie denken sie, wie fühlen sie, was wissen sie, was *möchten* sie hören, und was *muß* ich ihnen sagen? Ist das, was ich ausführen werde, den Hörern völlig neu? Oder renne ich offene Türen ein? Sind in einer politischen Versammlung voraussichtlich viele Gegner da? Wenn ich mir diese und ähnliche Fragen so gut es geht beantworte, dann werde ich auch eine größere Bereitschaft zur Zustimmung vorfinden.

315
Es gibt die Anekdote von jenem biederen Bürger, der sich vornimmt, endlich einmal ein vernünftiges Buch zu lesen. Und da fällt ihm ausgerechnet Immanuel Kants »Kritik der reinen Vernunft« in die Hände. Nach drei Minuten klappt er das Buch wieder zu und meint kopfschüttelnd: »Mensch – Kant, deine Sorgen möcht' ich haben!«

Wie Kant hier, so kann es auch dem Redner ergehen. Was er sagt, mag gut und richtig sein, aber es interessiert den Hörer nicht. Interesse aber hat der Hörer immer an Tatsachen und Gedanken, die auch ihn selbst betreffen. Sie werden stets ein offenes Ohr finden, wenn Sie etwas klären, was das Leben Ihres Gegenübers beeinflußt. Zeigen Sie dem Hörer, wo sich nur die Möglichkeit bietet: »*Tua* res agitur!« (sagten die alten Römer). *Deine* Angelegenheiten werden hier behandelt!

316
Sind Sie mutmaßlich der gleichen Meinung wie die Hörerschaft, so kommt es darauf an, eben diese Meinung zu bestärken. Sie müssen diese Meinung aus einer oft verschwommenen Sympathie-Vorstellung des Hörers in dessen helles Bewußtsein heben und sie ganz exakt präzisieren und transparent machen. Sind Sie aber mutmaßlich anderer Meinung als die Hörerschaft, so kommt es darauf an, deren Meinung *behutsam* zu ändern. Sie tun gut daran, nicht sofort mit der Tür ins Haus zu fallen. Gehen Sie auf die Meinung der Gegner ein und stellen Sie durch ein feingesponnenes Gewebe von Gründen und Beweisen Ihre Meinung als die stichhaltige hin, ohne Ihr Gegenüber zu verletzen. Der Redner ist stets auch Pädagoge. Je weniger man ihm allerdings den Pädagogen anmerkt, desto besser ist es. »Eure Zuhörerschaft gleicht dem

Erz. Sie muß in Glut gebracht, geschmolzen und neu geformt werden« (Casson). Aber möglichst unaufdringlich und diplomatisch.

317
Der gute Redner wird oft das artikulieren, was viele denken und fühlen.

Urs Schwarz stellt in seiner Kennedy-Biographie fest: Der Ton von Kennedys Reden »war neu und schien doch vertraut, denn das Beste amerikanischer Tradition war in ihnen lebendig«. »Er verlieh dem Denken und Fühlen von vielen Millionen Menschen Gestalt, denen weder die Gabe noch die Möglichkeit des Ausdrucks verliehen war.«

318
Die Erfahrung lehrt, daß man selbst trotz wirklich guter Redeleistung mit zwingender Beweisführung manche Gegner nicht überzeugen kann. Wenn Sie diese dann wenigstens nachdenklich stimmen, haben Sie immerhin ein Teilziel erreicht. Der Redner darf sich keinen Illusionen hingeben. Mit noch so schlüssiger Logik kommt man längst nicht immer durch. Vor der Einsicht des Hörers türmen sich oft Barrikaden unkontrollierbarer Gefühle und Vorurteile. Die Macht eines tiefverwurzelten Wunschdenkens ist unabsehbar. (S. die psychologische Untersuchung über das Wesen des Vorurteils: G. W. Allport: »The Nature of Prejudice«, Boston 1954.) Versuchen Sie, Gefühl und Vorurteile aufzuspüren und, wenn möglich, abzubauen. Wie viele Entscheidungen werden aus dem Irrationalen heraus gefällt. Und wir Redner sollten uns hier selbst nichts vormachen: wir sind immer wieder stark emotional bestimmt, auch wenn wir uns noch so sehr bemühen, objektiv zu sein. Keiner kann ganz aus seiner Haut heraus.

Nicht jeder äußere Erfolg des Redners ist auch ein innerer und bleibender. Mancher tiefschürfende Vortrag ist leise und äußerlich wenig brillant. Es ist nicht der einzige Maßstab für die Güte einer Rede, daß sich die Zuhörer die Haut von den Händen klatschen.

8. Zur Massenpsychologie

319
(S. Le Bon; Baschwitz »Du und die Masse«, 1951; umfangreiche Lit.)
Es ist eine bekannte Tatsache, daß sich der Mensch in der Masse

anders verhält denn als einzelner. Selbst ein ausgeprägter Individualist vermag sich kaum einer Massensuggestion zu entziehen. Wann eine Hörergemeinschaft zur Masse wird, ist von Fall zu Fall verschieden. Die Grenzen sind fließend. Aber: je größer die Zuhörerschaft, desto eher wird sie zur Masse.

Es gibt zwei Grundgesetze, die das Verhalten der Menschen in der Masse bestimmen:

1. Die Masse reagiert leicht auf Gemütsbewegungen.
2. Die Masse zeigt eine geschwächte Urteilskraft.

320

Die Masse ist ohne Antenne für logische Filigran-Arbeit. Sie will eindeutige, kräftige Urteile. Je größer die Menge ist, desto mehr muß man die Konturen vereinfachen, Wiederholungen bringen, volkstümlicher reden, sich an das Gemeinschaftsgefühl wenden. Der Mensch wird in der Masse »leichtgläubig« (Baschwitz). Er neigt zur Entpersönlichung. Seine Kritikfähigkeit wird gemindert auf logisch nicht voll faßbare Weise.

321

Das Unterscheidungsvermögen des Massenmenschen ist eingeschränkt. Er neigt zur Schwarz-Weiß-Malerei. Triebhaftes und Irrationales tritt hervor. Gar zu düster aber sieht Franz Grillparzer das Problem, wenn er schreibt: »Erträglich ist der Mensch als einzelner, im Haufen steht die Tierwelt gar zu nah.«

Massenredner laufen stets Gefahr, durch Übertreibungen und zündende Vereinfachung der Probleme zu Schwindlern zu werden. Die Massenrede ist daher auch zu allen Zeiten der Tummelplatz für Demagogen aller Art. Sie machen sich die Massensuggestion zunutze und loten mit dem Appell an unkontrollierbare Gefühle ihren Willen ins Unterbewußtsein der Menschen – oft genug mit verheerenden Folgen. (Siehe dazu: Hitlers Privatgespräch mit Rauschning!)

322

Auch der verantwortungsbewußte Redner muß sich auf die Massensituation einstellen, aber er wird sich im wesentlichen auf die Nutzanwendung folgender Überlegungen beschränken:

a) Je größer die Hörerschaft, desto einfacher muß die Diktion sein (abgesehen von Vorträgen vor reinen Fachgremien).

b) Je größer die Hörerschaft, desto anschaulicher und bildkräftiger muß gesprochen werden.

323

In der Masse verändert sich der einzelne – und vor der Masse oft genug der Redner! Viele große Redner sind privat sogar scheu und gehemmt. Vor den Zuhörern erkennt man sie dann nicht wieder. Sie reden frei und gelöst, packend und überzeugend. Phyllis Hoir (»I was Churchill's Private Secretary«) berichtet, daß Churchill im Einzelgespäch ein wenig lispelte und sehr oft stotterte: auf der Rednertribüne aber, da war er in seinem Element – und Lispeln und Stottern waren wie weggeblasen.

9. Zwischenrufe

324

Zwischenrufe werden selten in einem Sachvortrag gemacht, um so häufiger aber in der Meinungsrede, besonders in der politischen. Zwischenrufe können verschiedene Beweggründe haben. Manchmal sind sie nur das Ventil für einen Überschuß an Temperament. Dann tönt es einem kurz und bündig entgegen, zustimmend: »sehr wahr«, »sehr richtig«, »hört, hört«, »sehr gut«; oder auch ablehnend: »unerhört«, »Unsinn!« usw.

325

Solche *gelegentlichen* Einwürfe von seiten der Hörer wirken sich auf die Atmosphäre belebend aus und sind vielen Rednern durchaus willkommen. Auch kritische Zurufe können sehr sachlich sein. Ein erfahrener Redner erkennt sehr rasch, ob ein Zuruf sachlich ist oder ob er der Böswilligkeit oder Rücksichtslosigkeit entstammt, wie es allerdings oft vorkommt: »denn der Mensch als Kreatur, hat von Rücksicht keine Spur«, bemerkt Wilhelm Busch sehr richtig. Man merkt es sofort: der Zwischenrufer möchte uns in die Parade fahren, möchte uns aus dem Konzept bringen. Jetzt kommt es darauf an, ob die Schaltstation im Gehirn funktioniert. Wer Zwischenrufe gut pariert, der ist immer im Vorteil. Schlagfertigkeit ist alles – und die kann man üben! Voraussetzung für jede Schlagfertigkeit ist allerdings, daß man sich selbst durch den schärfsten Zuruf nicht aus dem Gleichgewicht bringen läßt. Als Redner muß ich souverän Herr der Lage bleiben. Wenn mir das einmal nicht gelingen sollte, so darf ich es nie und nimmer zeigen. Ruhe bewahren ist auch hier die erste Rednerpflicht. Ich habe die Erfahrung gemacht, daß es vier Möglichkeiten gibt, Zwischenrufe zu behandeln.

326

1. Möglichkeit: Den Zwischenruf einfach überhören; gar nicht reagieren, besonders wenn der Einwand nichtig ist. Wenn ein Zwischenrufer etwas völlig Unsinniges oder Belangloses bietet, soll man ihn keiner Entgegnung würdigen. Und erst recht soll man keine lange Wechselrede anfangen und den Gegner damit aufwerten.

327

2. Möglichkeit. Kurz und schlagkräftig kontern! Das erfordert allerdings Geistesgegenwart. Je nach der Qualität des Zwischenrufs höflich antworten, eine vornehme Abfuhr erteilen oder scharf zurückschlagen. Am besten wirkt stets das sachliche Gegenargument, knapp und prägnant formuliert. Routinierte Redner pflegen Zwischenrufe auch ganz bewußt hervorzulocken, um dann der Antwort eine besondere Durchschlagskraft zu verleihen. Gustav Heinemann machte nach folgenden Worten eine winzige Pause (Bundestag, 23. Januar 1958): »Es geht hier nicht um Christentum gegen Marxismus –«, prompt kam von mehreren Gegnern der Zwischenruf »sondern? sondern?« – und der Redner nahm dieses Wort geschickt auf und fuhr fort: »– *sondern* es geht um die Erkenntnis, daß Christus nicht gegen Karl Marx gestorben ist, sondern für uns alle.«

328

Häufen sich nun trotz Ihrer Gegenargumentation die Zwischenrufe, so lassen Sie die Gegner einfach abblitzen. Ständige Störenfriede muß man fertigmachen: »Weiter wollten Sie nichts sagen?« »Ich kann den anderen Hörern nicht zumuten, daß ich Ihnen jetzt eine Privatlektion erteile.« »Haben Sie solche Angst vor meinen Ausführungen, daß Sie sie mit Ihrem Lärm verhindern wollen?«

Max Weber vernichtete einmal eine lärmende Studentenschar mit dem Satz: »Den Beweis, daß Sie zusammen lauter schreien können als ich allein, nehme ich als erbracht an!«

Je erregter die Zurufe sind, desto ruhiger und überlegener sollten wir reagieren. Auch wenn es schwerfällt – gletscherkühl sein! Ein Ergrimmter unterbrach Lloyd George: »Geh doch zur Hölle!« Dieser konterte sofort: »Natürlich, jeder wirbt für seine Heimat!«

329

Zur NS-Zeit sprach sich der Bischof von Münster in einem Vortrag gegen die Jugenderziehung durch die Hitlerjugend aus. Zwischenruf: »Wie kann ein Mann, der keine Kinder hat, Vorschriften machen wollen über Kindererziehung.« Darauf Bischof Galen, die doppeldeutige Situation blitzschnell meisternd: »Ich kann eine solche persönliche Kritik an Adolf Hitler in meiner Kirche nicht zulassen.«

Natürlich kann es vorkommen, daß der Zwischenruf derart schlagend ist, daß keine gute Antwort möglich ist.

Der spätere britische Außenminister Lord Curzon war als Kandidat für das Unterhaus aufgestellt. In einer Wahlrede äußerte er: »Als ich ein kleiner Junge war, wurde ich einmal bestraft, weil ich die Wahrheit sagte.« Darauf ein Zuruf: »Und das hat Sie für immer geheilt!«

330

Haben wir bisher die sachliche und die abblitzende Entgegnung genannt, so dürfen wir eine dritte Spielart nicht vergessen: die humorvolle. Humorvolle oder auch witzige Wendungen in Zwischenruf und Antwort wirken immer gut. So ein quirliger Dialog ist eine erfrischende Brise in der Treibhausluft tierisch-ernster Sachlichkeit.

In einer Landtagssitzung begründete ein Redner die Regierungsvorlage und stöhnte: »Dieses Gesetz auszuarbeiten, das war kein Vergnügen, das war eine *viehische* Arbeit.« Zwischenruf von der Opposition: »Sind Sie Tierarzt?« Darauf der Redner sofort: »Wieso? Sind Sie krank?«

331

Theodor Heuss wurde zur Weimarer Zeit einmal nicht niedergeschrien, sondern »niedergesungen«. Nationalsozialisten stimmten plötzlich ihre Kampflieder an. Nach mehreren Darbietungen hob Heuss die Hand, und in die eingetretene Stille tönte seine ruhige, tiefe Stimme: »Meine Herren, Sie haben sich im Saal geirrt! Der Gesangverein tagt im Nebenzimmer.«

332

3. M ö g l i c h k e i t : Ist der Zwischenruf sachlich und fällt Ihnen nicht sofort die richtige Antwort ein, so übergehen Sie ihn zunächst. Während Sie nun im Vortrag fortfahren, überlegen Sie sich eine

Entgegnung, die Sie dann an passender Stelle anbringen. Gut ist es, den Zwischenrufer auf dieses Vorhaben hinzuweisen, z. B.: »Warten Sie bitte ab; diese Frage werde ich noch behandeln.«

333

4. Möglichkeit: Zwischenrufe sollten nie eine in die Rede hineingeschmuggelte längere Diskussion auslösen. Vertrösten Sie die hartnäckigen Zwischenrufer auf die Diskussion im Anschluß an Ihren Vortrag. »Gedulden Sie sich doch! Sie haben nachher in der Aussprache Gelegenheit, Ihre Meinung in *angemessener* Weise vorzutragen.«

Nur im Falle einer ständigen Störung bitten Sie den Versammlungsleiter, einzugreifen und für Ordnung zu sorgen. Insgesamt gesehen sind die Reaktionen der Zuhörer heutzutage weitaus sachlicher und gezügelter als vor Jahrzehnten, auch wenn wir feststellen, daß es seit kurzem wieder lautstärker und lebhafter bei Versammlungen zugeht.

10. Dokument: Fritz Erler über den Redner Fritz Erler

334

Am 7. Januar 1965 sendete das Zweite Deutsche Fernsehen ein Interview »Zur Person« des (1967 verstorbenen) Politikers Fritz Erler. Es folgt hier der Einleitungsteil des Dialogs zwischen Günter Gaus und Fritz Erler (Quelle: Fritz Erler, Politik für Deutschland, Stuttgart 1968). Er gibt reichen Aufschluß darüber, wie ein hervorragender Redner unserer Zeit die Funktion der Rede beurteilt. Darüber hinaus ist es interessant, Einblick zu gewinnen in die Praxis des politischen Redekampfes.

335

Gaus: Herr Erler, Sie gelten als einer der besten Redner in der Debatte des Bundestages. Ein Talent, das Sie als Fraktionsvorsitzender der SPD oft beweisen konnten. Lassen Sie mich mit der Frage anfangen: Für den geübten Redner Fritz Erler, sind für den die rhetorischen Wirkungen, die er erzielt, auskalkuliert und vorausberechnet, oder sind auch Sie abhängig von der Reaktion Ihrer Zuhörerschaft?

Erler: Beides! Die meisten meiner Reden sind ja nicht geschrieben: Ganz selten verlese ich aus besonderen Anlässen einen vorbereiteten

Text. Der besondere Anlaß besteht nur darin, daß man auf diese Weise die Sicherheit hat, daß die Presse den Text auch wirklich bringt. Er ist also mehr zur Bequemlichkeit der Journalisten als zur Beruhigung des Redners geschrieben. Im allgemeinen spreche ich nur nach Stichworten. Und das schließt schon eine genaue Berücksichtigung der zu erwartenden Reaktionen des Publikums – sei es des Bundestages oder einer Versammlung oder eines anderen Auditoriums – aus. Aber natürlich weiß man aus langer Erfahrung, welche Passagen eine besondere Aufmerksamkeit bei den Zuhörern finden. Und es ist sicher so, daß die Art des Echos auch den Redner mitträgt. Der Künstler lebt bekanntlich auch vom Applaus – und dies gilt auch für den Redner. Nur muß sich ein politischer Redner davor hüten, dann etwa durch die Zustimmung einer großen Massenversammlung sich fortreißen zu lassen zu Erklärungen, die etwas der Verstandeskontrolle entgleiten.

336

Gaus: Sind Sie für sich sicher, daß Sie solche Kontrolle niemals aufgeben werden, daß Sie sich immer in der Hand behalten, daß Sie nicht durch Reaktionen des Publikums in Rage geraten könnten und außer Kontrolle geraten?

Erler: Ich würde sagen, das Wort »niemals« soll man niemals aussprechen. Das ist einfach zu hochgestochen; eine so hohe Bürgschaft kann niemand übernehmen. Man kann sich nur darum bemühen, sich immer in Kontrolle zu halten. Aber ich weiß z. B., daß bei hitzigen Wortgefechten im Bundestag auch der eine oder andere Zwischenruf mich so erregt, daß meine Antwort darauf nicht immer glücklich ist. Meist ist meine Antwort sehr schnell. Bevor der Fragende den Mund richtig zu hat, ist die Antwort schon heraus; dafür bin ich im Bundestag bekannt und mitunter auch etwas gefürchtet. Aber es gibt natürlich bei dieser Art Fechtweise unter Umständen auch Situationen, wo man unversehens den einen oder anderen Kollegen kränkt, ohne das eigentlich gewollt zu haben. Das tut einem dann hinterher leid. Vor solchen Reaktionen ist niemand sicher. Aber in langjähriger Erfahrung lernt man sich auch auf diesem Gebiete besser zügeln.

337

Gaus: Diese schnelle Reaktionsfähigkeit, die Sie zum Beispiel beim Anbringen von Zwischenrufen, Zwischenfragen oft bewiesen haben, bereitet Ihnen das Vergnügen?

Erler: Ich muß sagen, ja! Natürlich gibt es Fragen, die so beschaffen sind, daß sie eines gewissen Nachdenkens, bevor man antwortet, bedürfen. Sonst würde man sich den Vorwurf Dr. Adenauers zuziehen, der da gesagt hat: »Bei dem«, ich weiß nicht mehr, wen er meinte, da säße »das Sprechzentrum zu nahe beim Gehirn«. Man muß also schon denken, bevor man spricht. Aber die meisten Zwischenrufe kann man sich ja vorher ausrechnen. Man weiß ungefähr, in welche Stimmung man hineinspricht, ist also nicht ganz unvorbereitet. Es gibt natürlich auch Zwischenrufe, die so genau zur Aufklärung eines Sachverhaltes beitragen oder auffordern, daß man, ehe man den Zwischenruf in der Sache beantwortet, erst ein paar inhaltslose Worte spricht, die einem Zeit zum Nachdenken geben. Das Beliebteste im Bundestage dafür ist die Wiederholung der Anrede »Herr Präsident, meine sehr verehrten Damen und Herren«; dann hat man schon etwas Zeit gewonnen.

338

Gaus: Herr Erler, um die Anrede zu gebrauchen, in der Sozialdemokratischen Partei, deren stellvertretender Vorsitzender unter Willy Brandt und neben Herbert Wehner Sie sind, in der SPD wird vor allem Ihr scharfer Intellekt gerühmt, mit dem Sie politische Probleme, vor allem außenpolitische und verteidigungspolitische Fragen, durchdenken. Hat dieser scharf ausgeprägte Intellekt zur Folge, daß Sie nach Ihrem eigenen Urteil eher ein Debatter, eher ein Diskutierer mit Argumenten hin und her sind, als ein Versammlungsredner in großen Massenversammlungen, wo etwas anderes als Intellekt verlangt wird?

Erler: Ich ziehe auch ein erhebliches Publikum in große Massenversammlungen. Aber ich glaube nicht, daß ich das bin, was man einen Volkstribunen nennen könnte. Schon in ziemlich früher Jugend hatte ich einmal in Berlin Gelegenheit, den Vortrag einer damaligen sozialdemokratischen Reichstagsabgeordneten, Toni Sender, vor einem Forum junger Menschen einzuführen. Das war sicher sehr sachlich und anständig, was ich da gesagt habe. Aber einer meiner Freunde kam dann zu mir und sagte: »Ein Volksredner wirste nicht!« Damit war zunächst mal dessen Urteil gesprochen. Es hat sich dann nicht ganz so bestätigt, denn inzwischen vermag ich durchaus auch ein großes Publikum zu fesseln. Aber ich glaube, nicht durch das Entfesseln eines stürmischen Gefühlsausbruches, durch das Erzeugen von Begeisterung, sondern mehr durch das Zwingen zum Mitdenken. Wenn ich draußen im Lande auftrete, habe ich natürlich

Vorträge zu halten oder auch im studentischen Milieu etwas Vorlesungsähnliches zur Einführung einer Diskussion darzubieten. Es ist ganz klar, daß das ein anderer Redestil ist. Aber meine Veranstaltungen sind immer, wenn ich den Presseberichten, die nachher erscheinen, etwas Glauben schenken darf, und dem Echo, das mir sonst in Briefen zukommt, etwas Information, etwas staatsbürgerliche Aufklärung, etwas Anspruchsvolles für den Hörer. Ihn zum Mitdenken und auch zum Mittun zu bewegen, ist sicher dabei ein Motiv. Aber Begeisterungsstürme, glaube ich, habe ich bisher nicht entfesselt.

339
Gaus: Halten Sie die Tatsache, daß Sie, wie Sie selbst sagen, nicht dazu angetan sind, Begeisterungsstürme hervorzurufen, halten Sie diese Tatsache für einen politischen Mangel?

Erler: Nein, ich halte sie für einen politischen Vorteil. Ich finde, daß es in unserem Lande viele Figuren gegeben hat, die Begeisterungsstürme entfesselten, aber dabei die Kontrolle über sich verloren – aber dann verlieren auch die Begeisterten die Kontrolle. Ich finde, daß es besser ist, wenn man auch seine Zuhörer dazu erzieht, sich in der Kontrolle zu behalten.

C. Allgemeine Erfahrungen und Überlegungen

1. Auftreten des Redners

340
»Ein Podium ist eine unbarmherzige Sache – da steht der Mensch nackter als im Sonnenbad«, schreibt Tucholsky. Der Redner sei unauffällig, aber sorgfältig gekleidet. Sein Äußeres wird vom Hörer sehr kritisch unter die Lupe genommen. Es ist nicht immer angebracht, burschikos mit wehendem Schlips in die Arena zu treten. Zwar kam Goebbels grundsätzlich eine halbe Stunde zu spät zur Versammlung, um die Spannung zu erhöhen; ich rate aber, diesen Mann auch in dieser Beziehung nicht nachzuahmen. Es ist ungehörig, die Zuhörer auf die »Wartburg« zu versetzen. Seien Sie pünktlich wie eine Brieftaube. Die Hörer sind dankbar dafür.

Die Grundhaltung muß gespannt und doch locker sein. Schauen

Sie nicht immer zur Saaldecke hin, als sei »am Kronleuchter etwas nicht in Ordnung« (Kilian). Sehen Sie vielmehr Ihre Zuhörer freundlich an und beobachten Sie ihre Reaktion. Sie können aus Mienenspiel und Körperhaltung herauslesen: Zweifel, Anteilnahme, Ablehnung, Zustimmung. (Stirnrunzeln, Kopfbewegung!)

341
Wir sollten den Hörern nichts vortrinken. Manche Redner schlürfen alle zehn Minuten Wasser, als machten sie eine Brunnenkur. Das Wasserglas benutze man nur im Notfall. Es ist ein Irrtum anzunehmen, ein Schluck Wasser helfe über Heiserkeit hinweg. –

(Hilde Obels-Jünemann schnupperte auf dem Rednerpult des niedersächsischen Landtages an dem leergetrunkenen Wasserglas ihres Vorredners und verkündete: »Ich habe feststellen wollen, ob Whisky drin war, weil ich sonst einige Ausführungen meines Herrn Vorredners unverständlich fände.«)

In einem Raum voll verbrauchter Luft zu sprechen ist äußerst anstrengend. Weigern Sie sich, in einer Rauchkammer vorzutragen.

342
Der Redner sei vor starkem Tabakgenuß gewarnt. – Es ist gleichgültig, ob wir mit den alten Humanisten das Rauchen definieren als »libido potandi nebulas« = »die Gier, Nebel zu trinken«, oder ob wir es mit modernen Psychologen halten, die von einem infantilen Lutschkomplex sprechen: starkes Rauchen schädigt die Stimme (Raucherkatarrh!). Ärzte raten Männern, die viel reden müssen, das Rauchen aufzugeben oder wenigstens einzuschränken.

2. Konzentration

343
Die Intensität des Sprechens muß die Spannung des Denkens verraten. Wichtig ist, daß der Schein der Leichtigkeit gewahrt bleibt. (Gelegentlich aber schadet es auch nicht, wenn der Hörer den Redner beim vielleicht stockenden Suchen nach der besten Formulierung erlebt. Auch dies bringt ein Spannungsmoment, das nicht unbedingt etwas mit Verlegenheit zu tun hat.)

»Lästige Gedanken sind wie zudringliche Stechmücken«, so sagt Busch einmal.

Es ist eine Frage der Konzentration auf die Hauptsache, ob es einem gelingt, schädliche Nebengedanken auszuschalten. Manche Redner werden von solcher Flut der Nebengedanken weggeschwemmt: sie kommen bei jedem Punkt ihres Vortrages unbeabsichtigt vom Hundertsten ins Tausendste. Die Rede zerfasert; dem hilflosen Zuhörer wird sie zum Labyrinth.

344

In diesem Zusammenhang sei auf die Bedeutung der Improvisation in der Rede hingewiesen. Mitten in der Rede fällt es Ihnen plötzlich wie Schuppen von den Augen; eine Eingebung taucht auf, eine Erkenntnis wird gewonnen – und aus dem Stegreif formulieren Sie sie. Das bekannteste Beispiel für diesen Fall ist der »Donnerkeil« des Mirabeau (23. Juni 1789), der dazu beitrug, die Französische Revolution zu entfachen. (S. Kleist-Dokument Sp. 76.)

345

So ist es auch in der alltäglichen Redepraxis gar nicht selten, daß einem die unerwartete Lösung eines Knotens mitten in der Rede einfällt. Damaschke schreibt: »Einzelne Schwierigkeiten, die bei der Vorbereitung quälten und nicht völlig überwindbar schienen, werden oft blitzschnell erleuchtet und geklärt während des Vortrages selbst. Das Wort, das man ausspricht, wirkt nämlich nicht nur nach außen; es wirkt auch nach innen.« Es gehört zu den beglückendsten Erlebnissen des Redners, wenn sich während der Rede das Tor zu neuen Erkenntnissen und Gedankenreihen auftut.

Man kann zwar immer wieder Gedanken einfügen, die nicht im Konzept vorgesehen sind, man muß sich aber *offenhalten* während der Rede; doch darf die Improvisation den Vortrag nicht überwuchern. Bei so manchen Stegreifrednern, denen die Gedanken nur so zufliegen, fehlt der Zusammenhang der Rede. Es geht alles wie Kraut und Rüben durcheinander.

346

Die Regel lautet also: *Wichtige* neu aufkommende Gedanken einflechten – unwichtige Nebengedanken rigoros beiseite lassen. Die Rede wird sonst garantiert zu lang! Professor Bey schreibt über die Rhetorik im Kongreßwesen: »Die feinste captatio benevolentiae für jeden Redner ist die *Unter*schreitung der gewährten Redezeit. Das Gegenteil ist eine Rücksichtslosigkeit gegen alle Beteiligten, vor allem die folgenden Redner. Der Verlauf der Tagung ist in Gefahr durch einen einzelnen, der nicht maßhält.« Und er fährt fort: »Immer lohnt die Probe mit der Stoppuhr, Nurmis Geheimnis.«

3. Sprechdenken statt ablesen!

347

Beherrschung der freien Rede bedeutet Beherrschung des Sprechdenkens. Ein Vortrag ist kein Hersagen eines Aufsatzes. Überfliegen Sie während des Sprechens die nächsten Stichworte, starren Sie aber nicht wie gebannt auf Ihr Konzept. Selbst ein bis ins einzelne vorbereitetes Referat muß wie improvisiert wirken.

Man sollte nicht jemanden als Redner ankündigen, der sich nur als mehr oder minder guter Vorleser betätigt. »Man muß die Gesichter der Zuhörer beobachtet haben, wenn ein vermeintlicher Redner das Podium besteigt und zunächst ein schweres Manuskript auf das Pult legt. Man darf sicher sein, daß die Mehrheit der Zuhörer nicht auf die Rede hört, sondern betrübt verfolgt, wie langsam sich das Verhältnis der verlesenen zu den noch nicht verlesenen Manuskriptblättern wandelt« (Dovifat).

348

Zuhörer haben eine starke Abneigung gegen das Ablesen einer Rede. Ironisch empfiehlt deshalb Tucholsky: »Am besten ist es, du liest deine Rede ab. Das ist sicher, zuverlässig; auch freut es jedermann, wenn der lesende Redner nach jedem vierten Satz mißtrauisch hochblickt, ob auch noch alle da sind.« –

(Der Reichspräsident v. Hindenburg las seine Reden fast immer vom Blatt ab. Dabei geschah einmal folgendes: er beschloß seine Rede mit »Unser geliebtes deutsches Vaterland, es lebe hoch – hoch« – Seite zu Ende. Pause. Umgeblättert. Hingeschaut. Und dann wurde das einsame dritte »Hoch« ausgerufen, das auf der neuen Seite zu lesen war.)

349

Wir sollten nicht so tun, als seien die Hörer Analphabeten. Hörer wollen den persönlichen Kontakt des Redners, das Fluidum des augenblicklich formulierten Vortrages. Deshalb muß die Regel lauten: Wir sprechen halbfrei.

Carlo Schmid schreibt über den langjährigen SPD-Vorsitzenden Kurt Schumacher: »Er hatte immer ein Manuskript vor sich liegen, aber ich habe es nie erlebt, daß er abgelesen hätte. Immer sprach er über das Geschriebene hinweg, aus der Eingebung des Augenblicks heraus, aber diese Eingebung war nie freischwebend und war nie unkontrolliert: sie war gewissermaßen die Melodie auf dem Grundakkord, der auf dem Manuskript verzeichnet stand.«

350

Das ist ein treffender Vergleich: *Melodie auf dem Grundakkord!* Das Stichwortkonzept ist der Akkord, die Wortausgestaltung die Melodie. Eine nur abgelesene Rede wird schwerlich überzeugen. Der CSU-Abgeordnete Dr. Jaeger sagt einmal: »Wer nicht reden kann, gehört so wenig in ein Parlament wie ein Blinder ins Kino.« Aber selbst bei erfahrenen Politikern ist das Unvermögen verbreitet, Gedanken in freier Rede vorzutragen, wie es z. B. die Geschäftsordnung des Bundestages fordert. Männer an exponierten Stellen mit großer Verantwortung lesen allerdings nur ab, um ganz sicherzugehen, da ein einziges unbedachtes Wort schwere Folgen haben kann. Gegner und Aushorcherkolonnen von Journalisten lauern oft nur darauf, daß dem Redner ein lapsus linguae, ein falscher Zungenschlag, unterläuft, um diesen dann gebührend ausschlachten zu können.

351

Eigentlich brauchten nur Regierungserklärungen, Protokolle und Jahresberichte wörtlich ausformuliert zu werden.

Für die wissenschaftliche Vorlesungsreihe sei folgendes zu bedenken gegeben:

1. Jede Einzelvorlesung ist nur Glied in einer Kette, doch ist es rhetorisch günstig, wenn sie auch in sich abgerundet ist.

2. Auch bei wörtlicher Ausarbeitung wird man am besten so frei wie möglich ablesen.

3. Es gilt, von Zeit zu Zeit prägnante Zusammenfassungen zu bieten. Unter Umständen die Inhalte in neuer Wortausgestaltung.

352

4. Besonders Wichtiges wird wörtlich zitiert; langsam, zum Mitschreiben.

5. Man tut gut daran, nach jedem größeren Abschnitt den Studenten Gelegenheit zu Fragen und zur Diskussion zu geben. Dem dialogischen Prinzip sollte viel mehr Entfaltungsraum gewährt werden.

6. Vorlesungen überlieferter Prägung haben heute nur Sinn, wenn sie von einem persönlichen Fluidum bestimmt sind; ein Merkmal, das bei Büchern in dieser Weise nicht vorhanden sein kann.

(Je freier die Vorlesung gehalten wird, desto besser ist es. Wohl keiner, der eine Vorlesung des Philosophen Ernst Bloch gehört hat, wird sich der eigentümlichen Faszinationskraft seiner Redeweise entziehen können. Das Wesentliche: man wird in seine Gedankengänge mit hineingenommen; man spürt den erregenden Geburtsvorgang seiner Formulierung.)

353
Die Regel wird die freie Rede nach Stichworten sein. Der Redner mit Stichwortkonzept arbeitet wie ein Artist mit Netz: im Notfall kann nichts passieren. Bei einer größeren Rede ganz ohne Stichworte auskommen zu wollen ist gefährlich, selbst für routinierte Redner. Auch das beste Gedächtnis ist manchmal launisch wie eine Primadonna. Auch das beste Gedächtnis verweigert manchmal die Aussage wie ein Zeuge der Verwandtschaft vor Gericht. Was dem Schauspieler der Souffleur ist, ist dem Redner sein Konzept. Ein Souffleur hilft nur in der Not und gibt ein Stichwort. Er ist aber kein Vorsager für schlecht präparierte Darsteller, wie es in einer vernichtenden Kritik über eine Schauspiel-Aufführung hieß: »Gestern abend las uns der Souffleur ein neues Stück vor. Leider wurde er ein paarmal von einigen Personen unterbrochen, die sich auf der Bühne befanden . . .«

354
Der Vortrag soll zwar flüssig sein, doch darf er nicht mit kalter Perfektion abgespult werden. Wie oft spüren wir jene kaltschnäuzige Routine, mit der die Rede absolviert wird. Die Hörer müssen merken, daß Sie voll und ganz hinter Ihren Worten stehen.

Der Redner bewahrt seine Hörer vor rhetorischem Lametta, vor Phrasen, vor leerem Wortschall, vor abgegriffenen Wendungen.

Seine Ausführungen seien bestimmt und eindeutig. Viele Redner sind äußerst vorsichtig in ihrer Formulierung. Ihre Sätze sind wie Kautschuk. Sie bringen dehnbare Aussagen. Sie legen sich nicht völlig fest, sondern lassen sich gern ein Hintertürchen offen. Ein vielfaches ›wenn‹ und ›aber‹, ›könnte‹ und ›möchte‹, ›vielleicht‹ und ›in etwa‹ wird leicht zur rhetorischen Seiltänzerei. (Busch meint hier bissig: »Gar mancher Schwierigkeit entweicht man durch das hübsche Wort ›vielleicht‹.«)

Der Hörer hat aber ein Anrecht auf eine klare, unverschleierte Rede.

4. Das Versprechen

355

Daß man sich einmal verspricht, läßt sich nie ganz vermeiden. Man verbessert sich aber nicht wegen kleiner grammatischer Unrichtigkeiten. Auch dem besten Redner unterlaufen Sprachschnitzer.

Da haben Sie nun aus Versehen gesagt: »Berlin und Hamburg *hat* zusammen über vier Millionen Einwohner.« Damaschke meint zu Recht: »Der verständige Zuhörer möchte dem Redner zurufen: Wir glauben dir ja, daß du weißt, daß zwei Subjekte die Mehrzahl bedingen. Und wenn du es nicht weißt, dann ist es uns auch gleichgültig; wir wollen von dir nicht grammatische Übungen, sondern Gedanken! Weiter!«

Hier gilt das, was der Ästhetiker Vischer sagt: »Es kommt auf ein Wärzchen nicht an, wenn nur der Satz rote Backen hat.« Passiert Ihnen wirklich ein schwerwiegender Sprechfehler und lachen die Hörer, so ist das beste Rezept dann: mitlachen. (Goethe: »Wer sich nicht selbst zum besten haben kann, gehört gewiß nicht zu den Besten!«)

356

Das Versprechen rührt meistens daher, daß man nicht ganz konzentriert bei der Sache ist und dann mechanisch zu plappern beginnt.

Ein junger Schauspieler mußte am Schluß eines rührseligen Stückes auf die Bühne stürzen und in großer Pose den Satz sprechen: »Mit diesem Dolch errett' ich dich!« Er hatte diesen Spruch aber daheim zu Tode memoriert und brachte in der Aufregung eine neue Version: »Mit diesem Rettich erdolch' ich dich!« Eine ähnliche Wortverdrehung leistete sich der Bundestagsvizepräsident Thomas Dehler (Mai 1962). Mit schallendem Gelächter quittierte das Bonner Parlament den Lapsus: »Ich sitze die Schließung.«

357

Der Sprechfehlerteufel steht seinem Druckfehlerkollegen in nichts nach.

Vor kurzem war im Wetterbericht eines deutschen Senders zu

hören: »... in der kommenden Nacht stärkere *Bevölkerungs*zunahme ...« In einer Bücherschau gab es »Kostproben aus neuen Taschentüchern«.

5. Besondere Vortragsmittel

358
Hier ist vor allem die Zäsur zu nennen. Es gibt die *Nach-Zäsur* und die *Vor-Zäsur*. Es wird also nach einer Aussprache das Weitersprechen verzögert. Beide stehen im Dienste der Spannung und Steigerung. »Eine Pause machen heißt, nur auskuppeln, nicht den Motor abstellen« (Weller). Aber Pause ist eigentlich nicht der richtige Ausdruck. Eine Pause ist tot und leer, die Zäsur aber ist lebendig, erfüllt.

Die Nach-Zäsur ist eine Art schöpferische Pause nach einer längeren Gedankenreihe. Dem Hörer muß immer wieder Zeit gegeben werden zum Nach-Denken über das Gesagte. Sinn der Pause kann auch ein kurzes Ruhebedürfnis sein. Gewichtige Worte sollen sich auswirken können. Der Hörer braucht eine Denkfrist.

359
Die Vor-Zäsur ist eine bewußte Verzögerung und schafft in besonderem Maße Spannung. Viele Redner schließen gelegentlich an einen fertigen Satz ein »und« an – es folgt eine Zäsur –, und dann wird ein neuer Trumpf ausgespielt. Der ungeübte Redner wendet das Wirkungsmittel der Zäsur viel zu selten an, weil er irrtümlich meint, ein solches Stocken zerreiße den Zusammenhang.

360
Überleitung. Wenn Sie von einem größeren Abschnitt zum nächsten übergehen, tun Sie gut daran, sich zwischendurch mit einer persönlichen Bemerkung an die Hörer zu wenden (Übergänge schaffen!) Z. B. »Vielleicht werden Sie jetzt fragen, welche Bedeutung diese Entwicklung für uns heute hat. Ich will Ihnen meine Meinung dazu sagen ...«

361
Die Kunst des fließenden Überganges erfordert viel Sorgfalt und Übung. Gute Übergänge sind Bindeglieder zwischen den Gedankenkomplexen.

»Genauso wie das Schweißen zur Herstellung eines Autos notwendig ist und wie durch Nieten die Teile eines Schiffsrumpfes zusammengefügt werden, so verbinden gute Übergangssätze die einzelnen Abschnitte Ihrer Rede zu einem gefälligen Ganzen« (Simmons).

362
Ein plötzliches Umschlagen vom Heiteren zum Ernsten ist ein gutes Wirkungsmittel. Bedenken wir, daß die meisten der heiteren und amüsanten Aussagen, die wir machen, doch einen ernsten Hintergrund haben.

363
Die wichtigsten Möglichkeiten der Steigerung des Vortrags sind: Vorzäsur (das »Doppelpunkt-Sprechen«), Nachzäsur (mit mimischer oder gestischer Unterstreichung die Aussage nachwirken lassen!),

> Tempo steigern im Satz –
> Tempo verlangsamen,
> lauter werden – leiser werden.

364
Der Redner sollte immer noch etwas Redestoff in Reserve haben. Manche pflegen recht geschickt anzudeuten, daß sie noch mehr wissen, als sie sagen können. Unangenehm berührt es aber, wenn man mit seinem Wissen protzen will. Ein übler Trick ist es, wenn man die Hörer bewußt überfordert: ». . . Ihnen allen sind die Abhandlungen des Thomas von Aquin über das Naturrecht bekannt« – und keine drei im Saale kennen sie! Es ist unredlich, auf diese Weise bei vielen Hörern einen Minderwertigkeitskomplex zu erzeugen, um die eigene Person ins rechte Licht zu rücken.

6. Redehemmung (Lampenfieber)

365
»In Ängsten findet manches statt, was sonst nicht stattgefunden hat« (Busch).

Im Reader's Digest (Januar 1950) findet man die folgende hübsche, wenn auch überspitzte Formulierung: »Das menschliche Gehirn ist eine großartige Sache. Im Augenblick deiner Geburt beginnt es zu arbeiten und hört nicht damit auf, bis du dich erhebst, um eine Rede zu halten.« – Wir nennen die Redehemmung durchweg Lampenfieber. Dieser Ausdruck wurde einst von Schauspielern geprägt, weil sich das besagte Fieber einstellt, wenn man ins Licht der Bühnenscheinwerfer tritt. Redehemmung beim geübten Redner ist die natürlichste Sache der Welt.

366

Mark Twain berichtet, daß er bei seinem ersten Auftreten als Redner das Gefühl gehabt habe, sein Mund sei mit Baumwolle gepolstert. Disraeli erzählt, er habe vor seiner ersten Rede lieber eine Kavallerie-Attacke reiten wollen als aufs Podium zu steigen. Bebels Jungfernrede 1864 war ein glatter Mißerfolg. Er hätte vor Scham in den Boden sinken mögen. Vor seiner ersten Rede war dem »Seeteufel« Graf Luckner »blümerant zumute«.

367

Die Redehemmung beruht zumeist auf einem Mangel an Selbstvertrauen. Man hat »Angst, ohnmächtig der Überzahl preisgegeben« zu sein, wie Weller es ausdrückt. Die Folge ist seelische Verkrampfung und nervliches Versagen. Welche Mittel gibt es nun gegen Lampenfieber?

1. Bereiten Sie sich so gründlich wie nur möglich auf die Rede vor.

2. Versetzen Sie sich während der Redeprobe ganz in die Situation des Ernstfalles.

3. Bitten Sie ein paar gute Freunde, sich vorn im Saal hinzusetzen. Es gibt Sicherheit, wenn man vertraute Gesichter vor sich hat. Josef Weinheber berichtet (»Über Dichterabende«), daß er bei Vorträgen stets so lange *einen* Zuhörer ansah, bis er sich freigesprochen hatte.

4. Entspannen Sie sich vor Redebeginn. Tun Sie etwas ganz anderes. Ein bißchen Müßiggang oder eine erholsame Beschäftigung, das ist angebracht. Spazierengehen nicht vergessen. Aber wenig essen! Zwanzig tiefe Atemzüge kurz vor Beginn wirken beruhigend.

5. Bemühen Sie sich, gerade zu Anfang betont langsam und ruhig zu sprechen.

368

Die Redehemmung ist ein ganz normales Durchgangsstadium für

jeden Anfänger. Die Erfahrung lehrt, daß die Lampenfieberkurve langsam, aber stetig sinkt, je mehr man in der Redepraxis steht. Auch hier trifft die alte Binsenweisheit zu, die besagt: »Tue das, was du fürchtest, und die Furcht stirbt einen sicheren Tod.« Das Lampenfieber vergeht, und bestehen bleibt wohl bei jedem Redner eine gewisse Sprechspannung; und die ist für eine lebendige Sprechweise unbedingt notwendig.

369

Und jetzt haben Sie alles befolgt, wozu ich geraten – und dennoch: Siederot wird der Kopf, die Pulse jagen. »O täte sich doch die Erde auf, mich zu verschlingen.« Sie bleiben in Ihrem Vortrag stecken, mittendrin. Ihre Stichworte treiben zu allem Überfluß noch ein bösartiges Versteckspiel oder wollen sich plötzlich nicht mehr entziffern lassen. Es tritt meistens eine peinliche Stille ein, selbst bei Goethe in seiner berühmten Rede zur Einweihung des Ilmenauer Bergwerks. Die Zuhörer befällt Mitleid und Beklemmung. Manche zeigen vielleicht, wie besonders bei der polemischen Rede, unverhohlene Schadenfreude, so wie sie uns von Wilhelm Busch beschrieben und interpretiert wird:

> »Als neulich am Sonntag der Herr Pastor
> eine peinliche Pause machte,
> weil er den Faden der Rede verlor,
> da duckte sich der Küster und lachte.«

Denn oftmals ist es so:

> »Der klugen Leute Ungeschick
> stimmt uns besonders heiter,
> man fühlt doch für den Augenblick
> sich auch einmal gescheiter.«

Es gibt also eine mehr oder minder dramatische Pause mit anschließendem wirren Gestammel. Dann fängt man sich – oder auch nicht.

> »Das Reden tut dem Menschen gut,
> wenn man es nämlich selber tut.
> Von Angstprodukten abgesehn,
> denn so etwas bekommt nicht schön.« (Busch)

370

Was soll man aber richtiger tun? Die Situation ist viel harmloser, als sie Ihnen erscheinen will. Seien Sie doch nicht so aufgeregt, denn die Hörer wissen ja gar nicht genau, was Sie eigentlich sagen wollten. Sie haben zwei Mittel zur Verfügung, die Ihnen helfen können:

a) Wiederholen Sie mit anderen Worten, was Sie zuletzt gesagt haben. Greifen Sie also den letzten Faden auf oder fassen Sie den ganzen Abschnitt noch einmal zusammen. Während Sie das tun, kommt zumeist der verlorengegangene Gedanke wieder, wenn er gut vorbereitet war. Ist das nicht der Fall, so

b) gehen Sie zu einem neuen Teil über. Sie können das Versäumte manchmal später noch bringen, mit der Wendung: »Übrigens fällt mir noch ein ...« oder »Hier möchte ich noch einfügen ...«

7. Sprechtempo

371
Der amerikanische Politiker Humphrey z. B. hat eine unheimlich schnelle Zunge. Die Erfahrung zeigt, daß das Sprechtempo sehr stark persönlichkeitsgebunden und demzufolge oft schwer zu regulieren ist. Viele Menschen sprechen schneller, als sie denken können. Die herausgesprudelten Worte sind entsprechend dumm oder überflüssig. »Er redet mich tot!« sagt man wohl von einem impulsiven Bekannten, dessen Worte hervorquellen wie Lavamasse.

372
Auch Redner, besonders die Anfänger unter ihnen, sprechen in der Regel zu schnell. Sprechen Sie nicht stets im gleichen Zeitmaß. Wechseln Sie das Tempo. Wichtige Gedanken müssen langsamer und eindringlicher gebracht werden. Aber auch sonst gilt: variatio delectat – die Veränderung erfreut und belebt. Das Grundtempo der Rede wird man dem jeweiligen Anlaß und Redeinhalt anpassen. Bei einer Feier wird es langsamer und gemessener sein als bei einer Kampfrede. Ferner ist zu bedenken: je größer der Raum ist, desto langsamer muß gesprochen werden, damit die Rede nicht verhallt. Wir sprechen fließend, aber wir spulen unsere Rede nicht in Rekordzeit ab. Glatte Zungenfertigkeit ist noch kein Maß für gute Redekunst.

373
Der alte Matthias Claudius schreibt seinem Sohn Johannes einmal:

»Wo Worte gar so leicht und behende dahinfahren, da sei auf deiner Hut; denn die Pferde, die einen Wagen mit Gütern hinter sich haben, gehen langsameren Schrittes.« Zu Herzen nehmen kann man sich auch die drastischen und bildkräftigen Hinweise, die Spurgeon in einer Vorlesung seinen Prediger-Kandidaten gab. (In Klammern habe ich die rhetorischen Mittel bezeichnet, die Spurgeon hier anwendet): »*Zu* langsames Reden ist schrecklich und kann lebhafte Zuhörer ganz nervös machen. Wer kann denn einen Redner anhören, der zwei Kilometer in der Stunde kriecht? (Bildhafter Vergleich; rhetorische Frage). Heute ein Wort und morgen eins (Übertreibung) ist ein Gebratenwerden bei langsamem Feuer (Vergleich), das nur für Märtyrer ein Genuß ist (Witz). Aber sehr schnelles Reden, Rennen, Rasen, Toben (metaphorische Steigerung) ist ebenso unverzeihlich (Gegensatz zum vorigen). Es kann niemals Eindruck machen (Behauptung), außer vielleicht auf Schwachsinnige, denn (Begründung folgt) anstatt eines geordneten Heeres von Worten (Bild) kommt ein Pöbelhaufen (gegensätzliches Bild) auf uns zu und der Sinn wird vollständig in einem Meer von Tönen ersäuft« (Bild).

8. Lautstärke

374

Stentor hieß jener Grieche vor Troja, von dem Homer erzählt, er könne lauter rufen als fünfzig wilde Krieger zusammen. Wir sprechen heute noch von der Stentor-Stimme, die aber höchst selten angebracht ist. Die Rede soll keine Lärmattacke auf das Trommelfell sein. Aber sprechen Sie immerhin so laut, daß auch der hinten sitzende Zuhörer Sie verstehen kann. Verändern Sie die Lautstärke je nach der Bedeutung der Aussage; aber nur ein wenig. Pendeln Sie nicht hin und her zwischen Säuseln und Donnern.

375

Es gibt Redner, die die Lautstärke mehr oder minder bewußt demagogisch einsetzen. Die Lautstärke soll dann die Rolle der Beweisführung übernehmen. Im Nachlaß eines dänischen Pastors fand man eine Predigt, bei der an einer Stelle folgende Vortragsbezeichnung vermerkt war: »Hier Stimme heben, da Argumentation nicht überzeugend!«

376

Eine größere Lautstärke ist nicht zu erreichen durch Pressen, sondern nur durch eine Verbindung folgender Mittel:

a) Verstärken des Atemstromes,
b) Verstärken der Resonanz (Tragfähigkeit!),
c) Verschärfung der Artikulation,
d) Verlangsamen des Tempos (»zeitlupenartiges Dehnen« der Sprechfolgen).

Das Wichtigste wird durch Lautstärke herausgehoben, indem es lauter oder auch leiser gebracht wird. Gerathewohl spricht von der Möglichkeit der »Steigerung ins Piano«.

Bedenken wir: wer schreit und schimpft, hat meistens unrecht. Selbst im Recht verdirbt er mehr, als daß er gewinnt.

377

In diesem Zusammenhang noch eine Feststellung: Oft schallt dem Redner in einem großen Raum ein »Lauter!« entgegen. Kurze Zeit kommt der Redner der Aufforderung nach, doch meistens schon sehr bald verfällt er wieder in den Fehler des Leisesprechens.

9. Sprechgebaren

378

Das treueste Gemeindemitglied einer bremischen Kirche war ein biederer alter Handwerksmeister. Wenngleich er fast taub war, so saß er doch Sonntag für Sonntag auf der ersten Bank unter der Kanzel. Der Pastor, der während der Predigt in lebhaften Hand-, Arm- und Körperbewegungen zu schwelgen pflegte und der wegen des besagten Zuhörers besonders laut sprach, schrie diesen eines schönen Tages an: »Das ist aber wirklich schön, daß Sie meine Gottesdienste so fleißig besuchen. Hoffentlich verstehen Sie auch immer, was ich sage?!« »Herr Pastor«, entgegnete der Alte, »mit dem Verstehen ist es man so, daß ich ja kein Wort versteh', aber ich seh' Ihnen ja so gern zu!«

379

Diese Geschichte zeigt uns, daß wir als Redner nicht nur *Zuhörer*, sondern immer auch *Zuschauer* haben. Allerdings werden nur Schwerhörige wie der Bremer Handwerksmeister Freude haben am übermäßigen Bewegungsdrang des Redners. Alle rednerischen Mittel des körperlichen Ausdrucks wie Haltung, Gestik und Mimik nennen wir mit Willy Hellpach »Sprechgebaren«.

380

Haltung und Gebärde des Redners sollen locker und federnd sein, aber nicht lässig und geckenhaft. Die natürliche Redespannung, in der er sich befindet, muß sich auf die Hörer geradezu körperlich übertragen.

Spurgeon stellt fest: »Viele Prediger lehnen sich bequem und nachlässig vor, als lehnten sie sich über ein Brückengeländer und plauderten mit jemand, der unten in einem Boot fährt. Wir gehen nicht auf die Kanzel, um es uns gemütlich zu machen, sondern um eine sehr ernste Arbeit zu tun, und demgemäß muß auch unsere Stellung sein.« Der Nachsatz gilt für jeden Redner. Man imitiere keine Windmühle bei Sturm. Der gute Redner ist weder Zappelphilipp noch Salzsäule. Wenn man als Hörer eine ständig schwankende Gestalt vor sich hat, kann man regelrecht Schwindelgefühle bekommen. Der Redner sei auch kein »zur Rede übergehender Wachsoldat; er versuche auch nicht, den hinter Gitterstäben hin und her laufenden Tiger zu kopieren« (Weller).

381

Gestik: Wenn wir zwei Südländer bei einem freundschaftlichen Plausch beobachten, so befürchten wir jederzeit, sie könnten handgreiflich werden; sie reden mit Händen und Füßen. In unseren kühleren Zonen hat man diese anatomischen Ausläufer stärker unter Kontrolle. Aber auch bei uns gibt es Redner, die »mit Armen und Fäusten gegen unsichtbare Feinde Luftkämpfe ausfechten« (Hans Brandt) oder im Haar wühlen wie ein Wagnerscher Bühnenheld. »Manche Redner scheinen bei einem Boxer Unterricht gehabt zu haben«, meint schon Spurgeon. Wir ahmen nicht jenen Redner nach, der im Stile eines Auktionators das unschuldige Pult traktiert, so daß das danebenstehende Wasserglas erschrockene Sprünge macht.

382

Chruschtschow zog bei einer Rede vor der UNO in New York sogar einen Schuh aus und trommelte damit aufs Podest zwecks handfester Unterstreichung seiner Gedankengänge; was Werner Finck dann zu dem Bonmot veranlaßte, man könne von einem nicht frei *gewählten* Potentaten auch nicht erwarten, daß er sich *gewählt* ausdrücke. Aber selbst mittels eines Schuhs erreichte Chruschtschow auch nicht annähernd den Effekt, der dem ebenso dynamisch veranlagten Martin Luther beschert war, als er einmal während einer Predigt in Eisenach mit der bloßen Faust ein drei Zoll dickes Brett zerschlug, wie Spurgeon zu berichten weiß.

383
Alle diese Unarten lassen sich leicht vermeiden, wenn man sich stets bemüht, sein Temperament im Zaume zu halten. Wohin nun mit den Händen? Man lege sie am besten leicht auf das Pult, ohne sie immer in der gleichen Stellung zu lassen. Manche Redner reiben sich immer die Hände, als freuten sie sich darüber, einen Geschäftspartner übers Ohr gehauen zu haben.

Nun aber Positives zur Gestik: sie kann und soll den Gedankenkurs mitbestimmen. Gesten seien sparsam, nur dann sind sie wirkungsvoll. Musterfiguren gibt es nicht. Wohl gibt es z. B. eine einladende, abwehrende, bestimmende, fragende Geste. Der Lebhafte wird sie öfter benutzen, um seine Worte zu unterstreichen. Mit den Fingern kann man Nuancen herausarbeiten.

(Die Gestik ist besonders ausgeprägt in der Redeweise von Wirtschaftsminister Schiller. Er geht ständig auf imaginären Fliegenfang.)

384
Aber der Redner sei mit Gesten behutsam und unauffällig; er ist *kein Schauspieler*. Fahrige und abgebrochene Bewegungen wirken linkisch.

385
Achten Sie einmal darauf: Bei sehr vielen Rednern entwickelt die Hosentasche einen höchst eigenartigen Magnetismus für die linke Hand. Das Selbstbewußtsein scheint schlagartig gestärkt, sobald man die Hand in die Tasche gerammt hat. Für das Publikum ist das nicht gerade ein erhebender Anblick. Ebenso unschön wirkt es, wenn die Finger in die Armlöcher der Weste geklemmt werden, als plaudere man über den Gartenzaun hinweg mit dem Nachbarn. August Bebel bemängelte diese Unart bei einem so bedeutenden Redner wie Lassalle. Wenn man schon das Bedürfnis hat, seine Hände zu verbergen, dann benutze man als Versteck höchstens die Jackentasche, wie es auf höchster Ebene der amerikanische Präsident Kennedy praktizierte.

386

Bundestagspräsident Gerstenmaier erließ einmal (November 1962) folgende Antwort auf eine Beschwerde, Minister Strauß habe bei einer Erklärung vor dem Bundestag seine Hände in die Taschen vergraben: ».. . daß es keine Rechtsvorschrift gibt, die ausdrücklich gestattet oder verbietet, daß ein Bundesminister oder ein sonstiger Redner vor dem Bundestag seine Hände in die Rock- oder Hosentasche steckt. Es handelt sich hier um eine Frage des Taktes . . . (und) der Erziehung . . ., die sich nicht normativ regeln läßt . . .«

Lassen Sie Ihre Gestik, ebenso wie Haltung und Mienenspiel, von Freunden kontrollieren. Man kann viele schlechte Angewohnheiten dann schnell ablegen. Mancher zuckt oft mit den Achseln, wippt mit den Füßen, nickt mit dem Kopf, setzt die Brille auf und ab oder streicht einen imaginären Bart.

387

Ein anderer hat die Angewohnheit, beim Vortrag auf und ab zu gehen, Hände auf dem Rücken, wie ein Übeltäter beim täglichen Spaziergang im Gefängnishof. Auch nicht gar so selten begegnet man Rednern, die Schmatzgeräusche produzieren, als verzehrten sie nebenher noch ein erstklassiges Kompott.

388

Mienenspiel: Ebenso wichtig wie die Handbewegung ist das Mienenspiel. Besonders die Augen *sprechen mit!* Wer mit undurchdringlichem Pokergesicht dasteht oder umflorte Blicke in die Runde wirft, wird kaum die Herzen der Hörer gewinnen, er mag noch so viel Gescheites reden. Noch weniger wird *der* Redner erreichen, der ein Gesicht aufsetzt, als sei er ohne Schirm in einen Hagelschauer geraten.

389

Die Augen sprechen mit! Der Redner soll nicht so eben über die Leute hinwegsehen oder die Saaldecke anstarren. Jeder Hörer muß sich angesehen fühlen. Sehen Sie auch einmal einzelne an, wenn ihre besondere Teilnahme offensichtlich ist. Dieser Augenkontakt will geübt sein. Ein flüchtiger Blick genügt nicht. Man sollte keine Hörergruppe vergessen, den Blick langsam schweifen lassen und ihn auch immer wieder in die hinteren Reihen wenden. Manchmal haben Redner die schlechte Angewohnheit, den Blick ruckartig von einer Seite zur anderen herumzureißen, als seien sie Zuschauer bei einem

Tennismatch. Das Mienenspiel mag ernst oder heiter sein; immer sei es freundlich und nie übertrieben. – »Es ist erwiesen, daß es nicht die Hände sind, sondern das Lächeln, womit die Menschen einander ergreifen und – halten« (F. Chiesa). Keiner mag ein maskenhaftes Konfektionslächeln sehen, als stehe man für eine Zahncreme Reklame. Natürlich, freundlich, verbindlich: das ist die Devise.

390
Das gesamte Sprechgebaren steht im Dienste des rednerischen Ausdrucks und des Kontakts zum Hörer. Die Grundhaltung des Redners muß leidenschaftlich, aber beherrscht sein, körperlich wie geistig. Der Hörer will nicht nur Worte vernehmen – er will auch einen Menschen erleben. Wenn wir große Redner immer wieder gerne hören, wenngleich sie vielleicht gar nichts Neues zu sagen haben, so liegt das daran, daß sie eine persönliche Ausstrahlungskraft besitzen, nicht zuletzt durch ihr Sprechgebaren: besonders durch *Augengriff* und unterstreichende Geste.

10. Visuelle Hilfsmittel

391
Wer einen Vortrag halten will, sollte sich immer fragen: Kann ich den Hörern etwas zeigen? »Um sich begreiflich zu machen, muß man zum Auge reden«, stellt Herder fest. Das trifft zu, besonders heute, wo wir durch die Fülle der gebotenen optischen Reize *Augenmenschen* geworden sind. Ludwig Reiners hat recht: »Sehen ist leichter als Denken.« Visuelle Hilfsmittel sind anschaulich und bringen Abwechslung. Bilder, Tabellen, graphische Darstellungen, Schemata, Strichbilder, Karten, Jahrestafeln usw. sollten Sie geschickt in die Rede einbauen, wenn sich die Möglichkeit bietet. »Der Augennerv ist 50mal dicker als der Ohrennerv. Was wir gesehen haben, haftet meist besser, als was wir bloß hörten« (Joh. Blümel). Aus diesem Grunde sind Lichtbildvorträge heutzutage so beliebt. Gleichgültig, ob es sich z. B. um Reiseberichte handelt oder um wissenschaftliche Bildvorträge, ich empfehle, die folgenden drei Regeln zu beachten:

392
1. Ordnen Sie eine Auswahl von charakteristischen, gut gelungenen Aufnahmen so, daß die Bild-

reihe eine Steigerung bringt. Bedenken Sie, daß durch Film und Fernsehen unsere Netzhaut sehr verwöhnt ist. Nur gut-gelungene Bilder sollte man zeigen. Sehr oft ist die Zusammenstellung der Bildreihe sehr zufällig und willkürlich. Bild reiht sich an Bild, ohne daß ein organischer Bogen vom Anfang zum Ende gespannt wird, ohne daß die Bildmotive wechseln. – Auf keinen Fall darf man das Auge überfüttern. Professor Berg schreibt: »Für den Erfolg ist oft entscheidend, wie viele Lichtbilder *nicht* gezeigt wurden. Die Weisheit des pars pro toto (= ein Teil steht stellvertretend für das Ganze) ist es, die allen Vortragenden nicht genug ans Herz gelegt werden kann.« Also auch hier gilt: *Weniger* kann *mehr* sein!

393

2. Kommentieren Sie die Bilder kurz und treffend, und schaffen Sie Textverbindungen von einem Bild zum anderen.

So mancher Vortragende meint offenbar, daß man Lichtbildreihen mühelos aus dem Stegreif kommentieren könne. Die Folge ist dann oft ein lahmer Kommentar, in dem alles dem Zufall überlassen bleibt. Bereiten Sie stichwortartig den Begleittext vor, den Sie dann in freier Rede bringen müssen. Auch wenn im Bildkommentar der Improvisation ein größerer Raum gegeben ist, so überlege man vorher, *was* erwähnenswert ist, *wo* eine Kurzerzählung eingestreut werden kann, *wie* man von einem Bild gut zum anderen überleiten kann. Ein Bildkommentar bietet in besonderer Weise die Möglichkeit zum *gehobenen Plauderton*. Der Text wird feuilletonistisch zubereitet und amüsant serviert, was einen ernsten und belehrenden Hintergrund keineswegs ausschließt.

394

Der Text sei niemals langatmig. Sprechen Sie kurz. Weisen Sie auf Einzelheiten hin, die der Zuschauer übersehen könnte. Bilden Sie Schwerpunkte. Bei besonders eindrucksvollen Bildern wird man etwas länger verweilen. Als gut erweist es sich, nicht jedes Bild zu kommentieren, sondern eine kleine Bildfolge vorweg zu besprechen, damit sich die Zuschauer ganz dem optischen Eindruck hingeben können. Wollen Sie einmal einen längeren Kommentar geben, so tun Sie gut daran, das Licht einzuschalten, denn eine Stimme in der Dunkelkammer wirkt geradezu gespenstisch.

395

Dringend abraten möchte ich von der Folge: zuerst Bilder zeigen, dann einen Vortrag halten. Umgekehrt muß es sein. Nachdem Bilder gezeigt wurden, wird der beste Vortrag es schwer haben, noch anzukommen. Das Wort kann mit dem Bild schlecht konkurrieren.

396

Ein letzter Hinweis noch: Sprechen Sie so laut und deutlich, daß Sie auch von allen gehört werden können. Oft erlebt man es, daß der Kommentator selbst so von den Bildern gefangengenommen wird, daß er sich nur der Leinwand zuwendet; somit in die falsche Richtung spricht. Die hinteren Reihen verstehen kein Wort, oder, beim schnellen Umwenden des Redners, nur einen halben Satz.

397

3. Bereiten Sie den Lichtbildvortrag so vor, daß keine Regiefehler auftreten und der äußere Ablauf reibungslos ist. Besonders die technischen Einzelheiten wollen sorgfältig bedacht sein. Das gibt *allerlei Kleinarbeit*. Technische Pannen aller Art zerstören so oft die Atmosphäre und zerreißen den Zusammenhang. Wir kennen solche Fälle: Gerade will man beginnen, Bilder zu zeigen, da stellt sich heraus, die Verbindungsschnur zum elektrischen Anschluß ist zu kurz; der Projektionsapparat steht zu weit entfernt; das Bild paßt nicht auf die Leinwand; drei Bilder stehen falsch und sind nur im Kopfstand erkennbar; keiner kann im Dunkeln den Lichtschalter finden usw. Auch jeder scheinbar belanglose technische Fehler entpuppt sich als Störenfried.

398

Fangen Sie auch nicht an, nach der Begrüßung erst umständlich die ganze Apparatur aufzubauen. Alles vorher bedenken! Ebenso notwendig ist eine Verständigungsprobe mit dem Bild-Vorführer, damit die Reihenfolge der Bildgruppen feststeht u. a. Die Verständigung über die Abfolge der Bilder soll möglichst unauffällig sein. Am besten vereinbart man ein kurzes Klopfzeichen (oder auch Lichtzeichen), d. h. »nächstes Bild«. – Vielleicht werden Sie jetzt einwenden: »Das sind doch alles unbedeutende Kleinigkeiten.« – Kleinigkeiten stimmt, unbedeutend nicht. Der Erfolg des Redners hängt sehr oft ab vom unscheinbaren Drum und Dran!

399

In einer süddeutschen Dorfkirche hielten Kandidaten der Theologie regelmäßig ihre Probepredigt. Sie erkundigten sich dann stets beim Küster, wie denn die Predigt gewesen sei. Und diese »Stimme des Volkes« hatte dann drei Bewertungen parat. War die geistliche Rede gelungen, so meinte der Küster: »Der Herr hat Gnade gegeben!« Bei mäßiger Leistung urteilte er: »Der Text war ja auch schwierig!« Hatte der Kandidat völlig versagt, so wurde er mit den Worten getröstet: »Aber die Lieder haben Sie gut gewählt!«

400

Da haben wir die höfliche Mitteilungsform der indirekten Aussage. Es ist nichts gesagt – und es ist doch alles gesagt. Legen auch Sie sich Rechenschaft ab über die Wirkung Ihrer Rede auf die Zuhörer. Bitten Sie Ihre Freunde um *schärfste* Kritik; forschen Sie nach den Gründen Ihres Versagens – dann können Sie es schon nächstes Mal besser machen. Durch anfängliche Mißerfolge sollte sich keiner entmutigen lassen. Großen Rednern ist es so ergangen, daß sie einen schlechten Start hatten.

Doch »solcherlei Verdrüsse pflegen die Denkungskräfte anzuregen« (Busch).

Als Grundmaßstäbe der Redekritik können folgende Einzelpunkte gelten: Sachlichkeit, Klarheit, Anschaulichkeit, sinnvolle Gliederung, flüssiger Stil, gute Einleitung; Steigerung zum Schluß, Lautstärke, Tempo und Sprechgebaren.

Auch der erfahrene Redner sollte nie aufhören, an seiner Redetechnik zu feilen. Bedenken wir immer: *Keine Rede ist so gut, als daß sie nicht noch verbessert werden könnte.*

Wenn Sie alle Sinnabschnitte dieses Buches sorgfältig durchgearbeitet haben, so werden Sie vielleicht seufzen: »... und das soll ich alles bedenken? Ich sehe ja den Wald vor Bäumen nicht!« Richtig, *alles* kann man nicht bedenken. Manches wird man in der Praxis vereinfachen. Überaus wichtig bleibt die ständige Übung im fließenden Sprechdenken, in der anschaulichen Ausdrucksweise und im sachgerechten Diskutieren.

Es genügt nicht, die hier aufgezeigten Grundregeln der Rede nur zu kennen: man muß sie immer wieder anwenden. Es gehören ein leidenschaftlicher Leistungswille und eine gehörige Portion geistiger Zucht dazu, um aus rhetorischer Mittelmäßigkeit herauszukommen. Erst wenn die Fülle der Rede-Hinweise in das Unterbewußtsein gedrungen ist, sind diese voll verarbeitet. Man wendet die wichtigsten Redemittel schließlich automatisch an. Die Hauptregel lautet eben: Üben, üben und nochmals üben. Arbeiten Sie von Zeit zu Zeit einmal wieder dieses oder jenes Kapitel durch; ergänzen Sie, kritisieren Sie aus eigener Erfahrung heraus. Fragen Sie sich immer wieder: Was kann ich heute oder morgen in meinem »rhetorischen Alltag« schon anwenden?

Der polnische Pianist Paderewski äußerte einmal: »Wenn ich *einen* Tag nicht übe, merke *ich* es; versäume ich, *zwei* Tage nicht zu üben, merken es meine *Kritiker.* Wenn ich *drei* Tage aussetze, merkt es das *Publikum.*« Das mag überspitzt sein. Aber was Paderewski hiermit sagen will, gilt auch für den Redner: ständig in Übung bleiben ist das simple Geheimnis des Erfolges.

Die vollendete Rede setzt eine große Kunstfertigkeit voraus. »*Kunst* kommt von *können,* käm's von *wollen,* hieß es *Wulst*«, sagt Ludwig Fulda; und man möchte hinzufügen: käm's von *mögen,* hieß es – *Murks.*

Wenn Sie jede Gelegenheit zu üben wahrnehmen, so werden Sie eines Tages einen ganz persönlichen Redestil entwickeln, fern jeder Schablone. Das muß für jeden Redner das Ziel sein.

Es gibt viele Wege dahin. Dieses Buch möchte nur die allgemeine Richtung anzeigen. Es läßt sich auch keineswegs alles Wesentliche in Regeln fassen. Es bleiben noch viele Geheimnisse in der Rhetorik, die schwerlich zu lüften sein werden; geschweige denn, daß man sie in einem rhetorischen Laboratorium austüfteln kann.

Und noch ein Letztes: Der Redner wird, wenn er selbstkritisch ist, oft erschrocken sein über die Macht des Wortes. Welcher Wirkungen ist es fähig, guter wie *böser!* Dieses Bewußtsein wird uns daran hindern, das Wort zu vergötzen. Wir werden bescheiden werden in unserem oft überheblichen Anspruch an das Wort: auch das menschliche Wort gehört nämlich zur *gefallenen Welt.* Die letzten hintergründigen Wahrheiten der Welt lassen sich nicht ins Wort bannen. Albrecht Goes gibt das zu bedenken, wenn er schreibt: »Man muß gelitten haben, gelitten haben am Wort, an der dämonischen Verzerrung des Wortes. Man muß erfahren haben, wie Menschen sich im Worte mißverstehen, sich weh tun, sich verstören können. Noch schwerer: wie sie aneinander vorbeireden in bester Meinung, wie sie von Satz zu Satz sich mehr und mehr entgleiten, wie sie zuletzt sich nicht mehr sehen können und aus Worten Ärgeres gewachsen ist als Dornröschenhecken: Mauern, Türme, Kasematten. *Gerade das Gespräch kann und wird uns immer wieder an die Urnot aller menschlichen Gemeinsamkeit erinnern: an die babylonische Sprachverwirrung.*« Wir werden diese Grenze des Wortes bedenken, gerade, wenn wir uns bemühen, mit unserer Rede so wahrhaftig und menschendienlich wie möglich umzugehen.

Literaturverzeichnis

(Auswahl)

Arlt, Fritz: In den Wind geredet? Schule der Rhetorik und Dialektik. Köln 1967.

Balser-Eberle, V.: Sprechtechnisches Übungsbuch. Wien 1959.
Bartels, Rudolf: Lehrbuch der Demagogik. Berlin 1905.
Baumgärtner, Alfred: Vom gebundenen Sprechen zur freien Rede. In: Die Volks-
   mission. Jg. 10, S. 589–591. Gelsenkirchen 1959/60.
Becker, Henrik: Öffentlich reden. Leipzig 1955.
Bernhard, Alfred (u. a.): Besser schreiben, reden, rechnen. Salzburg 1965 [11].
Biehle, Herbert: Redetechnik. Berlin 1961 [2].
Biehle, Herbert: Stimmkunde. Berlin 1955.
Biehle, Herbert: Werberhetorik. Essen 1957.
Birling, Hans: Der Bürgermeister spricht. Stuttgart 1961.
Bismarck, Otto von: Die politischen Reden. Stuttgart 1892–1905.
Bismarck, Otto von: Meisterreden. Berlin o. J.
Blümel, Joh.: Die freie Rede. Zürich 1959 [5].
Böhm, Franz: Reden und Schriften, Karlsruhe 1960.
Brandt, Hans: Kleine Redeschule. Kevelaer 1960.
Burkart, Carl I.: Der Vortrag und seine Gestaltung. Geretsried/Obb. 1967.

Carnegie, Dale: Die Macht der Rede. Zürich 1940.
Casson, Herbert N.: Kraftvoll sprechen, wirksam vortragen. Stuttgart o. J.
Christiansen, Broder: Eine Prosaschule. Stuttgart 1949.
Churchill, Winston: Reden, 7 Bände. Zürich 1946/47.
Cicero: Drei Bücher vom Redner. Übersetzt von Kühner. Stuttgart o. J.
Cicero, Marcus Tullius: Vier Reden gegen Catilina. Übersetzt von C. Woyte.
   Stuttgart 1967.
Cicero, Marcus Tullius: Der Redner. Übersetzt von J. Sommerbrodt und W. Bin-
   der. München 1967.
Clarke, M. L.: Die Rhetorik bei den Römern. Göttingen 1968.
Curtius, E. R.: Europäische Literatur und Lateinisches Mittelalter (Kapitel über
   Rhetorik und Topik). Bern 1948.

Dahrendorf, Ralf: Für eine Erneuerung der Demokratie in der Bundesrepublik.
   München 1968.
Damaschke, Adolf: Volkstümliche Redekunst. Jena 1912.
Damaschke, Adolf: Geschichte der Redekunst. Jena 1921.
Dessoir, Max: Die Rede als Kunst. 2. Aufl. München 1948.
Domizlaff, Hans: Die Gewinnung des öffentlichen Vertrauens. Hamburg 1951.
Dovifat, Emil: Rede und Redner. Leipzig 1937.
Drach, Erich: Redner und Rede. Berlin 1932.

Ebert, Friedrich: Schriften, Aufzeichnungen, Reden. Dresden 1926.
Ehlers, H.: Um dem Vaterland zu dienen. Reden und Aufsätze. Köln 1955.
Elertsen, Heinz: Moderne Rhetorik. Heidelberg 1966 [2].
Ellis/Siedel: Das Gespräch mit dem Anderen. Düsseldorf 1957.
Endres, Hans: Ich lerne frei reden. Stuttgart 1957.

Erdmann, Karl Otto: Die Kunst, recht zu behalten. Berlin 1965 [6].
Erler, Fritz: Politik für Deutschland. Stuttgart 1968.
Essen, Otto von: Sprecherische Ausdrucksgestaltung. Hamburg 1953.

Feist, Hans: Sprechen und Sprachpflege. 2. Aufl. Berlin 1952.
Ferenbach, Magda: Lampenfieber – Warum? Kleine Rede- und Denkschule. Bonn 1956.
Fischer Ludwig: Gebundene Rede. Tübingen 1957.
François-Poncet, André: Zu Deutschen gesprochen. München 1958.
Frank-Böhringer, Brigitte: Rhetorische Kommunikation. Quickborn 1963.
Friede, Günther: Reden ist Gold. Essen o. J.
Führer, Rudolf: Formproblem-Untersuchungen zu den Reden in der frühgriech. Lyrik. München 1967.

Gauger, Hildegard: Die Kunst der politischen Rede in England. Tübingen 1952.
Gaus, Günter: Zur Person. Porträts in Frage und Antwort. München 1964.
Geißler, Ewald: Rhetorik. Leipzig/Berlin 1918.
Gerathewohl, Fritz: Deutsche Redekunst. 5. Aufl. Bad Homburg 1949.
Gerathewohl, Fritz: Sicheres Auftreten. Bad Homburg 1953.
Gerathewohl, Fritz: Fibel für den Redner im Betrieb. Darmstadt 1955.
Gerathewohl, Fritz: Sprechen – Vortragen – Reden. Stuttgart 1967.
Gerstenmaier, Eugen: Reden und Aufsätze. Bd. I Stuttgart 1956, Bd. II Stuttgart 1962.
Gloy/Fettweis: Wege zur Gedächtnismeisterschaft. Minden o. J.
Goes, Albrecht: Über das Gespräch. Hamburg 1956.
Grosser, B.: Gottscheds Redeschule (Diss. Greifswald 1932).

Haase, Otto: Über das Gespräch. In Westermanns pädagog. Beiträge. Jg. 5, H. 4, S. 169. Braunschweig 1953.
Hamilton, William Gerard: Parlamentarische Logik und Rhetorik. Köln/Berlin 1949.
Hartwig, J. H. C.: Trinksprüche und Reden zu allen Familienfestlichkeiten und Feiern. Bonn o. J.
Hartwig, J. H. C.: Die kleine Redeschule. Bonn 1964 [4].
Heese, Gerhard: Zur Verhütung und Behandlung des Stotterns. Berlin 1960.
Heinemann, Gustav W.: Im Schnittpunkt der Zeit. Reden und Aufsätze. Darmstadt 1957.
Hellpach, W.: Sozialpsychologie. 2. Aufl. 1946.
Heuss, Theodor: Die großen Reden. Tübingen 1965.
Hoesel, A. F. G. van: Klarer Denken, Sprechen und Diskutieren. Heidelberg 1959.

Jaeckle, Erwin: Kleine Schule des Redens und Schweigens. Basel 1951.
Jahn, Hans Edgar: Rede – Diskussion – Gespräch. Frankfurt 1954.
Jaspers, Karl: Von der Wahrheit. Philosophische Logik. Bd. 1, München 1947.
Jung, Hans: Handbuch der kommunalen Redepraxis. Stuttgart 1966 [2].
Juretzky, Hans-Joachim / Schünemann, Hans-Joachim: Grundlagen der Befehlstechnik. Hamburg 1966 [2].

Kaulhausen, M. H.: Die Typen des Sprechens und ihr Wert für die Sprecherziehung. Heidelberg 1940.
Kayser, Wolfgang: Das sprachliche Kunstwerk. Bern 1954.

Kellermann, Dieter: Damenreden. Wiesbaden 1964.

Kennedy, John F.: Dämme gegen die Flut. Düsseldorf 1962.

Kiesinger, Kurt Georg: Die Prognosen des Grafen Alexis de Tocqueville am Beginn des industriellen Zeitalters. Karlsruhe 1961.

Kilian, Hans: Der erfolgreiche Redner. Köln 1960 [2].

Kippenberg, Anton / Fr. v. der Leyen: Das Buch deutscher Reden und Rufe. Wiesbaden 1956.

Klaj, Johann: Redeoratorien und Lobrede der teutschen Poeterey. Herausg. von Conrad Wiedemann. Tübingen 1965.

Klütz, Alfred: Ansprachen und Reden zu öffentlichen Anlässen. 13. Aufl. Bonn o. J.

Köhler, G.: Schule der Schlagfertigkeit. Nürnberg 1955.

Kofler, Leo: Die Kunst des Atmens. Kassel 1961 [22].

Korff, Ernst: Reden – Diskutieren – Verhandeln. Bad Homburg o. J.

Korff, Ernst: Redetechnik als Führungsmittel. München 1967.

Kral, Josef: Neue Rhetorik. Abensberg 1955.

Kreisky, Bruno: Voraussetzungen der Koexistenz. Schriftenreihe »Politik«. Freiburg 1960.

Kröber, Walter: Kunst und Technik der geistigen Arbeit. Heidelberg 1957 [2].

Kruse, Uve Jens: Die Redeschule. Leipzig 1939 [5].

Kuhlmann, Walter: Vom Normcharakter der Sprache. Von den Arten der Rede und des Gesprächs. Rhetorische Analyse. Freiburg i. Br. 1966.

Kurka, E.: Zur Anregung und Pflege des Sprechdenkablaufs als Voraussetzung für die freie Rede. Wissenschaftliche Zeitschrift Luther-Universität Wittenberg. S. 453–460. Halle 1956.

Lang, Paul: Deutschsprachliches Arbeitsbuch. Bd. 2, Stilistik und Rhetorik. Aarau 1952.

Lange, Alfred: Kleine Schule für Rede und Diskussion. Augsburg 1965.

Lausberg, Heinrich: Handbuch der literarischen Rhetorik. München 1960.

Le Bon, Gustave: Psychologie der Massen. 6. Aufl. Leipzig 1932.

Lemmermann, Heinz: Schule der Debatte. München 1969.

Leterman, Elmer G.: Provisionen fallen nicht vom Himmel. Düsseldorf 1956.

Lewin, Kurt: Die Lösung sozialer Konflikte. Bad Nauheim 1953.

Linden, Hans-Jürgen: Festreden und Ansprachen. 2. Aufl. Darmstadt 1956.

Lockemann, Fritz: Sprecherziehung als Menschenbildung. Heidelberg 1954.

Löwith, Karl: Das Individuum in der Rolle des Mitmenschen. 1928.

Mackensen, Lutz: Gutes Deutsch in Schrift und Rede. Hamburg 1968.

Möller, Walter: Beherrschung der freien Rede. Berlin-Hermsdorf 1950.

Muckenschnabel, W. R.: Entscheiden wird deine Redekunst. Hagen/Westf. 1959.

Müller, Adam: Die Kunst der Rede. Neue Schweizer Rundschau, 18. Jg., H. 6, S. 323–334, 1950.

Müller, Adam: Zwölf Reden über die Beredsamkeit und deren Verfall in Deutschland. Frankfurt 1967.

Müller, Friedrich: Richtiges und gutes Deutsch. Paderborn 1961.

Müller, Wolfgang: Große Reden aus drei Jahrtausenden. Stuttgart o. J.

Müller-Freienfels, Richard: Menschenkenntnis und Menschenbehandlung. Berlin 1951.

Müller-Freienfels, Richard: Gedächtnis- und Geistesschulung. Bad Homburg 1954 [5].

Müthling, Hans: Über die Vorbereitung einer Rede. In: Bergbau und Wirtschaft. Jg. 7, S. 708, 709. Bochum 1954.

Naumann, Friedrich: Die Kunst der Rede. Berlin 1914.
Neis, Edgar: Wie gestaltet man Vorträge und Reden? Hollfeld 1964.
Nevermann, Paul: Dem Ganzen verpflichtet. Reden und Aufsätze aus den Jahren 1959–1961. Auerdruck Hamburg 1962.
Niebelschütz, Wolf von: Freies Spiel des Geistes. Reden und Essays. Düsseldorf–Köln 1961.
Niemöller, Martin: Reden 1961–1963. Frankfurt 1964.
Norden, Albert: Die Nation und wir. Ausg. Aufsätze und Reden 1933–1964. 2 Bände. Berlin 1964.

Ortega y Gasset, Josef: Aufstand der Massen. Stuttgart 1947.

Patocka, Hans: Die Kunst der Rede. Wien 1951.
Pauly, H. H.: Rednerische Erziehung in der Schulbildung. In: Pädagogische Provinz. Jg. 5, H. 1, S. 18–26. Frankfurt a. M. 1951.
Peter, Karl Heinrich (Herausgeber): Reden, die die Welt bewegten. Stuttgart 1959.
Peter, Karl Heinrich (Herausgeber): Berühmte politische Reden des 20. Jahrhunderts. München 1966.
Platon: Gorgias. Über die Beredsamkeit. Neuausgabe Reclam. Stuttgart 1961.
Polemann, O. / Rössner, L.: Sprechen und Sprache. München/Basel 1966.
Poppelreuther, Walther: Psychokritische Pädagogik. München 1933.

Rathenau, Walther: Schriften und Reden. Frankfurt 1964.
Redlich, Josef: Recht und Technik des Englischen Parlamentarismus. Leipzig 1905.
Reimann, Hans: Vergnügliches Handbuch der deutschen Sprache. München 1952.
Reiners, Ludwig: Der sichere Weg zum guten Deutsch. München 1951.
Reiners, Ludwig: Die Kunst der Rede und des Gesprächs. Bern/München 1955.
Reiners, Ludwig: Stilkunst. Neuauflage. München 1961.
Reiners, Ludwig: Stilfibel. München 1963.
Reusch, Fritz: Der kleine Hey. Die Kunst des Sprechens. Mainz 1956.
Reut-Nicolussi, E.: Leitfaden der Redekunst. Innsbruck o. J.
Riemeck, Renate: Jan Hus. Anhang: Die 3 Reden, die Hus in Konstanz nicht halten durfte. Frankfurt 1966.
Ries, J.: Was ist ein Satz? Prag 1931.
Robespierre, Maximilian: Reden. Berlin 1925.
Roedemeyer, Friedrichkarl: Die Sprache des Redners. München/Berlin 1940.
Roth, H.: Pädagogische Psychologie des Lehrens und Lernens. Hannover 1957.
Rother, Werner: Die Kunst des Streitens. München 1961.
Rudolph, Ekkehart: Frei reden und überzeugen. München 1967.
Rutkowsky-Repschläger: Erfolg durch Briefe und Reden. Stuttgart 1959.
Rutt, Theodor: Vom Wesen der Sprache. Ratingen 1957.

Scharrelmann, Heinrich: Die Technik des Schilderns und Erzählens. Hamburg 1921.
Schmid, Carlo: Politik und Geist. Stuttgart 1961.
Schmidt, Helmut: Beiträge. Stuttgart 1968.
Schmidt, Paul: Statist auf diplomatischer Bühne. Bonn 1950.
Schmidts, Ludwig: Lerne lesen, lerne schreiben, lerne reden. Frankfurt 1955.
Schopenhauer, Arthur: Parerga und Paralipomena, Kap. II »Zur Logik und Dialektik«. Halle 1902.
Schreiner, Helmuth: Die Verkündigung des Wortes Gottes. Schwerin 1938.
Schult, Johannes: Der politische Redner. Stuttgart/Düsseldorf 1955.
Schweinsberg, Fritz: Rednerschulung. Heidelberg 1948.
Seidel, E.: Geschichte und Kritik der wichtigsten Satzdefinitionen. Jena 1935.

Seidler, Herbert: Prunkreden in Grillparzers Dramen. Wien 1964.

Siebs, Theodor: Deutsche Hochsprache – Bühnensprache. 16. Aufl. Köln 1957.

Simmons, Harry: Redner werden nicht geboren. Stuttgart 1959.

Slotta, Günter: Pädagogische Kuriositäten. Bremen 1954.

Spengel, Leonhard: Rhetores Graeci. 3 Bände. Nachdruck von 1853–1856. Leipzig 1966.

Stalin, Josef: Über den großen vaterländischen Krieg. Berlin 1945.

Stampa, Aribert: Atem, Sprache und Gesang. Kassel 1956.

Stötzer, Ursula: Redekunst. Leipzig 1964.

Strehle, Hermann: Mienen, Gesten und Gebärden. Analyse des Gebarens. München/Basel 1954.

Suhr, Otto: Eine Auswahl aus Reden und Schriften, Tübingen 1967.

Thielicke, H.: Theologische Ethik. 2. Band. Tübingen 1955.

Thielicke, H.: Vom geistlichen Reden. Begegnungen mit Spurgeon. Stuttgart 1961.

Wängler, H. H.: Leitfaden der pädagogischen Stimmbehandlung. Berlin 1961.

Walser, Martin: Heimatkunde. Aufsätze und Reden. Frankfurt 1968.

Walter, Hans: Eine Rede halten? Kleinigkeit! 3. Aufl. Goslar 1956.

Weithase, Irmgard: Die Geschichte der deutschen Vortragskunst im 19. Jahrhundert. Weimar 1940.

Weithase, Irmgard: Zur Geschichte der gesprochenen deutschen Sprache. 2 Bände. Tübingen 1961.

Weller, Maximilian: Das Buch der Redekunst. Düsseldorf 1954.

Weller, Maximilian: Das Sprechlexikon. Düsseldorf 1957.

Welz, Siegfried: Gut und richtig reden. Berlin 1966.

Wenz, Gustav: Schulen wir das Gedächtnis richtig? In: Der Lehrerrundbrief. Jg. 8, S. 50–52. Frankfurt 1953.

Weyer, Adam (Herausgeber): Reden an die deutsche Jugend im 20. Jahrhundert. Wuppertal–Barmen 1966.

Wiedemann, Fritz: Geistig mehr leisten. Wege erfolgreicher Denkarbeit. Stuttgart 1955.

Wiener, Norbert: Mensch und Menschmaschine. Frankfurt 1952.

Winkler, Christian: Element der Rede. Diss. Halle 1931.

Winkler, Christian: Deutsche Sprechkunde und Sprecherziehung. Düsseldorf 1954.

Winkler, Walter: Technik der geistigen Arbeit. 3. Aufl. Zürich 1960.

Wittsack, Richard: Lerne reden. Leipzig 1935.

Wolf, Edith / Aderhold, Egon: Sprecherzieherisches Übungsbuch. Berlin 1965 [3].

Wolter, Kurt: Die Redekunst. Wiesbaden 1966.

Wunderlich, Hermann: Die Kunst der Rede, in ihren Hauptzügen an den Reden Bismarcks dargestellt. Leipzig 1898.

Zielke, Wolfgang: Schneller lesen – selbsttrainiert. München 1967.

Zielke, Wolfgang: Leichter lernen – mehr behalten. München 1967.

Zrzavy, Anton: Ergebnis der experimentellen Gedächtnisforschung und ihre Bedeutung für den Unterricht. In: Österreichische Lehrerzeitung, Jg. 9, Nr. 6, 7, S. 113–115, Wien 1955.

Ferner: Fortschrittliche Betriebsführung. REFA-Sammelbände. Berlin, Köln, Frankfurt o. J.

»Der erfolgreiche Redner«. Artikelreihe in der Zeitschrift Bergbau und Wirtschaft. Bochum 1954–1956.

Personenverzeichnis

(Die Zahlen bezeichnen die Abschnitte)

Stichwortverzeichnis

Enthält die wichtigsten Stichworte als Ergänzung der Inhaltsübersicht
(Die Zahlen bezeichnen die Abschnitte)

*Auf den folgenden Seiten finden Sie eine Sachbuchauswahl aus Gold-
manns GELBEN Taschenbüchern.
Die genannten Preise entsprechen dem Stand vom Herbst 1971 und
können sich nach wirtschaftlichen Notwendigkeiten ändern.*

Goldmanns GELBE Taschenbücher

Die Kunst des Streitens. Regeln des Geistes-kampfes – Arten der geistigen Auseinander-setzung – Widerlegung gegnerischer Argu-mente – Zum Verlauf der Diskussion. Von Werner Rother. Band 1366. DM 3.–

Werner Rother hat die Formen und Inhalte des Streitgesprächs für unsere Zeit neu durch-dacht; er untersucht die geistigen Waffen, mit denen sprachliche Gefechte der verschieden-sten Art geführt werden können.

Helmut Sopp: Was der Mensch braucht ... Ein tiefenpsychologischer Exkurs über Erfül-lung und Versagen im Beruf. Mit 17 Schau-bildern. Band 935. DM 3.–

Was der Mensch braucht, ist nicht etwa Reich-tum und Geld, sondern, wie der Verfasser beweist, Geltung, Geborgenheit, Kontakt, Leistungsanerkennung und Freiheit. Für alle, die diese Ziele als ihre eigenen erkennen, bietet das Buch eine Fülle von Einsichten und Anregungen.

Jean Paul Getty: Wie wird man reich? Auf-zeichnungen und Ratschläge des reichsten Mannes der Welt. Band 1899. DM 3.–

»Jeden Morgen, an dem er aufsteht, ist er um eine Million reicher«, so sagt man von J. P. Getty. Wie ihm das gelang, ist eine höchst amüsante Geschichte, aus der man vieles ler-nen kann.

WILHELM GOLDMANN VERLAG MÜNCHEN

Goldmanns GELBE Taschenbücher

Erfolg durch Planung. Ein Ratgeber für alle, die vorwärtskommen wollen. Von Janos Vidonyi. Band 2685. DM 3.– (Auch in Leinen zu DM 14.50)

»Das Buch von Vidonyi macht sich bezahlt: Vidonyi vermeidet den Fehler so mancher Erfolgsautoren, nur für die schon Arrivierten zu schreiben. Seine Rezepte sind oft auch für den einfachen Arbeiter oder Angestellten brauchbar ... Das Buch ist eine erste Arbeitsanweisung für Ehrgeizige.« FAZ

Das wahre Chefbrevier. Neunzehn ungewöhnliche Lektionen für den Weg nach oben. Von Klaus-Peter Bochow. Band G 2693. DM 4.–

Erfolgsrezepte sind meist Lügen – das ist eine der Thesen dieses Buches, das der Autor all denen gewidmet hat, die ihm in zwanzig Jahren kostenlos das Material dazu geliefert haben. Ihre Strategien, Taktiken und Intrigen sind ebenso amüsant wie lehrreich. Ein Erfolgsbrevier für skrupellose Karrieremacher, aber auch eine brillante Satire auf die heutigen Geschäftspraktiken.

So gewinnt man Zeit. Kniffe und Tricks für rationelles Arbeiten. Von James T. McCay. Band 2773. DM 3.–

James T. McCay ist ein in den USA anerkannter Managerberater. Als solcher hat er in Zusammenarbeit mit über 600 Führungskräften Möglichkeiten zur Persönlichkeitssteigerung in Beruf und Privatleben untersucht. Sein Buch gibt über Ziel und Ergebnis seiner Studien Auskunft.

WILHELM GOLDMANN VERLAG MÜNCHEN

Goldmanns GELBE Taschenbücher

Die Russen privat. So lebt man heute in der Sowjetunion. Von Leonid Wladimirow. Band 2772. DM 3.–

Der heute in London lebende Journalist Leonid Wladimirow hat die Sowjetunion 1966 verlassen. Er gibt in seinem Buch einen der wenigen wirklich authentischen Berichte über das Leben im heutigen Rußland: soziologische, politische und psychologische Verhaltensweisen aus erster Hand.

Günter Kaymer: USA – Land und Leute. Ein unterhaltsamer Bericht. Streiflichter aus der Neuen Welt. Band 2449. DM 3.–

Wer sind sie eigentlich, die Amerikaner? Gibt es gemeinsame Merkmale für dieses Volk verschiedener Rassen und Hautfarben? Erlebnisse und Impressionen, charakteristisch für den Kontinent der Gegensätze und der Superlative, bringt diese fesselnde Amerika-Studie.

Richard Storry: Geschichte des modernen Japan. Band 1301/02. DM 5.–

Es geht hier weniger um die Geschichte Japans, als vielmehr um den Hintergrund des Aufstiegs des heutigen Japan, um den Verschmelzungsprozeß japanischer Traditionen mit westlichem Gedankengut. Der Verfasser des Buches gibt eine anschauliche Darstellung der Zusammenstellung mit viel Verständnis.

Auch in Leinen zu DM 10.– erhältlich.

WILHELM GOLDMANN VERLAG MÜNCHEN

Goldmanns GELBE Taschenbücher

Marschall W. Tschuikow: Das Ende des Dritten Reiches. Band G 2666. DM 4.–

Marschall Tschuikow leitete den russischen Angriff auf Berlin und liefert hier einen authentischen, lebendig und temperamentvoll geschriebenen Bericht über diese Schlacht, die den Zweiten Weltkrieg beendete. Eine aufschlußreiche Darstellung des Krieges aus der Sicht der anderen Seite.

Dietrich Thränhardt

Die Bundesrepublik Deutschland

Verfassung und politisches System

Entstehung der Bundesrepublik
Verfassungen der Bundesländer
Grundgesetz
Die Institutionen des Bundes
Länder, Gemeinden
Wahlen, Volksabstimmungen, Volksbegehren
Politische Parteien
Interessenverbände
Presse und Funk
Der soziale Rechtsstaat
Wirtschaftssystem und Wirtschaftspolitik

G Mit ausführlichem Register

GOLDMANNS GELBE TASCHENBÜCHER

Die Bundesrepublik Deutschland. Verfassung und politisches System. Von Dietrich Thränhardt. Band 2000. DM 3.–

Entstehung der Bundesländer • Verfassungen der Bundesländer • Grundgesetz • Die Institutionen des Bundes • Länder, Gemeinden • Wahlen, Volksabstimmungen, Volksbegehren • Politische Parteien • Interessenverbände • Presse und Funk • Der soziale Rechtsstaat • Wirtschaftssystem und Wirtschaftspolitik.

Was soll aus Deutschland werden?

Neue Aspekte zur Deutschlandpolitik

Wolfgang Abendroth
Thomas Ellwein
Ferdinand Friedensburg
Leonhard Froese
Eike Gerken
Walter Hirche
Gerhard Hoffmann
Bernhard Leverenz
Erich Mende
Ludwig Raiser
Hans Wolfgang Rubin
Wilhelm Wolfgang Schütz
Herbert Wehner

Herausgegeben von Leonhard Froese

GOLDMANNS GELBE TASCHENBÜCHER

Was soll aus Deutschland werden? Neue Aspekte zur Deutschland-Politik. Herausgegeben von Leonhard Froese. Band 2314/15. DM 5.–

Mit Beiträgen von: W. Abendroth, Th. Ellwein, F. Friedensburg, L. Froese, E. Gerken, W. Hirche, G. Hoffmann, B. Leverenz, E. Mende, L. Raiser, H. W. Rubin, W. W. Schütz, H. Wehner.

WILHELM GOLDMANN VERLAG MÜNCHEN

Staatsbürger hinter Gittern. Ein Bericht aus deutschen Strafanstalten. Von Helmut P. Müller, mit einer Einleitung von Prof. Karl Peters, Tübingen. Band 1924. DM 3.–

Der Autor hat freiwillig in verschiedenen deutschen Strafanstalten eingesessen, um diesen Bericht zu schreiben. Er sprach mit Betrügern und Mördern, mit Justizbeamten und Anstaltsleitern, um so ein detailliertes und objektives Bild zu erhalten und die Stellen bloßzulegen, an denen eine Strafvollzugsreform anzusetzen hätte.

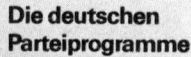

Die deutschen Parteiprogramme. Mit dem Parteiengesetz, statistischen Übersichten und einer sachkundigen Einführung von Otto Bezold. Band 2450. DM 3.–

Partei- und Wahlprogramme der sechs bedeutenden Parteien in der Bundesrepublik: Das Berliner Programm der CDU, das Godesberger Programm der SPD sowie ihr Wahlprogramm 1969, das Grundsatzprogramm der CSU, das Aktionsprogramm 1967 und Wahlpragramm 1969 der FDP sowie Programme der NPD und DFU.

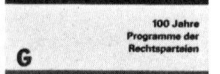

Signale von rechts. 100 Jahre Programme der Rechtsparteien. Zusammengestellt von Kurt Hirsch. Band 1892. DM 3.–

Eine Dokumentation nationalistischen Schrifttums in Deutschland während der letzten 100 Jahre, beginnend mit der Alldeutschen Bewegung von 1867–1918 über die rechtsradikalen Programme nach dem ersten Weltkrieg und den Nationalsozialismus bis zur Nationaldemokratie unserer Tage.

WILHELM GOLDMANN VERLAG MÜNCHEN

Goldmanns GELBE Taschenbücher

Gespräche zur Weltgeschichte I. Von Solon bis Bismarck. Herausgegeben von Artur Müller. Band 1987. DM 3.–

Die Geschichte wird lebendig in den Gesprächen bedeutender Persönlichkeiten anläßlich historisch folgenschwerer Situationen. Aus dem Inhalt: Gespräche von Solon, Coriolan, Hannibal, Cäsar, Christus, Theodorich, Heinrich IV., Thomas Becket, Jeanne d'Arc, Galilei, Ludwig XIV., Danton, Napoleon, Talleyrand, Metternich, Bismarck u. a.

Gespräche zur Weltgeschichte II. Von Wilhelm II. bis Hitler. Herausgegeben von Artur Müller. Band 2303. DM 3.–

Aus dem Inhalt: Gespräche von Wilhelm II., Lenin, Wilson, Trotzki, Stresemann, Poincaré, Hindenburg, Hitler, Chamberlain, Stalin, Mussolini, Roosevelt, Churchill, Truman u. a.
»Welche Rolle das Gespräch in der Politik spielt, wird durch diese großartige Sammlung erst deutlich.« Blickpunkt

Berühmte politische Reden des 20. Jahrhunderts. Herausgegeben von Karl Heinrich Peter. Band 1788. DM 3.–

Die hier gesammelten Reden haben die Welt im Guten oder Bösen bewegt. Nicht alle sind über die ganze Welt verbreitet worden, aber eine jede hat für ein Volk oder ganze Völkergruppen Bedeutung gehabt. Es sind Reden von Zola, Bethmann Hollweg, Lenin, Poincaré, Gandhi, Mussolini, Hitler, Chamberlain, Stalin, Churchill, Thomas Mann, Heuss, Eisenhower, Chruschtschow, Nehru u. a.

WILHELM GOLDMANN VERLAG MÜNCHEN

Die Taschenbuchreihe

OLZOG RATGEBER

behandelt Themen wie: Rente – Lohn-
steuer – Recht im Alltag – Versiche-
rungsfragen u. a. in einfacher verständlicher Form mit zahlreichen Beispielen.

In der Taschenbuchreihe

GESCHICHTE
UND STAAT

werden Grundsatzfragen aus den Bereichen Politik, Zeitgeschichte, Wirtschaft und internationale Beziehungen
in grundrißartigen Darstellungen behandelt.

Verlangen Sie den Taschenbuchprospekt
vom

GÜNTER OLZOG VERLAG

8 München 22

Thierschstraße 11

Verehrter Leser,

senden Sie bitte diese Karte ausgefüllt an den Verlag. Sie erhalten kostenlos unsere Verlagsverzeichnisse zugestellt.

WILHELM GOLDMANN VERLAG 8 MÜNCHEN 80

Bitte hier abschneiden

Diese Karte entnahm ich dem Buch _____

_____

Kritik + Anregungen _____

_____

_____

_____

_____

_____

_____

Ich wünsche die kostenlose und unverbindliche Zusendung des
Verlagskataloges und laufende Unterrichtung über die Neu-
erscheinungen des Wilhelm Goldmann Verlages.

Name _____

Beruf _____ Ort _____

Straße _____

Ich empfehle, den Katalog auch an die nachstehende Adresse
zu senden:

Name _____

Beruf _____ Ort _____

Straße _____

Goldmann-Bücher erhalten Sie in allen Buchhandlungen, in vielen Kaufhäusern und an den meisten Bahnhofskiosken überall in der Welt, wo deutsche Bücher verkauft werden.

Aus dem WILHELM GOLDMANN VERLAG
8 München 80, Postfach 80 07 09 bestelle ich
durch die Buchhandlung

Anzahl	Titel bzw. Band-Nr.	Preis

Datum:

Unterschrift:

2892 · 7017 · 3.000

Wilhelm Goldmann Verlag

8000 MÜNCHEN 80

Postfach 80 07 09

Bitte mit
Postkarten-
Porto
frankieren.